SCUBA DIVING 시작하기

다이버로 살아가는 당신이 알아야 할 모든 것

SCUBA DIVING
시작하기

발행일	2013년 09월 18일 (초판2쇄)
지은이	Arnold J. Kim
펴낸곳	주식회사 더원플래닛
	(15439)
	경기도 안산시 단원구 원당길 4-2
	TEL : 070-4413-8510
	psdc.kr@psdc.kr
책임편집	원윤숙
마케팅	윤종서
디자인	김하은
가격	23,000원

Copyright ⓒ 2013 PSDC KOREA
이 책의 한국어판 저작권은 PSDC USA (SPACE AMAZING Inc.)와 PSDC KOREA(주식회사 더원플래닛)와의 독점 계약으로 한국어판의 판권은 '주식회사 더원플래닛'이 소유합니다. 저작권법에 의거하여 한국 내에서 보호를 받는 저작물이므로 무단 전재와 무단 복제를 금합니다.

다이버로 살아가는
당신이 알아야 하는 모든 것

SCUBA DIVING
시작하기

Arnold J. Kim 지음

To my father and mother.

I never said that I love you.

But,

I always love father and mother.

DIVER IS PIONEER

AND

VISITOR OF FRONTIER

| 프롤로그 |

스쿠버다이빙은 영원한 도전이다.

　스쿠버다이빙이 레저 스포츠로 많은 사람에게 사랑을 받은 지 50년이 넘고 있다. 초창기 다이버들의 많은 희생이 있었고, 레저 다이빙의 기반을 마련한 미해군의 다이빙 연구도 다이빙 인구의 증가에 많은 도움이 되었다. 이러한 시행착오와 연구를 통하여 우리는 안전하고 즐거운 다이빙을 할 수 있으며 많은 관련 장비회사의 제품개발로 보다 편리한 다이빙을 즐길 수 있게 되었다. 하지만 '국내에서는 아직까지도 레저 스포츠로 자리 잡지 못하였다' 할 수 있다. 10년 전과 지금의 다이빙 인구가 비슷하다는 사실만 봐도 아직까지도 답보 상태에 있는 것을 확인할 수 있다. 그럼 도대체 왜? 우리나라의 다이빙 인구는 10년 동안 그대로 인가? 분명히 10년 동안 소득수준은 좋아졌고 리조트의 시설은 쾌적해져 왔다. 하지만 아직도 스쿠버 다이빙을 즐기는 동호인의 숫자가 그대로 머물고 있는 이유는 뭘까?

　여러 가지 복합적인 문제가 있지만 간단하게 한마디로 정리한다면 바로 '**진입장벽**'이다. 다이빙의 특수성 때문에 철저한 교육이 필요했고 이러한 절차가 다이빙을 입문하는 사람들에게는 매우 큰 진입장벽이 되는 것이다. 다이빙을 배우려 해도 아는 사람 한 명 없는 다이빙 리조트 또는 풀장에 가서 '**다이빙을 배우러 왔습니다**' 라고 말 하는 사람은 별로 없다. 또한 강습정보와 강습비용 등 다양한 사전 정보를 알아보려 인터넷을 뒤져도 잘 찾아볼 수 없는 폐쇄성에 놀랄 수 밖에 없는 것이 우리나라 다이빙의 현실이다. 별다른 사전 준비 없이 모르는 곳을 찾아가, 모르는 사람에게 뭐를 배우는지도 모르고 교육을 받는 경우, 교육받는 교육생이나 교육하는 강사나 서로 힘든 건 어쩔 수 없는 현실이다. 그렇게 힘든 장벽을 넘고 교육을 완료하여도 또 한번 느끼는 좌절감은 다이빙을 포기하게 만드는 직접적인 이유를 만들어준다. 다이빙 강습생의 신체적, 정신적 문제로 다이빙교육을 더 할 수 없는 경우를 제외 하더라도(실제로 물이 두려워 다이빙교육을 못 받는 사람이 있음) 체계적이지 못한 교육시스템과 부족한 다이빙 이론교육, 변변치 않은 다이빙교재 등 실망하는 요소가 너무나 많다. 그런 어려움을 극복하고 다이빙교육을 무사히 끝낸 초급 다이버에게 다이빙 교육관련질문을 하면 거의 공통적인 대답은 '기억나지 않는다'는 것이다. 교육을 진행한 강사로서는 너무나 어이 없는 대답이라 할 수 있다. 단지 기억나는 점은 강습비를 얼마 내고 시작을 했는데 호흡기가 얼마이고, 슈트가 얼마이고, 교재가 얼마이고, 도대체 계속 돈이 얼마나 들어가는지 알 수 없는 비용 지출에 또 한번 놀라서 '**예상 외 지출이 많았다**'는 점만 기억하고 있다고 한다. 참으로 안타까운 점이다. 강사가 교육에 대한 정당한 대가를 받지 못하는 현실과 다이버가 강사에게 지불하는 교육비, 실습비에 대한 지출이 어느 정도가 적절한가? 알 수 없는 모호함이 바로 국내 다이빙업계의 발전을 가로막는 아주 중요한 요소라 할 수 있다. 이러한 방해요소들은 인터넷 환경이라는 새로운 교류의 장이 열리면서 무너지고 있다. 이제는 강습비가 어느 정도 적정하게 책정되고 있고, 장비의 구입가격도 인터넷에서 바로 확인할 수 있는 시스템으로 변하고 있다. 그렇게 미리 정보를 알아본 예비 교육생들은 가장 저렴한 교육장소를 찾게 되었고, 이러한 변화는 적정 가격이 무너지는 부작용을 만들기도 하였다. 하지만 그것은 투명한 시스템으로 발전하기 위한 긍정적 방향이라 보여진다. 계속 교육생이 배출되고 투명한 교육시스템이 반복적으로 운영이 되면 보다 좋은 쪽으로 발전하게 될 것으로 예상한다.

우리나라 다이빙 강사들의 다이빙 기술은 세계적인 수준이라 할 수 있다. 그 점은 우리가 처음 다이빙을 배우고 즐기는 국내 바다가 너무나 다양하고 변화 있는 모습을 보이기 때문에 국내 바다에서 지속적으로 다이빙을 하기만 하여도 세계 어느 곳을 가더라도 다이빙을 무리없이 할 수 있는 다이빙 기술을 가지게 되기 때문이다. 이러한 다이빙 기술의 우수성은 다이빙을 배우는 교육생에게 그대로 전수되어 국내에서 교육받은 다이버는 해외에서 다이빙 라이선스를 확인하지 않고 다이빙을 진행해줄 정도로 신뢰를 갖게 되었다. 또한 지난 10년 동안 리조트도 발전을 했고, 교육 시스템도 발전을 했고, 다이빙 장비도 발전을 했다. 하지만 한 가지 미흡하게 남은 부분이 있는데 바로 다이빙 관련 지식을 전수받는 다이빙 교재 부분이다. 국내에 출판되어 있는 다이빙 관련 책자들이 해외에서 출판된 내용을 그대로 번역을 해서 국내 실정에 맞지 않는 부분도 있고 번역에 오류도 있으며 잘못된 자료를 참조한 사례도 종종 있다. 그래서 이번에 출판된 본 책자에서는 인용되는 자료를 철저히 검증을 하여 정확한 정보를 전달하기 위해 노력했으며 부족한 자료의 경우 실제 실험을 거쳐 검증을 하였다. 또한 한번 발간된 단행본으로 끝나지 않고 매년 변화되는 정보를 추가로 첨부하여 반영할 수 있는 획기적인 피드백을 가지고 있다는 점을 강조한다. 오랜 세월 실험과 연구를 통해 수집된 정보와 명확한 검증을 통해 확인된 자료를 토대로 만들진 본 책자는 다이버에게 중요한 지식으로 사용될 수 있을 것이라 확신한다.

'바닷속을 여행하고 싶어하는 많은 사람들이 있는 한
스킨스쿠버는 영원히 계속될 것이다'

목 차

1장. 오픈워터 코스 개요	13
2장. 스킨스쿠버 다이빙 역사	33
3장. 스킨스쿠버 다이빙 소개	45
4장. 스킨스쿠버 다이빙 환경	63
5장. 스킨스쿠버 다이빙 장비	113
6장. 스킨스쿠버 다이빙 과학	151
7장. 스킨스쿠버 다이빙 기술	177
8장. 스킨스쿠버 다이빙 안전	263
9장. 다이빙 계획과 실행	307
10장. 다이빙 경험과 그 이후	345
REFERENCE	367

01 오픈워터 코스 개요

다이빙을 입문하는 계기는 다양하다. 해외로 여행을 나갔다가 해양스포츠를 즐기며 만나는 체험 다이빙 경험을 통하여 다이빙을 배우는 사람도 있고 해양 다큐를 보면서 느끼는 바다에 대한 동경으로 다이빙을 접하는 사람도 있다. 어떤 경우에는 대학교에서 학과 과정 중에 배우는 경우도 있어 여러 경로로 다이빙을 시작하는 방법이 있다. 그 중에 가장 많은 경우는 주변에 다이빙을 즐기고 있는 지인을 통하여 접하는 경우가 매우 많다. 이 경우 이미 다이빙 교육과정을 겪은 선배의 조언으로 교육 단체를 선택하게 되고 본인에게 맞는 강습 과정을 통하여 교육을 받고 다이빙을 시작하게 된다. 하지만, 주변에 그런 경험을 가지고 있는 분이 없는 경우 인터넷을 통하여 도움을 얻고자 하는데 그 경우 너무나 많은 정보의 홍수 속에 어떻게 선택을 해야 하는지 알기 어려운 경우가 많다.

이때 우리는 '내가 왜? 다이빙을 하려고 하지?' 라는 간단한 질문에서 답을 얻을 수 있다. 다이빙의 목적이 레크리에이션인 경우가 대부분이라고 생각한다면 당연히 즐겁고 안전한 다이빙이 목적일 것이다. 여기서 즐거움을 당연히 목적이 될 수 있고 안전은 가장 중요한 요소 중에 하나이다. 우리가 운전을 처음 배울 때 시동을 거는 방법, 가속하는 방법, 정지하는 방법 등 간단한 조작만을 배우고 바로 도로에 나가서 운전을 하는 사람은 아무도 없을 것이다. 그 이유는 간단하다. 위험하기 때문이다. 본인도 위험하지만 도로 위에 다른 차량에게도 커다란 위험 요소가 될 수 있다. 그렇기 때문에 도로상의 운전을 하기 위해서는 반드시 운전 면허증을 취득하고 일정한 시간 도로 연수를 받아야 도로 주행을 할 수 있도록 법으로 정해 둔 것이다. 물론 운전 면허를 취득하고 바로 혼자 운전을 하는 분들도 있지만 대부분의 경우 별도의 도로 연수를 통하여 운전에 기능을 습득하고 자신감을 가진 상태에서 혼자 운전을 나갈 수 있을 것이다. 이 경우도 차량 뒤에 '초보운전' 이라는 표식을 부착하고 다른 운전자에게 양해를 받으며 다니는 것이 좋은 방법이라 할 수 있다.

다이빙은 어떠할까? 가끔씩 신문, 방송 기사에 다이버가 사고로 사망하였다는 기사를 본 적이 있을 것이다. 그것에 관심을 갖고 다이빙의 사고 기록을 찾아 보면 생각보다 많다는 것에 놀랄 것이다. 2001~2010 년 동안 한국인 다이버의 사망자는 132 명으로 매달 1 명 이상의 다이버가 사망하고 있다. 이때 사망 사고가 발생한 리조트는 6 개월간 영업을 못하는 손실이 발생하며 국내의 손해 보험사에서는 전문적인 다이빙 동호회 활동을 하는 다이버에게는 손해 보험 가입을 받지 않고 있다. 그것으로 일반적인 레저 스포츠 부분 보다 얼마나 더 많은 사고율을 보이고 있는지 짐작 해볼 수 있다. 골프나 스키 같은 다른 레포츠 분야에서는 사망사고 가 거의 없지만 다이빙은 '왜? 이렇게 많은 사망사고가 발생하는가?' 원인은 매우 간단하다. 정규 교육과정을 통하여 교육을 받지 않고 다이빙을 하는 경우와(무면허운전과 같다) 다이빙 절차를 지키지 않는 무리한 다이빙을 시도 하는 것이 가장 큰 원인이라고 할 수 있다. 다이빙 사고의 사망자중 90 % 가 다이빙 기본 원칙인 짝 다이빙을 하지 않고 혼자 다이빙을 하는 독립 다이버 라는 결과만 보아도 얼마나 허무한 사고 사례인지 알 수 있다. 이렇기 때문에 우리는 정규 교육 과정에서 철저한 교육을 통하여 다이빙 기술을 배우고 익혀서 즐겁고 안전한 다이빙을 추구해야 한다. 그러한 과정의 첫걸음이 '오픈워터' 교육 과정이다.

Open Water Diver
다이빙이론 Test 70 점 이상
4 회 이상의 인증된 로그

Advanced Diver
다이빙이론 Test 80 점 이상
24 회 이상의 인증된 로그
2 종류 이상의 스페셜티

Master Diver
50 회 이상의 인증된 로그
6 종류 이상의 스페셜티

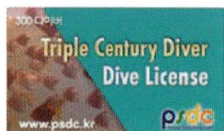
Triple Century Diver
300 회 이상의 인증된 로그

Double Century Diver
200 회 이상의 인증된 로그

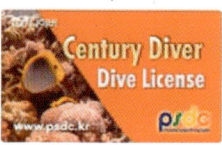
Century Diver
100 회 이상의 인증된 로그

Class 500S Diver
500 회 이상의 인증된 로그

Thousands Diver
1,000 회 이상의 인증된 로그

Enriched Air Nitrox Diver
이론교육 이수 및
4 회 이상의 Nitrox 실습

Stress & Rescue Diver
Advanced Diver 이상등급
긴급조치 교육이수

PSDC 교육과정 도표

다이버가 되기 위한 기본조건

다이버가 되기 위해서는 특별한 조건은 거의 없다고 볼 수 있다. 몸이 불편하여 몇 가지의 장애를 가지고 있는 분들도 장애를 극복하고 다이빙을 할 수 있도록 여러 가지 장치가 개발 되어 있으며 그런 도움을 받아 얼마든지 다이빙을 즐길 수 있다. 하지만 이런 장비의 도움에도 수심같이 어쩔 수 없는 몇 가지의 제약 조건은 무시할 수 없다. 즉, 깊지 않은 수심(10 m 내외)에서 다이빙을 즐기는 것은 거의 제약이 따르지 않는 다고 볼 수 있다. 그러나 좀 더 깊은 수심으로 내려가는 경우 수압이라는 압력에 문제가 몸에 변화를 가져 오기 때문에 몇 가지 문제를 발생 시킬 수 있다. 자세한 설명은 '다이빙과 신체변화' 항목에서 보다 자세히 설명 하기로 하고 여기서는 크게 두 가지만 이야기 한다.

ㄱ. 압평형 문제

압평형은 수심이 깊어짐에 따라 수압이 일정 비율로 높아지고 우리 몸에 호흡기를 통해 사용하는 공기의 압력 또한 변화를 가져온다. 이런 이유로 이퀄라이징이라고 하는 압력의 균형을 이뤄주는 조치를 해서 신체 내부의 압력을 호흡하는 공기의 압력, 수압 등과 비슷한 환경을 만들어 줘야 하는 것이다. 간단한 경험

으로 우리가 비행기를 타고 이륙할 때와 대관령 같은 높은 지역으로 차를 타고 갑자기 이동하는 경우 경험할 수 있는 귀 막힘 현상이 대표적인 증상이다. 일반적인 경우 여객기는 내부의 압력을 높여주는 장치를 하고 운행을 하지만 우주선과 같이 완전 밀폐된 구조가 아니기 때문에 육상에서의 1 대기압보다 낮은 0.8~0.7 기압의 공기를 가지고 있다. 이때 발생하는 기압의 차이로 인하여 고막 같은 신체 경계 부위에서 변화를 느끼는 것이다. 이 경우도 이륙하는 중간에 '이퀄라이징' 이라는 조치를 통해 압평형을 이룰 수 있다. 하지만 '이퀄라이징' 이 잘 안 되는 사람의 경우 매우 불편한 상태에서 비행기 이동을 경험해야 하며 그런 사람들이 다이빙을 할 경우 다이빙 과정에서도 매우 불편한 느낌을 지속적으로 가질 수

있다. 보통의 경우 '이퀄라이징'은 코를 손으로 막고 숨을 내쉬는 방식으로 귀 내부의 고막을 움직여서 압평형을 만들어준다. 하지만 감기 또는 다른 이유로 코막힘이 있거나 얼굴 안쪽 공간(부비동)에 염증 같은 요인으로 코, 귀, 입으로 이어지는 통로가 막혀있어 구조적으로 '이퀄라이징'이 안 되는 경우도 발생을 한다. 이 경우는 병원에 가서 정밀 진단을 받아 보는 것이 가장 좋은 해결책이다.

과 다이빙 경험에서 지켜야 하는 다이빙 수칙을 지키는 경우 절대 사고는 발생할 수 없다는 것이 다이빙 이론의 바탕이다. 하지만 무모

한 도전과 치기 어린 도전이 종종 큰 사고로 이어지는 사례 또한 심심치 않게 접할 수 있다. 이런 상황을 생각한다면 위기에 대처하는 정신적인 능력 또한 가장 중요한 다이버의 조건이라 할 수 있다. 숨을 쉬지 않고 인간이 버틸 수 있는 한계는 대부분의 사람의 경우 3분 내외 라고 할 수 있다. 짧으면 무척 짧은 시간이고 길다고 하면 무척 긴 시간이다. 서울 시내 지하철 역사간의 이동시간이 대부분 2~3분 내외 인걸 보면 얼마나 되는 시간인지 판단이 될 것 이다. 이 시간 동안 무슨 일을 할 수 있는가? 아마도 꽤 많은 일을 할 수 있을 것이다. 전화 통화도 할 수 있고 TV도 볼 수 있고 책도 읽을 수 있는 시간이다. 다이빙을

ㄴ. 정신적 문제

호랑이에게 물려가도 정신 만 차리면 된다. 라는 속담이 있다. 이런 점은 다이빙에도 똑같이 적용된다. 다이빙을 경험 하면서 혹시나 경험할 수 있는 위급 상황에도 정신을 바짝 차리고 상황을 해결해 나가는 경우 최악의 상황을 피할 수 있다는 것은 입증된 사실이다. 즉, 다이빙 교육 과정에서 습득하는 다이빙 기술

경험하면서 최악의 상황에도 결코 짧지 않은 시간이 있다. 이 시간에 정신만 차리면 문제를 해결 할 수 있다. 지속적인 기술 습득과 마인드 컨트롤을 통해 스스로가 패닉을 극복할 수 있는 정신적 상태를 가지는 것이 또 하나의 중요한 조건이라 할 수 있다.

다이버가 알아야 하는 것

다이빙 교육을 받고 라이선스를 획득한 다이버가 되어 바닷속을 탐험하면서도 반드시 알아야 하는 것들이 있다. 단순히 한번의 오픈워터 라이선스 획득을 위한 교육을 끝으로 추가적인 학습이 없이 다이빙을 즐길 수도 있지만 매일, 매일 변화되는 신기술의 홍수 속에 다이버들이 개별적인 역량을 높이기 위한 노력을 게을리 해서는 안 될 것이다. 이런 관점에서 봤을 때 다이버가 되어서도 꼭 챙겨서 알아두어야 하는 것은 다음과 같다.

ㄱ. 다이빙 관련 지식

바닷속에 들어 갔을 때 생전 처음 보는 생물체를 만나는 놀라운 경험은 자칫 당황스러울 때도 있다. 학창시절 또는 그 이후 다른 경로를 통해 접했던 바닷속 생물체들은 단순히 물고기로 한정된 단편적인 정보들 이었다. 어떠한 물고기가 치명적인 독을 가지고 있는지, 건드리면 큰 화를 입을 수 있는 생물은 어떤 것일까? 이러한 지식들은 다이빙을 즐기면서 지속적으로 교육과 관찰이 요구되는 내용이 된다. 한번 이상 다이빙을 경험한 사람은 TV 나 영화 같은 미디어에서 바다관련 정보를 접하게 되면 본인도 모르게 매우 많은 관심을 보이게 된다.

ㄴ. 추가적인 기술 습득

처음 다이빙을 배울 때 물 속에서 본인의 몸이 마음 먹은 대로 움직이지 않는 것에 어려움을 겪지만 경험이 지속되면서 보다 편하게 다이빙을 즐길 수 있게 된다. 하지만 모든 운동이 그렇듯 다이빙의 경우에도 처음 배우는 기본기가 매우 중요하다. 특히나 다이빙은 기본을 지키지 않는 무리한 다이빙을 통해 사고로 이어지는 경우가 있기 때문에 기본이 매우 중요한 운동이라고 할 수 있다. 지속적이고 반복적인 훈련을 통하여 기본기가 충분히 습득되면 위험한 상황에도 극복할 수 있는 기술을 자기 것으로 만들 수 있다. 이러한 이유로 지속적인 기술 습득을 위한 노력을 게을리 해서는 안 될 것이다(새로운 다이빙 기술의 교육과 연습은 반드시 안전이 확보된 수영장 같은 제한 수역에서 충분히 연습한다).

ㄷ. 새로운 장비 사용법

 다이빙 장비를 구입하면 레저 다이버의 경우 10 년 이상의 사용 연한을 갖는다. 10 년이라는 시간은 강산이 변한다고 하는 오래된 시간이며 그 시간 동안 다이빙 장비관련 기술은 몰라 보게 향상되어 간다. 즉, 10 년 전 사용하던 장비와 새로 구입하는 장비의 기본적인 작동법은 같겠지만 세부적인 작동법은 다를 수 있다. 그래서 새로운 장비에 대한 교육과 학습이 꼭 필요하다. 매년 열리는 다이빙 장비관련 전시회를 방문한다면 새로운 장비에 대한 정보를 접할 수 있으며 본인에게 맞는 장비를 고르는 요령도 알 수 있게 될 것이다. 인터넷을 통한 장비검색 같은 방법도 새로운 정보를 접하는데 매우 좋은 방법이다.

ㄹ. 더 많은 현장 경험

 다이빙은 매번 같은 장소에서 같은 사람들과 같은 방식으로 즐기는 스포츠가 아니다. 바다의 환경도 매번 바뀌며 매일 같은 곳을 들어간다 하여도 바닷속이 매일 똑같지 않다. 어떤 날은 잔잔하기도 하고 어떤 날은 너울이 있기도 한다. 이러한 변화되는 날씨와 환경에 조금씩 다르게 요구되는 다이빙 기술은 다양하고 변화 있는 다이빙 환경의 경험을 통하여 습득할 수 있다. 파도가 높은 상태에서 보트에 오르는 요령이나 수면보다 매우 높은 보트에서 입수를 해야 하는 다이빙 현장은 이론이 아닌 실전으로 습득할 수 밖에 없는 산 경험이기 때문이다.

Premium Scuba Diving

자격증과 교육의 필요성

우리가 즐기는 레포츠 중에 공인된 라이선스를 필요로 하는 레포츠는 거의 없다고 할 수 있다. 프로와 아마추어의 경계에 있는 몇몇 레포츠를 제외하면 다이빙이 유일한 종목이라 할 수 있다.

왜? 다이빙을 즐기는데 자격증을 필요로 하며 정규 교육 과정을 통하여 교육을 받아야 하는가?

대답은 간단하다. 교육을 받지 않고는 도저히 도전할 수 없는 종목이고 무리한 도전은 최악의 결과로 사망까지 예상할 수 있는 종목이기 때문이다. 처음 다이빙을 하고 싶은 사람에게 다른 사람들이 다이빙을 즐기는 모습을 보여주고 혼자 다이빙을 해보라고 하면 100% 시도조차 할 수 없을 것이다. 그 소리는 처음 접하는 사람이 교육이 아닌 어깨 넘어 배운 지식으로는 절대 다이빙을 할 수 없다는 소리가 된다. 배드민턴을 처음 배우는 사람에게 라켓을 주고 서로 랠리를 주고 받으며 연습을 하라고 하면 짧은 시간 안에 랠리를 할 수 있게 되며 이런 위험도가 낮은 종류의 스포츠는 사고로 이어져 다치는 경우는 거의 없을 것이다. 하지만 다이빙은 가장 최악의 상황을 생각해 보지 않을 수 없다. 즉, 죽을 수 도 있다는 것이 현실이다. 사람은 물 속에서 3 분이상 호흡을 하지 않고 버티기 어렵기 때문에 여름철 물놀이 익사 사고가 끊이지 않는 것이다. 또한 다이빙은 혼자 하는 운동이 아니기 때문에 정확한 교육과 연습을 통하여 진행을 하여야 한다. 준비되지 않은 다이버를 단독으로, 초급 다이빙 그룹과 같이 다이빙을 진행 할 경우, 초급 다이버 뿐만 아니라 다른 다이버의 안전에도 위협을 줄 수 있기 때문에 더 더욱 자격증과 교육이 필요 한 것이다. 그러한 이유로 각 단체에서는 공인된 다이빙 교육 시스템을 가지고 교육을 진행 한다. 공인된 강사로부터 매뉴얼에 맞는 정확한 교육과 실습을 받아 C-카드 라고 불려지는 다이빙 라이선스를 획득한 사람을 '다이버' 라고 부른다. C-카드는 전세계 모든 다이빙 리조트에서 통용되는 공통된 양식이다.

각 단체에서 발급한 C-카드는 다이빙 등급을 확인해주고 다이빙을 진행하는 리조트에서

는 그 등급을 확인하고, 그 등급에 적절한 다이빙 포인트로 다이빙을 안내하게 된다. C-카드가 없는 사람에게는 어떤 리조트도 다이빙 공기통을 대여할 수 없으며 만약 불법적인 대여로 다이빙 사고가 발생하는 경우 리조트가 폐쇄되고 민, 형사적 처벌을 받는 결과를 감수해야 한다.

 다이빙 라이선스를 획득한다는 것은 일정한 시간 동안 정규 교육을 이수하여 기초적인 다이빙 생존 기술을 습득하였다는 것을 의미한다. 그것은 완전한 다이빙 기술을 마스터 했다는 의미가 되지 않는다. 다이빙 기술은 결코 짧은 시간에 속성으로 획득할 수 없는 것이라는 것을 알아야 한다. 즉, C-카드의 획득이 다이빙의 끝이 아니라 다이빙의 시작이라는 점을 명심 해야 한다.

Premium Scuba Diving

다이빙 주체

다이빙을 시작하려 할 때 단순히 **다이빙을 시작 해야지'** 하는 생각으로 아무런 사전 준비 없이, 아는 사람을 통해 물어, 물어 다이빙을 접하는 경우도 있고 열대지방의 여행에서 처음 접한 아름다운 바닷속 환경(체험다이빙의 경험)에 이끌려 다이빙을 시작하는 경우도 있다. 그렇다면 이러한 다이빙 산업은 어떠한 사람들(회사, 단체, 구성원)이 만들었고 어떻게 많은 사람들이 즐길 수 있는 환경을 제공 하는지 한번 생각해 볼 필요가 있다.

에 사람은 다이버와 비 다이버로 나누어 진다고 말을 한다. 이런 간편한 분류는 우리가 일상 생활을 즐기는 육지의 생활과 완전히 다른 또 다른 세상을 즐길 줄 아는 또 다른 부류의 사람들을 다이버 라고 하는 특별한 자부심으로 표현하는 것이다.

ㄱ. 다이버

다이빙을 즐기려는 목적을 가지고 바다에 가서 공기통을 빌려서 보트를 타고 다이빙을 즐기며 서비스의 제공에 상응하는 비용을 지불하는 다이버가 가장 중요한 주체라고 할 수 있다. 다이빙을 즐기는 많은 다이버들은 세상

ㄴ. 강사

비 다이버가 다이빙을 시작하려 할 때 가장 처음 걱정하는 것이 물 속에서 공기가 떨어지거나, 상어를 만나서 위험한 경우가 발생하면 어쩌나 하는 막연한 두려움이다. 누구나 할 수

있는 당연한 두려움이고 다이빙을 즐기면서 항상 염두에 두어야 하는 가장 중요한 사항이기도 하다. 공기를 이용한 폐호흡을 하는 인간이 호흡을 하지 못한다면 짧게는 5 분 아무리 길어도 10 분 안에 치명적인 결과를 가져온다는 것을 누구나 알고 있다. 그럼 물 속에서 공기가 떨어지면 전부 죽어야 하는가? 당연히 그런 일은 발생하면 안되고 발생할 수도 없는 일이지만 최악의 경우에도 그 위험을 극복할 수 있는 방법이 다이빙 교육 과정에 있기 때문에 적절한 조치를 취한다면 어려움 없이 난관을 이겨낼 수 있다. 바로 이러한 능력을 만들어주는 주체가 강사들 이다. 강사들은 당연히 교육생의 안전을 지켜야 하는 막중한 책임이 있으며 이러한 직무를 안전하게 수행 할 수 있도록 하는 것이 교육 시스템이다.

는 다르게 다이빙 관련 안전요원을 배치하여 안전한 다이빙 교육 환경을 제공하며 다이빙 필수 장비인 공기통을 대여 해준다. 마찬가지

로 바다 환경의 경우 다이빙을 편하게 할 수 있도록 보트를 이용하여 다이빙 포인트로 이동을 시켜주고 물 속을 가이드해주는 역할을 하는 곳을 다이빙 리조트 라고 한다. 다이빙 리조트는 공기통을 대여해주며 처음 가는 다이빙 포인트의 세부 사항을 브리핑하고 안내해주는 서비스를 제공하는 곳이 대부분이다. 물 속의 상황은 그때, 그때 다를 수 있어 현지

다이빙 리조트

ㄷ. 리조트

교육을 위한 연습 과정에 빠지지 않고 방문하는 곳이 다이빙 수영장이다. 일반 수영장과

장비를 옮겨주는 현지스텝

Premium Scuba Diving

가이드의 안내를 받는 것이 안전하다. 일반 다이버들이 개인 장비를 준비하여 리조트를 방문하면 그곳에서 공기통을 대여해서 사용하고 반납하며 샤워나 장비세척 같은 서비스 인프라를 이용하면서 그에 상응하는 비용을 지불한다.

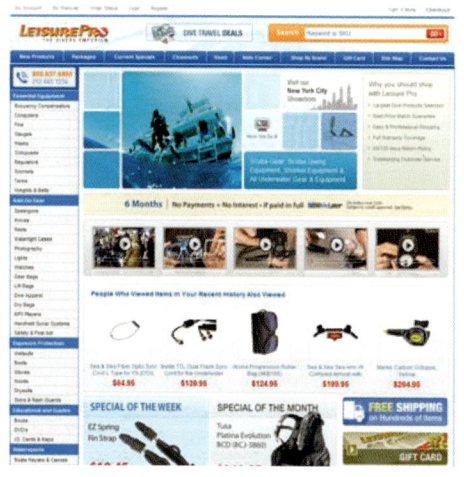

ㄹ. 장비 회사

스쿠버다이빙은 장비의 스포츠라고 할 수 있다. 즉, 개개인의 다이빙 기술적인 측면의 발전보다 장비의 기능 개선 기술이 항상 더 빠르며 이러한 기술의 발전은 보다 안전하고 쾌적한 다이빙을 즐길 수 있는 환경을 만들어 가고 있다고 할 수 있다. 다이빙의 필수 장비인 다이빙 핀(오리발)의 경우에도 전세계적으로 100여 개가 넘는 회사에서 1,000여종이 넘는 제품을 판매하고 있다. 또한 각종 액세서리의 종류는 수를 헤아릴 수 없으며 다양한 선택을 할 수 있는 시장이 형성되어 있다. 이러한 제품들은 여러 판매 사이트에서 구매를 할 수 있으며 유명 브랜드로는 스쿠버프로, 투사, 마레스 같은 회사가 있다. 이런 회사들은 수익증대를 위하여 서로 경쟁을 하며 끊임없는 제품 개발을 하여 다이빙 관련 기술을 향상 시켜 나간다.

ㅁ. 다이빙 단체

최초의 다이빙 교육은 다이빙을 경험해본 경험자들이 경험을 바탕으로 구전 교육을 실시해 왔다. 이러한 교육은 교육 수준의 품질을 보장할 수 없었으며 인증된 수준을 평가하는 기준이 없어 단순히 물에 들어 갔다 잠시 머물러 있다가 나오는 간단한 기초 수준의 교육을 할 수 밖에 없었다. 이러한 문제를 개선하기 위해 뜻이 있는 다이빙 선구자들이 체계적인 교육 시스템을 만들기 위해 노력을 해 왔다. 이러한 노력으로 다이빙의 등급이 표준화

되었으며 국제 표준 시스템인 ISO 에 등록 되었다. 그러한 다이빙 표준 교육 방식은 각각의 단체별로 약간의 차이는 있지만 대부분의 경우 ISO 표준에 따른 지침을 적용하여 교육 프로그램을 진행 하고 있으며 이러한 지침에 따

른 다이빙 라이선스의 발급과 관리가 이루어지고 있다고 볼 수 있다. PSDC 는 전세계 2,000 여 개 가 넘는 다이빙 단체 중에 거의 유일한 경험 기반의 안전을 최우선으로 지향하는 단체이다. 다이빙 단체가 설립되고 운영되어 오면서 대부분의 단체에서 가장 어려운 문제점으로 꼽는 것이 다이빙 교육 품질의 일관성과 안전한 적용이다. 하지만 대부분의 단체의 경우 각각의 강사에 따른 교육 품질 수준이 다르고 서비스 수준 또한 다를 수 밖에 없는 현실에 별다른 대안을 내놓고 있지는 못한 것이 현실이다. 이러한 문제점을 극복할 수 있도록 PSDC 에서는 인터넷 인프라의 발전에 따른 여건을 적절히 활용한 교육 시스템을 제공하고 있다. 이러한 교육 시스템은 교육 강사에게는 안전한 실습에 중점을 두는 실용적인 교육 시스템을 사용할 수 있도록 하고 교육생에게는 이미지 트레이닝을 통한 자신감을 가진 능동적인 교육생이 될 수 있는 환경을 제

Premium Scuba Diving

공한다. 또한 지속적인 교육 시스템의 업그레이드를 통한 새로운 다이빙 장비와 기술을 습득할 수 있는 손쉬운 교육 환경을 경험할 수 있다.

PSDC 다이빙 코스의 특징

PSDC는 다른 다이빙 교육 단체와 차별화된 시스템을 가지고 있다. 이러한 교육 시스템은 정보화 기기의 발달에 따라 다양하고 편리한 교육시스템이 적용된 결과가 된다.

ㄱ. 멀티미디어를 활용한 사전학습

다이빙을 배우려는 마음을 먹은 사람들이 처음 시도하는 것은 아마도 인터넷 검색일 것이다. 인터넷에 다양하게 존재하는 다이빙 관련 정보들은 실제로 다이빙을 배우고 즐기는데 매우 유용하게 사용된다. 이러한 정보들은 시간과 장소를 뛰어 넘는 접근성을 가지고 있으며 마음 먹기에 따라 거의 대부분의 다이빙 기술을 학습할 수 있다고 봐도 무방하다. PSDC 교육시스템은 이러한 다양하고 풍족한 정보들을 체계적이고 검증된 이론을 바탕으로 분석 정리 하였고 PSDC 연구진의 연구 결과와 경험을 토대로 제작된 다양한 멀티미디어 자료는 다이빙 교육을 시작하기 전에 80% 이상의 학습 효과를 가질 수 있는 완벽한 환경을 제공한다.

2010 PSDC YAP TOUR

ㄴ. 동일한 품질의 이론 교육

다이빙 기술과 이론은 강사 개인의 능력에 따라 어쩔 수 없이 품질의 차이가 존재하는 것이 현실이다. 부족한 이론 지식으로 잘못된 정보를 전할 수 도 있고 궁금증을 해결해주지 못하는 강사가 있을 수도 있다. 이러한 문제점을 극복 하고자 PSDC에서는 온라인 이론 교육을 통하여 품질 높은 이론 정보를 제공한다. 많은 검증 과정을 거친 공인된 이론을 바탕으로 교육생에게 꼭 필요한 정보를 온라인 강의를 통하여 쉽게 습득할 수 있게 제공된다. 이런 이론 교육은 PSDC의 교육과정에 등록된 교육생뿐 만 아니라 PSDC 회원 모두에게 제공된다. 언제 어느 때나 www.psdc.kr 에 접속하여 동영상 교육을 시청할 수 있으며 강사를 통해 DVD로 제공 받을 수 도 있다.

ㄷ. 경험을 중심으로 하는 실습 교육

PSDC에서는 변화무쌍하게 발생할 수 있는 바다 환경의 변화에 따라 그때, 그때 상황에

Premium Scuba Diving

맞는 대처를 할 수 있는 많은 경험을 가진 강사들의 교육과 지도로 안전한 다이빙 실습을 할 수 있다. 단순한 체험 수준의 다이빙 교육이 아닌 혼자서 스스로 할 수 있는 다이빙 기술을 연마 할 수 있도록 PSDC 강사들은 교육생의 안전한 실습을 보장한다.

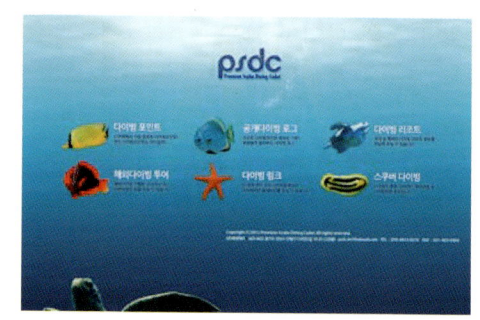

온라인 동영상 강의

ㄹ. 온라인 관리를 통한 지속된 학습

 시간이 지나면서 기억은 잊혀지게 되고 초기에 교육받은 다이빙 지식들은 무시 된다. 모든 경험을 전부 기억할 수 없는 인간의 한계에 따라 다이빙 경험에 대한 정보를 기록하는 요구가 항상 있어 왔다. 다이빙 로그북 이라고 하는 소책자에 본인의 다이빙 경험을 기록하고 다음 다이빙 계획을 위한 피드백을 받는 것이 본인의 다이빙 기술의 발전에 많은 도움이 된다는 것은 분명한 사실이다. 여태까지 이러한 소중한 정보들이 개개인의 경험 속에 한정되어 있고 활용되어 오지 못하였다. PSDC에서는 On-Line Log System 을 통하여 본인의 다이빙 정보를 다른 사람과 공유할 수 있는 기회를 제공한다. 반대로 다른 사람의 공개된 다이빙 정보를 열람하여 다이빙을 계획하는 곳에 정보를 사전에 숙지할 수도 있다. 이러한 On-Line 기록은 본인의 다이빙 등급을 상승시킬 수 있는 분명한 이력을 증명해주며 이러한 증명 기록들은 OPEN WATER DIVER에서 라이선스의 등급이 중지 되어 있는 다이버 들에게 ADVANCE, MASTER DIVER 까지 LEVEL UP 할 수 있는 길을 제공한다.

다이빙 교육 과정의 학점 인정

PSDC 의 다이빙 교육 과정은 다이빙을 체육 교육 과정으로 수업이 개설된 대학에서 정규 학점으로 인정 받을 수 있다. 다이빙 관련 교육 과정이 필요한 학과에서 다이빙 교육을 위탁 받아 정규 과목으로 교육을 진행하고 있으며 라이선스 획득을 학점 취득으로 인정 받을 수 있다. 이러한 교육 위탁 과정은 PSDC 에서 ISO 표준 다이빙 교육 지침을 따르고 철저한 관리 감독을 통하여 표준에 만족하는 다이빙 교육을 진행하기 때문이다.

They always say time changes things, but you actually have to change them yourself. People need to be made more aware of the need to work at learning how to live because life is so quick and sometimes it goes away too quickly.

Andy Warhol

02 스킨스쿠버 다이빙 역사

인류가 다른 미지의 세계에 대한 동경을 갖고 있는 것이 다이빙의 시작이라고 할 수 있다. 인류는 지구상에 존재하는 공기를 호흡하며 살고 있으며 그 중에 산소가 없이는 단, 5분도 살수 없는 존재이기 때문에 공기를 호흡할 수 없는 물 속 탐험은 꿈으로 생각하는 상상 속 의 세계였다. 물론 지금도 어린이들의 동화책 속에 표현되는 바닷속은 인어공주와 마법마녀의 세상으로 그려지고 그런 상상 속에서 성장을 해오는 것이 현실이다. 그렇다면 오래 전 인류는 어떻게 바다를 생각해왔을까? 지금의 동화 속의 바다와 같이 상상 속에 그려지는 미지의 세계일 뿐 이었다. 하지만 그때도 용감한 개척자가 있었고 많은 시행 착오를 거쳐 지금의 기술적인 발전을 이루게 되었다.

Premium Scuba Diving

바다 속을 보기 위한 수족관 시설

BC 900 년에 그려진 동굴 벽화에는 염소가죽으로 만든 공기주머니를 입에 물고 수중을 이동하는 그림이 발견되었지만 상상 속의 모습인지 실제 전투에서 실행이 되었는지 정확히 확인 되지는 않는다.

앗시리아 부조에 나타난 염소가죽 공기주머니를 사용한 병사
출처 : British Museum

역사 속의 기록을 찾아보면 BC 3,000 년에 최초로 시도된 다이빙 기록이 있다. 커다란 종을 만들어 종을 물 속으로 가라앉히며 종안에 있는 공기를 통해 호흡을 하며 바다 속을 관찰했다는 기록이 있다.

Fig. 1. Taucherglocke.
종모양 잠수장비
출처 : Lexikon der gesamten Technik

다른 기록에는 BC 330 년 알렉산더가 바다 위 전투에서 물속을 잠수해서 적의 선박에 접근하여 배를 침몰 시켰다는 기록이 있기도 하지만 이 역시 도구를 이용한 다이빙이라고는 할 수 없고 그런 작전이 정말 실시되었는지도 의심해볼 수 있다. 이런 역사적인 기록들은 불명확한 경우가 대부분이라 우리나라나 일본 같은 극동지역에서 해녀들이 물질을 시작하였다는 기록이 중국 문헌에 자주 확인되어 극동지역이 다이빙의 발상지라고 주장하는 학자들도 있다. 실제 현대적 의미의 다이빙이라고 할 수 있는 기록은 르네상스시대를 만나면서 발견된다. 레오나르도 다빈치의 잠수함 설계도가 있으며 1770 년 압축공기를 물 속으로 전달할 수 있는 기계장치가 제작 되었으며 1772 년 프랑스지역에 사는 Sieur Freminet 가 헬멧에 호스를 연결해서 압축공기를 전달받아 호흡할 수 있는 다이빙 장비를 만들어냈고 이러한 장비는 각종 수중 공사현장에서 사용 되기 시작하였다.

Premium Scuba Diving

Diving Chamber
출처 : Modern Mechanix

1774 년 John Day(영국)는 현대식 의미의 잠수함인 'Diving Chamber' 를 시험운항 하기 위해 바다에서 잠수를 시도하였다가 사고로 사망을 하여 최초의 다이빙관련 사망자로 기록되었다.

1837 년 Augustus Siebe(독일)가 오늘날 산업 잠수부 들이 사용하는 다이빙 복장의 기원이 될 수 있는 폐쇄형 다이빙 슈트를 개발 하였으며 그때부터 수중 작업에 사용되는 산업용 장비로 거듭나게 되었다.

1839 년 캐나다 발명가 James Eliot 와 Alexander McAvity 가 '다이버를 위한 산소공급 장치' 라는 기술로 다이빙 관련 특허를 취득하였으며 이러한 연구는 1842 년 상업적인 다이빙드레스를 판매하는 회사가 나오게 되었고 영국의 왕립 해군학교에서 Diving School(현대적 의미의 다이빙 교육단체와는 다른 개념의 학교)이 시작되는 발전을 이루었다. 이때 주목할 부분은 재호흡기 관련 기술 및 연구인데 1849 년 Pierre-Aimable de Saint Simon Sicard 은 산소를 이용한 폐쇄 호흡이 가능한 장치를 제작하여 1854 년 시연에 성공을 하게 된다.

1876년에는 Henry Fleuss가 런던에서 압축 산소를 사용하여 독립적인 호흡이 가능한 장치를 만들었고 가성칼륨(caustic potash)을 사용하여 이산화탄소를 흡수 처리하는 현대적 의미의 재호흡기를 탄생시켰다. 이와 동시에 헬멧을 사용한 다이빙 연구도 진행되었는데 1820년 Paul Lemaire d'Augerville(파리)가 설립한 구조 전문 회사는 수심 15~20 m 에 가라앉은 배에서 인명을 구조하는 사업을 시작하였으며 사업적으로 큰 성공을 거두었다. 하지만 호흡장치인 레귤레이터가 없는 다이빙으로 심각한 위험에 노출되어 있으며 많은 인명사고를 발생시켰다.

1860년 Espalion(파리)는 원통형 공기탱크를 이용한 제체공급 호흡장치 즉, 레귤레이터를 사용한 다이빙장비를 제작하였으며 이로 인하여 다이버의 안전도가 획기적으로 좋아졌다. 이런 발전은 1865년 프랑스해군에 납품하는 성과를 이루었으며 프랑스해군의 주문으로 Rouquayrol-Denayrouze 다이빙 슈트가 주문 제작되는 결과로 나타난다. 이러한 성공은 역설적으로 다이빙의 발전을 가로막는 상황을 만들게 되는데 압축 공기를 사용한 독립 사용이 가능한 장비 즉, 스킨스쿠버 장비의 개발의 필요성이 없어지는 결과를 양산한다. 그 덕분에 1937년 까지 새로운 장비 개발이 중단되는 역사적 변곡점을 맞게 된다.

Rouquayrol-Denayrouze 다이빙장비
출처 : museeduscaphandre

상업적인 다이빙이 다이빙산업의 전반적인 흐름으로 성과를 위주로 하는 다이빙이 지속되는 시대가 1800 년대부터 1900 년대 초반까지 라고 할 수 있다. 이러한 움직임은 결과적으로 많은 다이버의 부상과 사망에 이르게 하는데 1841 년부터 끊임없는 다이빙 사망 및 부상에 대한 보고가 기록된다.

19세기 후반 유명했던 미국가수 Grecian bend
출처 : Library of Congress

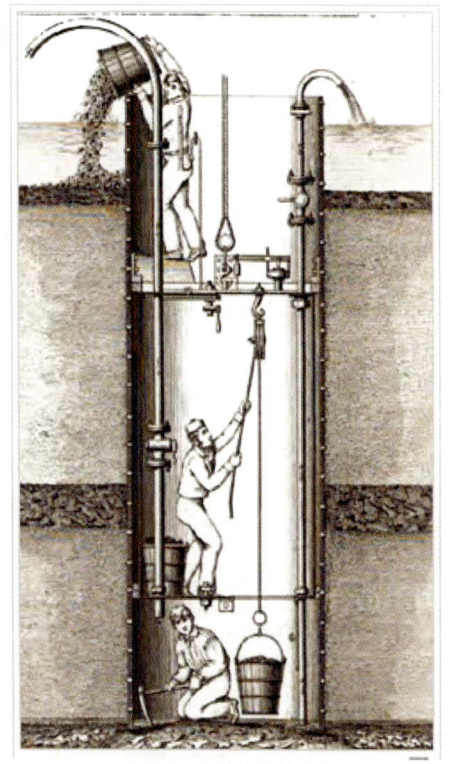

Caisson 방식의 굴착공사
출처 : Géologie appliquée ou Traité de la recherche et de l'exploitation des Mines

특히 1871 년 미국 St Louis 에 Eads Bridge 를 건설하던 수중건설노동자의 경우 352 명의 노동자중에 30 명이 심각한 부상으로 장애를 입고 12 명의 사망자가 발생하는 사태를 맞게 된다. 이때 주치의로 있던 Dr. Alphonse Jamine 는 이러한 부상이 감압문제에 따른 잠수병이라는 결론을 내리고 약95 피트(28.9 m)에서 3 시간 정도 작업을 하고 출수를 하면 심각한 부상을 입는 현상을 기록하고 작업교대 시간을 줄여야 한다는 주장을 펼치게 된다. 이러한 공사방법을 Caisson 방식이라 하는데 직접적인 잠수 작업이 아닌 압축 공기를 공급받은 수중노동자에게 발생하는 잠수병의 인과관계를 밝혀냈다는 것이 매우 의미 있는 의학적 발전이 되었다. 하지만 1873 년 건설되던 Brooklyn Bridge 의 공사에서 'caisson disease' 라고 할 수 있는 부상자가 110 명이나 발생을 하였고 600 여명의 노동자중에 상당수의 노동자가 비슷한 증상을 호소하게 되었다. 잠수병에 고통을 받는 그들의 모습이 유명한 가수 Grecian Bend 와 닮아 Bend 에 걸렸다는 표현을 사용하게 되었고 지금까지도 잠수병을 Bend 라고 부르게 되는 기원이 된다.

틸러스호가 진수되어 군사적인 용도로 사용되기 시작하였으며 지속적인 발전으로 1900 년도에는 가솔린기관과 축전지를 이용하여 수심 30 m 에서 항해를 할 수 있는 상태가 되었다. 하지만 전투 중에 발생하는 침몰이나 고장 같은 상황에 승조원이 모두 수장되는 심각한 문제가 야기 되었고 이때 긴급 탈출 할 수 있는 장비의 개발이 매우 시급하게 되었다. 또한 잠수함 내부에서 공기를 공급하여 외부를 수리할 수 있는 잠수복의 필요성을 느끼게 되었

Appareil Le Prieur, 1933
출처 : museeduscaphandre

지상과 통신이 가능한 다이빙장비
출처 : Aquarius

상업적인 흐름과 동시에 군사적인 필요성에 따라 다이빙 장비의 개발이 지속되었다. 1800 년 최초의 현대식 잠수함이라 할 수 있는 노

고 Morse 와 Schrader 가 개발 하였던 헬멧을 바탕으로 새로운 헬멧을 개발하게 되었고 그것이 MK I, MK II, MK III, MK IV 로 이어지는 다이빙 장비의 발전으로 이어진다. 물론 지금 가장 많이 판매되고 있는 MK25 라는 장비도 여기서 시작되었다고 보는 것이 맞다.

1913 년 미 해군은 본격적인 MK V 를 개발하기 시작하였으며 1915 년 침몰한 잠수함 USS F-4 를 Frank W. Crilley, William F. Loughman, Nielson 세명의 다이버가 공기다이빙의 한계치라 할 수 있는 93m 수심에서 인양하는 놀라운 성과를 만들어 낸다.

다이빙에 필요한 장비 중에 가장 중요한 부분은 호흡기라고 해도 무방할 것이다. 이러한 호흡기의 발달은 다이빙이 아닌 다른 분야에서도 지속적인 필요와 수요가 있어 개발이 되고 있었으며 그러한 결과는 1937 년 Rene Commeinhes 와 그의 아들 Georges Commeinhes 에 의하여 새로운 성과로 나타난다. 이들은 프랑스변방에 작은 소도시 Alsace 에서 소방관으로 일을 해오며 호흡기의 개발을 해왔으며 다이빙분야에도 충분히 사용할 수 있는 호흡기를 만들기에 이른다. 또한 이 제품을 2 차 세계 대전중 프랑스 해군에 납품을 하면서 상업적으로 성공을 거두었다. 그들은 1942 년에는 Commeinhes Company 라는 회사를 설립하고 다이빙호흡기 Set 인 'GC42' 를 만들어 판매를 시작하였다. 그런 사실을 보면 오늘날 스쿠버 장비의 시작은 Georges Commeinhes 라고 할 수 있다. 하지만 오늘날 스킨스쿠버 장비의 원형을 Jacques-Yves Cousteau 가 만들었다고 일반적으로 알려져 있다. 그 이유는 상업적인 성공을 이룬 쪽이 남긴 승자의 기록으로 생각하는 것이 옳은 판단일 것이다.

그때의 상황을 보면 1942 년 Air Liquide Company 의 사장이었던 Henri Melchior 가 신제품의 개발을 위해 관련 경쟁사의 엔지니어인 Gagnan 을 Jacques-Yves Cousteau 에게 소개를 해서 호흡기를 만들게 했으며 이 제품은 1943 년 'Aqua-Lung' 이라는 호흡기 Set 로 시장에 판매되면서 커다란 성공을 거두며 시장에 진출하였다. 이 제품이 영국의 다이빙교육 단체 BSAC's의 스킨스쿠버 트레이닝 메뉴얼에 포함 되면서 시장의 표준으로 자리를 잡게 된 것이다.

NOAA 해저연구소
출처 : Aquarius

이후 개발되는 다이빙장비는 약간의 기술적인 변화와 디자인의 변화를 거듭하면서 발전을 해왔지만 이미 1950 년대 기술적인 완성단계에 이른 다이빙 장비는 기술적인 발전보다 안전을 위한 개선으로 발전방향이 바뀌고 지금까지 다이버의 안전을 우선으로 하는 방향으로 발전되고 있다. 2000 년 이후 레크리에이션 다이빙의 한계를 넘기 위한 장비의 개발에 많은 노력이 투입되면서 레크리에이션 다이빙과는 획기적으로 다른 테크니컬 다이빙이라는 분야가 도입되기 시작하였다. 우선 가장 큰 제약 조건인 수심 40 m 의 한계를 넘어 서기 시작 하였으며 안전한 감압을 통한 오랜 시간 다이빙을 시도할 수 있게 되었다. 이러한 기술의 발전은 현재 진행형으로 계속되는 발전 분야가 되며 앞으로 어떻게 진행될지는 아무도 알 수 없다. 기술적인 한계는 이미 넘어섰지만 경제적인 문제와 인간의 한계라는 태생적인 문제를 넘어설 수 없는 미지의 영역으로 진취적인 다이버의 도전을 기다리고 있다.

수중 연구소에 상주하여 연구중인 다이버
출처 : Aquarius

面白いから一生懸命やるのではない．一生懸命やるから面白いのだ．

中谷彰宏

03 스킨스쿠버 다이빙 소개

스쿠버다이빙을 시작하기 전에 바닷가에서 바라보던 물 속은 다른 세상이다. 하지만 다이빙을 접하고 한 번, 두 번 물 속을 경험하기 시작하면 또 다른 세상이 있다는 사실에 더욱 더 놀라움을 경험 할 수 있다. 이런 아름답고 신비한 세상에 오신 여러분을 환영한다.

다이빙의 매력

대부분의 사람들이 살아가면서 취미 생활로 즐기는 것들이 몇 가지씩은 있다. 이런 취미 생활 중에 본인 만의 만족을 느끼면서 행복해 하는 취미도 있고 다른 사람과 교류를 통하여 성취감을 느끼는 취미도 있다. 과연 다이빙은 어떠한 매력이 있어 사랑 받는 레저 스포츠가 되었고 관련 산업은 어떻게 발전했을까? 다이빙을 처음배우고 해양 실습을 나가서 처음 바다에 들어가면 깊고 차가운 바다에 대한 두려움으로 신체의 리듬이 바뀌어 버린다. 이러한 변화는 심장이 콩닥거리고 신경이 곤두서는 묘한 경험을 하게 되는데 마치 사랑에 빠지는 사춘기 소녀처럼 설레는 마음이 두려움과 교차한다. 사람들이 사랑에 빠질 때 설레는 마음과 긴장감, 기대감 등등 즐거운 감정들이 폭풍처럼 밀려와 사랑을 하게 되지만 시간이 지속될 수록 그러한 감정들은 대부분 둔화되어 나중에는 첫사랑의 감정을 떠올리기도 어렵게 된다. 그런 아름다운 첫사랑의 감정을 계속 느끼게 해주는 레저 스포츠가 다이빙이라 할 수 있다. 입수를 위해 보트에 올라서서 파란 바다를 바라보면 아무리 많은 경험을 가진 다이버라고 해도 새로운 설렘과 두려움을 동시에 가지게 된다. 이러한 짜릿한 감정을 평생 가질 수 있다는 것은 매일 똑 같은 일상에 지쳐 살아가는 많은 현대인들에게는 정말 좋은 삶에 돌파구가 된다. 3,000 회 이상의 다이빙 경험을 가진 베테랑 다이버는 이렇게 말했다.

나는 아직도 바다가 두렵다.
하지만 지금도 바다는 나의 마음을 설레게 한다.

오징어 먹물

Premium Scuba Diving Cadet

레크리에이션다이빙 recreation diving

레크리에이션은 몸과 마음에 피로를 풀기 위해 여가 시간에 놀이나 오락을 즐기는 것을 말한다. 즉, 레크리에이션 다이빙은 말 그대로 편하게 즐기기 위한 다이빙을 말한다. 적지 않은 활동량을 보이며 신체에 많은 운동량을 만들어 주지만 그 목적은 분명히 휴식에 있다. 다이빙을 하면서 서로 안전하게 즐기는 것이 가장 큰 목적이며 이유이기도 하다. 그렇기 때문에 무리한 다이빙 시도는 절대 하지 않으며 서로를 배려하는 다이빙 활동을 하며 항상 즐거운 분위기를 유지할 수 있어야 한다. 그러기 위해서는 아래와 같은 몇 가지 원칙을 반드시 지켜야 한다.

A. 30 m 이상의 수심에서 다이빙을 하지 않는다.
B. 확인이 되지 않은 좁은 동굴에 들어가지 않는다.
C. 혼자 다이빙을 하지 않는다.
D. 어떠한 상황이든 안전정지를 실시하려 노력한다.
E. 철저한 장비점검을 통해 안전사고를 예방한다.

여기서 가장 중요한 부분 중 하나는 30 m 이상의 수심으로는 절대 내려가지 않는 것이다. 일반 다이버 들이 다이빙 경험이 지속되면서 안전성이 검증된 수심의 한계는 30 m까지 이다. 그 이상의 수심에서는 추가로 대심도 다이빙 교육을 받은 다이버 만 하강을 시도해야 한다. 30 m 이하의 얕은 수심은 위험한 상황이 발생하여도 경험 있는 다이버들은 쉽게 대처할 수 있어 큰 사고가 발생하지 않는다. 하지만 그 이상의 수심에서는 너무 많은 위험 변수가 있어 심각한 상황에 노출될 수 있기 때문에 교육받지 않은 다이버가 무리하게 하강을 시도해서는 절대 안 된다. 레크리에이션 다이빙을 초과하는 수심 및 특정 지역의(동굴, 난파선 등) 다이빙이 필요한 경우가 있는데 이러한 영역의 다이빙을 테크니컬 다이빙 Technical Diving 이라고 한다. 이 부분은 매우 전문적인 부분으로 일반 다이빙 교육 부분에서는 다루지 않고 별도의 전문 교육 단체에서 교육을 이수 하여야 한다.

사이판 대표 다이빙 포인트
GROTTO

항목	레크리에이션 다이빙	테크니컬 다이빙
수심	최대 40 m 주 활동 범위는 30 m까지	40 m 이상 활동 가능한 깊이까지
감압 다이빙	감압이 필요 없는 안전정지 수준의 다이빙 활동	활동 시간에 따른 감압 계획표 사전 작성 예정된 수심에서 감압 절차 필수
사용 공기	일반공기 및 Nitriox	Trimix, Heliox, Heliair, Hydrox 등
잠수 중 공기변경	잠수 중 공기를 바꾸지 않음	정해진 수심에서 사용 공기를 변경하여 사용함
침몰선 다이빙	30 m 이내 수심 및 수중랜턴이 필요 없는 시야 수준에서 다이빙	제약 없이 다이빙
동굴 다이빙	30 m 이내 수심 및 수중랜턴이 필요 없는 시야수준에서 다이빙	제약 없이 다이빙
얼음 밑 다이빙	육상 안전 팀 대기상태에서 가능	자체 안전 시스템 편성으로 가능
재 호흡기 사용	사용하지 않음	수심에 따라 사용
단독 다이빙	버디다이빙이 원칙	단독 다이빙 가능

레크리에이션 다이빙과 테크니컬 다이빙의 비교

다이빙의 종류

레크리에이션 다이빙을 즐기는 경우 매우 다양한 형태의 다이빙 환경을 만나게 된다. 같은 다이빙 포인트를 반복적으로 들어가는 경우에도 시간과 날씨에 따라 다른 바다 환경을 만나게 되며 다이빙 형태에 따라 매번 다른 다이빙 기술을 필요로 하기도 한다. 각각의 다이빙 환경에 맞는 다이빙 기술을 습득하여 변화되는 바다 환경에 적응할 수 있도록 준비해야 한다.

ㄱ. 깊은 수심 다이빙

다이빙을 하면서 대부분의 경우 30 m 안쪽 수심에서 모든 활동을 수행한다. 국내의 경우 30 m 이상의 대심도 수심의 다이빙을 할 수 있는 포인트는 리조트측 에서 테크니컬 다이버를 대상으로 한정하여 운영한다. 즉, 일반 레크리에이션 다이버는 깊은 수심으로 들어갈 수 없다는 이야기가 된다. 하지만 해외다이빙을 하는 경우 매우 다른 환경을 접하게 된다. 국내와 비교하여 너무나 좋은 시야로 인하여 깊이와 거리에 대한 착각을 하게 되며 본인도 모르는 사이에 깊은 수심 다이빙을 하게 되는 경우가 종종 발생하기도 한다. 이때 아무런 대책 없이 갑작스럽게 상승을 하거나 깊은 수심과 낮은 수심을 왕복하는 요요 다이빙을 하는 것처럼 위험한 상황이 발생할 수 있다. 이런 행동은 본인과 다이빙 팀 전체에 안전을 위협하는 행동이 될 수 있으므로 매우 주의해야 한다. 항상 수심계를 확인 하며 절대 30 m 를 넘지 않게 주의 하여야 한다. 하지만 어쩔 수 없이 30 m 를 넘는 수심을 경험할 수 있는 돌발 상황은 언제나 있을 수 있기 때문에 '**깊은 수심 다이빙**' 이라는 별도의 교육을 통하여 경험 하고 준비하여야 한다. 하강 절차, 산소 중독, 질소 중독 등 많은 위험 요소를 사전에 교육받고 강사의 인솔하에 안전한 경험을 한다면 다이빙의 영역을 더욱 넓히는 기회가 될 것이다. 단, 이 경우에도 절대 40 m는 넘지 않아야 한다. 40 m 이상의 수심은 우리가 일반적으로 사용하는 장비를 사용할 수 없는 또 다른 다이빙의 영역이므로 일반 레크리에이션 다이버가 무리한 도전을 하여서는 절대 안 된다.

더블탱크를 이용한 대심도 다이빙

ㄴ. 야간 다이빙

 맑은 수심, 아름다운 산호들은 주간에 다이빙을 하며 경험하는 환상적인 세계이다. 그런 환상적인 세계에 또 다른 놀라운 즐거움을 주는 것이 바로 야간 다이빙이다. 우리는 가끔 힘들게 산에 오르며 볼 수 없었던 야생화를 산을 내려오면서 보게 될 수 있었다는 이야기를 종종 듣는다. 야간 다이빙 또한 그런 즐거움을 선사한다. 주간 다이빙에서 스쳐 지나가는 모든 것들을 아주 자세히, 그리고 세밀하게 관찰할 수 있는 시간을 준다. 또한 주간 다이빙에서 볼 수 없었던 또 다른 생물체들을 야간 다이빙에서 볼 수 있다. 특히나 주간에는 거의 볼 수 없는 게, 새우 같은 갑각류의 모습은 외계 생명체를 대하는 경외감까지 가질 수 있다. 그러나 이러한 즐거움을 느끼기 위해서는 대가가 필요하다. 대부분의 사람들은 시야가 한정되는 경우 많은 공포를 느끼곤 한다. 야간 다이빙을 하는 경우 어둠이라는 제약으로 다이빙을 시작 하기 전에 철저한 준비를 하여야 이러한 공포를 극복할 수 있다. 강사와 사전에 약속한 다이빙 일정을 준수하고 준비된 신호를 정확히 습득하면 쉽게 공포를 극복할 수 있으며 야간 다이빙의 즐거움을 경험 할 수 있다.

어두운 밤에 아무것도 보이지 않는 바다 속에 랜턴 하나 들고 뛰어 들어 무엇을 볼수 있을까?

밝은 대낮에 다이빙을 하는데도 두려움을 느끼는데 야간 다이빙의 긴장감은 어떨까?

당황해서 사고가 나지 않을까?

Premium Scuba Diving Cadet

처음 야간 다이빙을 하는 다이버들이 공통적으로 느끼는 두려움이다. 하지만 걱정하지 않아도 된다. 모든 종류의 다이빙에서 철저한 준비와 안전을 확보한 상태에서 즐기는 것이 바로 레크리에이션 다이빙의 특징이다. 담당 강사에게 사전 교육을 받고 소속된 다이빙팀에 수중 신호를 확인하고 다이빙 계획에 따라 움직인다면 그렇게 두려움을 느끼지 않고 즐길 수 있는 것이 야간 다이빙이다.

'야간 다이빙은 왜 하는 것일까?' 바다에는 여러 종류의 생명체가 살고 있으며 각각 활동 하는 시간이 다른 패턴을 가지고 있다. 주간 다이빙에 볼 수 없었던 생물들이 야간에는 왕성한 활동을 보이기도 하고 주간에 빠른 움직임을 보이던 물고기들이 야간에 느린 움직임으로 사진 촬영에 모델이 되어 주기도 한다. 우리가 다이빙을 하면서 즐기는 기쁨에 또 하나 즐거

움을 추가하는 것이 바로 야간 다이빙이다. 이런 즐거움을 편하게 즐기기 위해서는 아래와 같이 몇 가지 원칙을 지켜야 한다.

A. 주간에 들어갔던 동일한 포인트를 이용한다.

 야간 다이빙을 계획 한다면 반드시 주간 마지막 다이빙에 다이빙을 수행하던 포인트에서 다이빙을 하고 주간 다이빙 때 지형지물을 머리 속에 익혀두며 야간 다이빙 때 어떤 곳을 집중적으로 관찰할지를 정한다. 또한 야간다이빙에서는 이동거리를 최소한으로 정하여 팀원을 놓치는 일이 없도록 주의한다. 만약 팀원을 놓치는 경우는 랜턴의 불빛을 복부에 대고 가려서 다른 다이버의 불빛을 확인한 다음 합류 한다. 본인의 불빛을 가려서 광원을 줄여 주면 근처에 있는 팀원의 랜턴 불빛을 매우 쉽게 확인 할 수 있다.

B. 다이빙 팀의 이동 순서를 정하여 움직인다.

 야간 다이빙에는 다이빙팀원의 숫자를 4~5 명 수준으로 하며 이동 시 이동 순서를 정하여 앞뒤 버디의 위치를 항상 확인하며 안전한 이동이 될 수 있도록 한다.

C. 정해진 다이빙 계획에 따라 다이빙을 수행 한다.

 다이빙을 시작하기 전 공기의 사용량이 가장 많은 다이버를 기준으로 다이빙 시간을 정하고 그 시간 또한 주간 다이빙의 80 % 수준으로 하여 과다한 공기 소모를 대비한다. 야간 다이빙의 긴장에 따른 예기치 않은 공기소모가 발생할

수 있으니 팀의 리더는 항상 팀원의 공기 상태를 확인하여 안전한 다이빙을 진행한다.

D. 랜턴의 수신호를 통일한다.
 각각의 단체별로 수신호가 조금씩 다를 수 있으므로 야간 다이빙 시작 전에 같은 팀원끼리 수신호를 확인하여 정하고 그 신호를 지켜서 다이빙을 진행한다. 일반적인 경우 야간 다이빙을 입수할 때 랜턴 스위치를 올리고 출수를 완료하여 배위로 올라오고 난 이후에 스위치를 끈다(수압 때문에 중간에 스위치가 작동하지 않는 경우를 대비함). 또한 건전지의 부족을 대비해서 여분의 소형 랜턴을 팀 별로 적어도 2개 이상 보유를 하고 다이빙을 진행한다.

담당강사에게 정확한 교육을 받고 위와 같은 원칙을 지킨다면 주간다이빙과 다름없는 즐거운 다이빙을 야간에 즐길 수 있을 것이다.

ㄷ. 흐린 물 다이빙
 국내의 경우 평소에는 잘 보이던 다이빙 포인트가 가끔씩 바다 환경에 따라 급격한 변화로 1~2 m 도 보이지 않는 심각한 상황을 경험 하기도 한다. 특히 그런 환경에 대비하지 않는 팀이 입수를 해서 갑자기 경험을 하게 된다면 당황하게 되고 문제를 발생 시키기도 한다. 이런 문제를 사전에 예방하기 위하여 흐린 물 다이빙에 대한 교육을 받고 대비 하여야 한다. 사전에 버디를 찾을 수 없는 경우 누

가 정지해서 소리 신호를 발생시키며 소리 신호의 형태 또한 정해 둔다면 나머지 한쪽의 버디가 쉽게 찾아갈 수 있다. 그런 이후 항상 A가 오른쪽, B가 왼쪽 등 버디의 위치를 지정

Premium Scuba Diving Cadet

하여 움직이면 버디를 잃어버리는 상황이 발생하지 않는다. 이런 준비는 사전에 일반적인 다이빙에서 철저하게 준비하고 연습 해두면 흐린 물에서도 얼마든지 즐거운 다이빙을 경험할 수 있다.

ㄹ. 표류 다이빙

조류가 많은 포인트에 입수를 하는 경우 강력한 물에 흐름에 당황하는 경우가 있다. 이 경우 평소 보다 많은 운동량을(킥을 많이 하게 되어) 가지게 되고 공기 소모 또한 예상 보다 급격히 줄어드는 것을 경험할 수 있다. 표류 다이빙에서는 조류를 거스르는 다이빙을 하지 말고 조류에 따라가며 흘러가는 다이빙을 해야 안전한 다이빙을 즐길 수 있다. 이때 가장

주의 할 점은 상승 조류, 하강 조류라는 복병이다. 어떤 포인트에서는 갑자기 하강 조류가 흘러 가만히 있는데 계속 수심이 깊어지거나 할 수 있는 데 이렇게 강한 하강조류를 만나는 경우 상승이 힘들 수 있다. 이 경우는 BC에 공기를 조절해가며 상승을 하면 수월 할 수 있다. 하지만 그 또한 공기조절 실패로 빠른 상승이 발생할 수 있으니 수심계를 항상 살펴서 갑작스런 수심변화를 겪지 않게 주의해야 한다.

버디를 항상 확인한다.

ㅁ. 수중 방향 찾기 다이빙

수중 지형에 익숙하지 않는 대부분의 다이버는 수중 가이드나 강사를 따라다니며 다이빙을 진행한다. 이런 경우 본인의 위치가 어디이며 해변에서 어느 쪽으로 이동하고 있는지, 입수한 보트에서 얼마나 떨어져 있는지 의식을 못하는 경우가 많다. 이런 때 가이드를 놓치게 되면 어쩔 줄 몰라 당황하는 경우가 발생할 수 있다. 이런 상황에 대비하기 위하여 수

중 방향 찾기 다이빙을 교육받는다. 본인의 최초 위치가 어디이며 나침반과 지형 지물을 활용하여 일정한 방향으로 이동하여 관찰을 하고 다시 처음 위치로 돌아오는 훈련을 하는 것이 수중 방향 찾기 다이빙의 핵심 사항이다. 지형지물의 관찰 방법, 나침반의 사용법 등 다양한 네비게이션 방법을 습득하여야 한다.

ㅂ. 침몰선 다이빙

침몰선 다이빙은 자연적으로 침몰해있는 침몰선과 인위적으로 침몰시켜둔 침몰선을 관할하는 것을 말한다. 두 가지 모두 다이빙의 방법과 기술은 비슷하지만 전자의 경우가 보다 위험 요소가 많을 수 있다는 점을 생각 하여야 한다. 침몰선내부로 진입하기 위해서는 다이빙 장비가 선체에 걸리지 않게 주의 하고

시야를 확보할 수 있는 수중 랜턴을 준비하여 내부 부유물에 의한 흐림 현상에 대비하여야 한다. 또한 좁은 구석에 숨는 성질을 가지고 있는 곰치나 문어 같은 잠재적 위험 요소에 대한 대비도 철저히 하여야 한다. 처음 침몰선을 관찰하는 경우, 항상 완벽한 안전이 확보된 공간에서만 다이빙을 하여야 하며 인솔자와 충분한 의사소통을 사전에 하여야 한다.

ㅅ. 수중 촬영 다이빙

수중 세상의 아름다운 광경을 보기 위해 다이빙을 하지만 그 과정과 대상을 사진으로 담을 수 있다면 더욱 더 추억을 증가할 수 있는 즐거움이 된다. 다이버들은 다이빙 장비를 구매하는 과정에서 알 수 있는 것처럼 너무나 다양하고 특수한 수중사진 장비들이 있다는 것에 놀랄 것 이다. 처음 수중사진 다이빙을 즐기기 위한 준비 과정으로는 간단한 디지털

침몰선 다이빙

카메라를 준비해서 수영장에서 조작연습을 통하여 조금, 조금 장비를 늘려나가는 방법을 추천한다. 처음 수중사진을 찍게 되면 생각보다 어렵다는 것을 느끼게 되어 장비를 고급화하면 그 문제가 해결된다는 생각을 할 수도 있다. 하지만 장비의 문제보다 본인의 다이빙 기술이 더 문제가 된다. 보다 좋은 수중 사진의 질적 향상을 원한다면 장비의 투자보다 우선적으로 다이빙 기술의 향상에 노력할 것을 권한다.

ㅇ. 나이트록스 다이빙 nitrox diving

해외 다이빙을 가는 경우 바쁜 일정 속에 좀 더 많은 다이빙을 즐기려는 다이버들이 많다. 이렇게 무리해서 반복된 다이빙을 하는 경우 몸에 피로가 누적되며 혈액 내에 누적된 질소의 배출도 원활치 않아 자칫 질소 중독에 위험에 노출될 수 있다. 이런 위험도를 줄이고자 일반 공기를 사용하지 않고 의료용 산소를 추가로 배합한 공기를 사용하는 다이빙을 할 수 있다. 이렇게 일반 공기에 산소를 추가하여 약 21 %의 산소를 32 % 또는 36 % 까지 강화해서 사용하는 다이빙을 나이트록스 다이빙이라 한다. 이런 공기는 질소의 농도가 낮고 산소의 농도가 높기 때문에 일반 공기를 사용하는 것

보다 피로도가 훨씬 적으며 다이빙을 끝내고 비행 전 휴식시간을 줄여줄 수 도 있다. 그런 이유로 나이트록스 다이빙을 즐긴다. 특히 바쁜 일상에 직장인들이 제주도 같은 지역을 짧은 일정으로 다녀올 때 비행기 탑승 전 휴식시간을 지킬 수 없는 경우가 있는데 이때를 대비해서 나이트록스를 사용하는 경우도 종종 있다. 하지만 이런 사용방법은 권장하는 방법이 아니다. 나이트록스는 일반 공기와 다른 산소용량을 가지고 있기 때문에 산소중독에 대한 위험을 상승시킬 수도 있어 필요에 따라 사용하여야 한다. 또한 산소농도가 높아짐에 따라 사용하는 장비도 산소로부터 산화를 막는 기능이 있는 장비를 사용하는 것을 권장한다. 이러한 이유로 나이트록스 다이빙은 별도의 추가 교육을 받아야 하며 다이빙 리조트에서도 다이빙 라이선스와는 별도로 나이트록스 다이버 라이선스를 요구한다.

ㅈ. 드라이 슈트 다이빙 dry suit diving

차가운 수온에 대비할 수 있는 가장 좋은 방법은 당연히 보온이다. 이 점을 충족하는 장비가 드라이 슈트이고 드라이 슈트를 사용하여 다이빙을 하면 추운 날에 스키장에서 스키복을 입고 추위를 덜 느낄 수 있는 것 과 같이

ㅊ. 특수 다이빙

특수 다이빙으로는 동굴 다이빙, 고도 다이빙, 구조 다이빙, 얼음 밑 다이빙, 트라이믹스 다이빙 등이 있다. 이런 종류의 다이빙은 일반적으로 시도하는 레크리에이션 다이빙이 아닌 특수한 목적을 수행하기 위한 다이빙으로 보다 확실한 안전 장치와 다이빙 기술이 요구되는 항목이다. 그러한 이유로 특수 다이빙은 일

쾌적한 다이빙을 할 수 있다. 처음 드라이 슈트를 사용하는 경우 부력 조절에 실패하여 갑작스러운 상승이나, 입수에 어려움, 장비 압착 등 몇 가지의 주의해야 하는 현상을 겪을 수 있다. 드라이 슈트를 사용하기 위해서는 담당 강사에게 교육을 받고 수영장 연습을 통하여 장비 사용법을 충분히 습득을 하고 다이빙에 임해야 한다.

특수장비를 착용하고 해저 작업을
하기 위해 입수하는 산업 다이버
출처 : Halcyon

여분의 공기통을 착용하고 진, 출입 가이드 라인을 사용한 동굴다이빙
출처 : Jill Heinerth

Premium Scuba Diving Cadet

정한 자격을 가지고 있는 강사를 통해 교육을 받고 사전에 철저한 준비를 통해 안전을 확보한 후에 시도 하여야 한다.

다이빙 교육단체

세계적으로 2,000 개가 넘는 다이빙 교육단체가 있으며 단체별로 조금씩 다른 교육 지침을 가지고 교육을 진행하고 있다. 어떤 단체는 기술적인 능력을 우선으로 하는 단체도 있고 또 다른 단체는 이론적인 지식을 우선으로 하는 단체도 있다. 하지만 모든 단체의 공통적인 목표는 하나다.

'안전한 다이빙을 위한 최선의 교육'

매일 발전하는 다이빙 장비의 기술 발전과 다이빙을 즐기는 바다 환경의 변화에 따른 적절한 다이빙 기술은 서로 약간의 차이점을 가지고 있다. 어떤 부분을 중점으로 하여 교육을 할 것 인지 판단은 다이빙 강사가 하게 된다. 교육 받은 다이버가 적절한 상황에 적합하고 안전한 다이빙을 할 수 있도록 강사가 체계적인 교육을 하는 것이 모든 단체의 목표라고 할 수 있다.

이런 목표를 향해 노력하는 단체에 대하여 이런저런 장점과 단점이 있으니 본인에게 맞는 다이빙 단체를 선택해서 교육을 받는 것이 좋은 선택이지 무조건 우리 단체가 최고의 단체이니 다른 단체의 교육 방식은 잘못된 것이라고 배타적인 교육 방식을 선택하는 것은 문제가 있다고 할 수 있다. 이는 대학에 진학을 해서 공부를 하려는 학생에게 무조건 A 대학에 진학해야 되며 다른 대학에서 공부를 할 경우 사회에 나와 일을 할 수 없을 것이라고 말하는 것과 같다. 물론 몇몇 부실한 교육 과정을 가지고 있는 대학도 있지만 대학이라는 곳이 최소한의 교육 과정을 무시하는 돈만 내고 졸업장을 받은 곳은 아니라는 점을 누구나 동감할 것이다. 이런 관점에서 단체라고 말하기 민망한 주먹구구식 교육 시스템을 가지고 교육을 하는 곳을 제외한다면 어느 정도 수준 이상의 단체에서는 거의 비슷한 수준의 교육을 하고 있다고 하여도 무방 할 것이다. 비교하여 설명을 하자면 어느 운전면허 학원에서 운전을 배워 운전면허를 따고 운전을 하는 것이 중요한 것이 아니고 본인의 인성과 성격에 따라 도로에서 안전한 운전을 하는 것이

Premium Scuba Diving Cadet

더욱 중요한 것이라 할 수 있다. 각각의 단체별로 약간씩 다른 교육방침을 표준화 하기 위하여 다이빙 교육에도 국제 표준이 있다. ISO에서 제정한 다이빙 교육 매뉴얼이 그것이다. 근래에 들어서 거의 대부분의 단체에서 이러한 표준을 지키며 다이빙 교육을 하고 있다. 물론 PSDC 또한 2008 년부터 ISO 표준에 따라 교육을 하고 있으며 그에 따른 교육강사를 배출하고 있다. 부록 자료에 기술된 것처럼 ISO 표준에 따른 교육 과정이 PSDC 교육시스템과 일치하고 있다. ISO에서 규정된 각각의 교육 과정의 용어는 약간의 차이를 보이지만 그 의미는 크게 다르지 않아 PSDC는 자체적으로 규정한 용어를 사용하여 교육 과정을 진행하고 있다.

다이빙 교육단체

세계적으로 2,000 개가 넘는 다이빙 교육단체가 있으며 단체별로 조금씩 다른 교육 지침을 가지고 교육을 진행하고 있다. 어떤 단체는 기술적인 능력을 우선으로 하는 단체도 있고 또 다른 단체는 이론적인 지식을 우선으로 하는 단체도 있다. 하지만 모든 단체의 공통적인 목표는 하나다.

'안전한 다이빙을 위한 최선의 교육'

매일 발전하는 다이빙 장비의 기술 발전과 다이빙을 즐기는 바다 환경의 변화에 따른 적절한 다이빙 기술은 서로 약간의 차이점을 가지고 있다. 어떤 부분을 중점으로 하여 교육을 할 것 인지 판단은 다이빙 강사가 하게 된다. 교육 받은 다이버가 적절한 상황에 적합하고 안전한 다이빙을 할 수 있도록 강사가 체계적인 교육을 하는 것이 모든 단체의 목표라고 할 수 있다.

이런 목표를 향해 노력하는 단체에 대하여 이런저런 장점과 단점이 있으니 본인에게 맞는 다이빙 단체를 선택해서 교육을 받는 것이 좋은 선택이지 무조건 우리 단체가 최고의 단체이니 다른 단체의 교육 방식은 잘못된 것이라고 배타적인 교육 방식을 선택하는 것은 문제가 있다고 할 수 있다. 이는 대학에 진학을 해서 공부를 하려는 학생에게 무조건 A 대학에 진학해야 되며 다른 대학에서 공부를 할 경우 사회에 나와 일을 할 수 없을 것이라고 말하는 것과 같다. 물론 몇몇 부실한 교육 과정을 가지고 있는 대학도 있지만 대학이라는 곳이 최소한의 교육 과정을 무시하는 돈만 내고 졸업장을 받은 곳은 아니라는 점을 누구나 동감할 것이다. 이런 관점에서 단체라고 말하기 민망한 주먹구구식 교육 시스템을 가지고 교육을 하는 곳을 제외한다면 어느 정도 수준 이상의 단체에서는 거의 비슷한 수준의 교육을 하고 있다고 하여도 무방 할 것이다. 비교하여 설명을 하자면 어느 운전면허 학원에서 운전을 배워 운전면허를 따고 운전을 하는 것이 중요한 것이 아니고 본인의 인성과 성격에 따라 도로에서 안전한 운전을 하는 것이

Premium Scuba Diving Cadet

더욱 중요한 것이라 할 수 있다. 각각의 단체별로 약간씩 다른 교육방침을 표준화 하기 위하여 다이빙 교육에도 국제 표준이 있다. ISO에서 제정한 다이빙 교육 매뉴얼이 그것이다. 근래에 들어서 거의 대부분의 단체에서 이러한 표준을 지키며 다이빙 교육을 하고 있다. 물론 PSDC 또한 2008 년부터 ISO 표준에 따라 교육을 하고 있으며 그에 따른 교육강사를 배출하고 있다. 부록 자료에 기술된 것처럼 ISO 표준에 따른 교육 과정이 PSDC 교육시스템과 일치하고 있다. ISO에서 규정된 각각의 교육 과정의 용어는 약간의 차이를 보이지만 그 의미는 크게 다르지 않아 PSDC는 자체적으로 규정한 용어를 사용하여 교육 과정을 진행하고 있다.

다이빙 법규

국내의 경우 다이빙 관련 법규는 거의 정의가 되어 있지 않다. 수산업법, 수상레저안전법, 낚시어선어법 등에 나뉘어 기록되어 있는 관련 법규들을 하나로 통합하여 규정한 관련법은 2013 년 현재 제정되어 있지 않다. 하지만 공공의 안전에 해가 될 수 있는 항목들은 행정 규칙이나 자치 법규 같은 곳에서 금지 사항으로 기록하고 있는데 레크리에이션 다이버의 입장에서 이러한 법률까지 알 필요는 없다.

만 다이빙의 목적이 수중 관람 및 사진 촬영으로 정해져 있다. 공기통을 사용하는 다이버가 그런 목적에서 벗어나 해산물을 채집 하는 경우 해녀가 수십 번의 자맥질을 통하여 얻을 수 있는 수확물을 단번에 채집하여 그 지역 수산 자원을 고갈 시켜 버릴 수 있는 행위가 되기 때문에 해서는 안 되는 행동이다. 만약 다이버가 수중 사냥이나 채집을 통해 획득한 해산물을 현장에서 해양 경찰에게 단속 되다면 적지 않은 벌금을 내야 한다.

일본 오키나와 다이빙 보트 전용 선착장
*** 국내의 경우 다이빙보트 전용 선착장으로 운영되는 곳이 없다.

법을 찾아보기 전에 상식적으로 생각을 해보면 된다. 그렇게 생각하면 당연히 **'바다에서 해산물을 채집하는 행위'** 는 하면 안 된다. 수산업 양식 면허를 보유한 어민이나 어장을 관리하며 생계를 이어가는 해녀 같은 사람들이 해산물을 채집하는 것은 법으로 허가가 되어 있지

Premium Scuba Diving Cadet

誨女知之乎　知之爲知之　不知爲不知　是知也

孔子

04 스킨스쿠버 다이빙 환경

스쿠버다이빙은 대부분 바다 환경에서 즐기는 스포츠다. 우리가 살고 있는 육지에서 즐길 수 있는 다이빙 지역은 저수지나 강 같은 지역인데 그러한 지역은 일반적으로 물 속 시야가 나오지 않고 물 속 에서도 별다른 관찰을 할 수 있는 생물을 볼 수 없다. 그래서 수중 정화 활동 같은 특별한 목적이 없이는 담수환경에서 다이빙을 하는 경우가 드물다.

전 세계의 바다는 말로 설명이 불가능한 광활한 환경이다. 그 중에 인간이 탐사한 지역은 매우 미미하며 특히 우리 같은 일반 레저 다이버가 접근할 수 있는 수심 30 m 이내의 지역은 더 더욱 제한적이다. 그렇다고 해도 우리가 다이빙을 하려 생각하고 인터넷에 정보를 찾아보면 너무도 많은 지역이 검색 되어 나온다. 국내에서 가장 많은 리조트가 분포되어 있는 동해 지역만 하더라도 3,000 여 곳이 넘는 다이빙 포인트가 있는데 일반 다이버가 평생 다이빙을 즐겨도 1,000 회 이상을 경험하기는 매우 어렵다. 그 이야기는 아무리 다녀도 무궁무진한 경험을 할 수 있다는 말이 된다.

전세계 많은 다이버들이 즐겨 찾는 필리핀 '세부' 같은 지역은 매일 수백명의 다이버가 다이빙을 즐기고 있다. 그렇게 많은 다이버가 즐길 수 있다는 것은 바다의 환경이 그만큼 아름답게 보존되고 있기 때문이다. 필리핀 정부에서 다이빙을 즐기는 지역을 수중 생태 보호 구역으로 설정해서 다이버들이 수중 생물을 만지거나 훼손하지 않도록 하였고 현지 가이드 들은 초보 다이버가 다이빙을 할 때 산호 같은 수중 생물을 건들지 않도록 관리해주기 때문이다. 이러한 노력은 지금까지 '세부' 바다가 전세계 다이버들에게 사랑 받은 이유라 할 수 있다. 이러한 노력은 현지의 관계자만의 노력으로 될 수 는 없는 일이다. 다이버는 항상 방문자의 마음으로 '바다 환경을 보호

해야 한다' 는 기본수칙을 지키려고 노력 해야 한다. 다이빙을 즐기면서 실수로 산호 같은 수중 생물체를 훼손하는 행위는 절대로 하여서는 안 된다.

국내 바다의 경우 바닷속에 육지에서 떠내려온 과자 비닐 같은 쓰레기를 종종 볼 수 있다. 물속에서 그런 쓰레기를 만난다는 것은 유쾌하지 않은 경험이 된다. 그때 다이버는 그냥 지나치지 말고 그 쓰레기를 BC 주머니에 넣어서 가지고 나와야 한다. 그런 소소한 행동은 우리 바다를 살리고 우리가 즐기는 다이빙 환경을 더욱 아름답게 만드는 일이 된다.

Premium Scuba Diving Cadet

다이빙 환경

지구에 존재하는 물은 해수 약 72 % 와 담수 28 % 정도로 구성되어 있다. 그 중에 우리가 즐길 수 있는 다이빙 지역은 담수 지역 일부와 바다 지역 일부가 있으며 인간이 만든 다이빙 수영장 같은 곳이 있다. 각각의 장소에 따른 다이빙 환경이 어떻게 다른지 알아보면 다음과 같다.

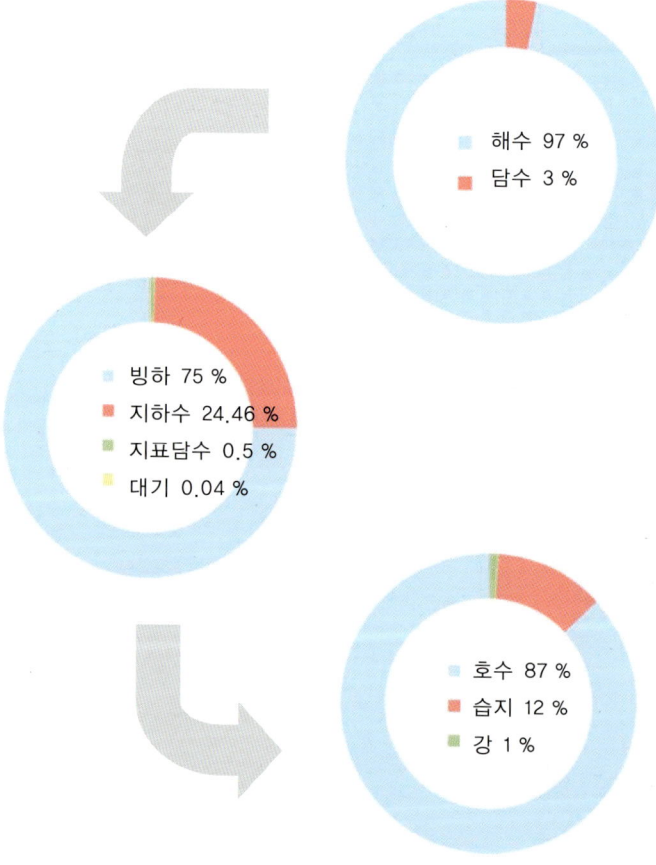

ㄱ. 담수 환경

우리나라의 경우 가까운 곳에 바다가 있고 한 두 시간의 자동차 이동으로 다이빙을 즐길 수 있는 좋은 여건을 가지고 있다. 물론 우리나라 경기 서해안 같은 지역은 수심이 깊지 않아 물이 혼탁하고 상대적으로 조수 간만의 차이에 따른 조류가 빨라 다이빙을 즐기기 어려운 곳도 있다. 하지만 유럽의 내륙 지역이나 북미 대륙의 중심부에서는 바다에서 다이빙을 즐기려면 많은 시간과 비용이 소요되기 때문에 바다 다이빙을 쉽게 즐기는 환경이 되지 못한다. 그래서 북미지역 이나 유럽지역(특히 독일) 다이버들은 호수 같은 지역에서 다이빙을 즐기는 경우가 많이 있다. 이 경우 담수 환경과 해수 환경의 차이를 잘 이해 하고 있어야 편안하고 즐거운 다이빙을 즐길 수 있다. 담수 환경에서 다이빙을 하는 경우 바다 환경보다 상대적으로 더 주의 할 점이 있다.

A. 바다 환경과 비교해서 상대적으로 더 혼탁한 시야

혼탁한 시야는 다이빙을 진행하는데 많은 불편함을 주며 물속에 있을지 모르는 위험 요소를 대처하는 것에도 어려움을 준다. 봉사 단체에서 강이나 호수, 저수지 등지에서 환경 정화 운동의 일환으로 쓰레기를 건져 올리는 다이빙을 하는 경우가 있는데 매우 혼탁한 시야로 인하여 본인의 손도 보이지 않는 경우도 가끔 발생한다. 이런 경우는 심리적 안정을 가지고 촉감들을 활용해서 정화 활동을 해야 한다. 또한 강 바닥에 가라 앉은 뻘은 깊이가 매우 깊을 수 있어 그 속

높은 고도 호수에서는
대기압이 다르므로 값이 보정된
다이빙 테이블을 사용하여야 한다.

에 빠지지 않게 주의 해야 한다. 우리나라의 경우 내륙 지역의 저수지 등지 바닥에는 많은 오염 물질이 있다는 점은 안타까운 현실이다.

B. 깊은 수심 다이빙은 바다 환경과 동일한 잠수병 대비

담수 다이빙에서는 수심이 상대적으로 깊지 않아 바다에서 진행하는 안전 정지 절차를 동일하게 적용하는 경우가 별로 없다. 즉, 다이빙을 즐기는 강의 수심이 10 m 내외가 되기 때문에 특별한 안전 정지가 필요 없는 경우가 많다. 하지만 그보다 더 깊은 수심으로 다이빙을 하는 경우도 있을 수 있는데 이때는 바다 환경과 동일하게 잠수병에 대비한 적절한 안전 정지를 해야 한다. 육지 내륙의 경우 다이빙을 진행하는 호수 또는 강의 고도가 해수면 보다 높은 곳에 위치하기

때문에 일반 해수면 다이빙과는 다른 다이빙 테이블을 이용하여야 한다. 이 경우 고도에 따른 산소 농도가 달라져 약간은 복잡한 계산을 하여야 한다. 하지만 요즘 출시되는 다이빙 컴퓨터에는 고도 다이빙에 관한 설정 기능을 가지고 있는 경우가 많기 때문에 설정된 컴퓨터의 안내에 따라 다이빙을 하면 된다.

C. 상대적으로 매우 낮은 수온

바다에서 다이빙을 하는 경우 계절에 따라 수온의 변화가 확실히 나타나고 그에 따른 준비를 해서 다이빙을 진행한다. 하지만 담수의 경우는 여름철에도 수온이 잘 오르지 않는 특성을 가지고 있다. 외부 기온이 높다고 보온 장비를 준비하지 않고 다이빙을 하는 경우 저 체온증에 따른 심각한 위험에 노출될 수 도 있다. 이러한 위험성은 준비를 철저히 한다면 크게 장애물이 되지 않는 환경이라 할 수 있다.

그렇다면 다이버들이 다이빙을 즐기기 위하여 바다로 나가는 이유는 뭘까? 그 점은 의외로 간단하다. 담수 다이빙에서 즐길 수 있는 요소가 매우 제한적이라는 점이다. 담수 다이빙 환경은 바다 환경처럼 생물체가 많아 관찰이 용이하지도 않고 다이빙 리조트처럼 다이빙의 편의를 제공하는 시설이 거의 전무한 환경이다. 그러므로 학술적인 연구 또는 환경 정화 활동 등 특수한 목적이 있는 경우를 제외하고 국내의 경우 레저 다이빙을 위해 담수 다이빙은 거의 하지 않는 것이다.

ㄴ. 바다 환경

우리가 다이빙을 즐기는 대부분의 장소인 바다 환경에 대하여 알아보도록 하겠다. 바다는 표면적으로 볼 때 지구표면의 약 70.8 % 를 차지하고 있다. 해양의 최대 깊이는 마리아나 해구에 챌린지 해연으로 11,034 m 로 측정되었다. 바다의 면적과 부피를 바탕으로 계산한 바다의 평균 깊이는 4,117 m 가 되기 때문에 인간이 접근할 수 없는 지역이 대부분이라 할 수 있다. 그 중에 다이빙을 즐길 수 있는 지역을 살펴보면 크게 육지 연안에 있는 해안 지역과 대양에 있는 섬 지역으로 나눌 수 있다. 크게 보면 같은 환경이라 할 수 있지만 각각의 지역별로 많은 차이를 가지고 있다. 해안 지역의 경우 조수 간만의 차이에 따른 조류의 영향을 많이 받고 있으며 파도의 영향에 따른 서지^{surge}의 발생도 많이 있다. 또한 섬 지역의 경우 해류의 영향에 따른 하강, 상승 조류 같은 특이한 환경을 보이는 곳도 있으며 예상하지 못한 빠른 물살로 다이빙에 심각한 어려움을 주는 경우도 있다. 이러한 바다 환경에서 발생하는 현상은 모두 특별한 원인을 가지고 있으며 대부분의 경우 예측이 가능하다. 각각의 현상에 대하여 지식을 습득하고 있으면 다이빙에 많은 도움이 된다. 근래에는 많은 나라에서 육상의 국립 공원처럼 해양에도 해양 국립 공원을 지정하는 경우가 많이 있다. 이렇게 지정된 해양 공원에서는 일체의 수렵, 채집이

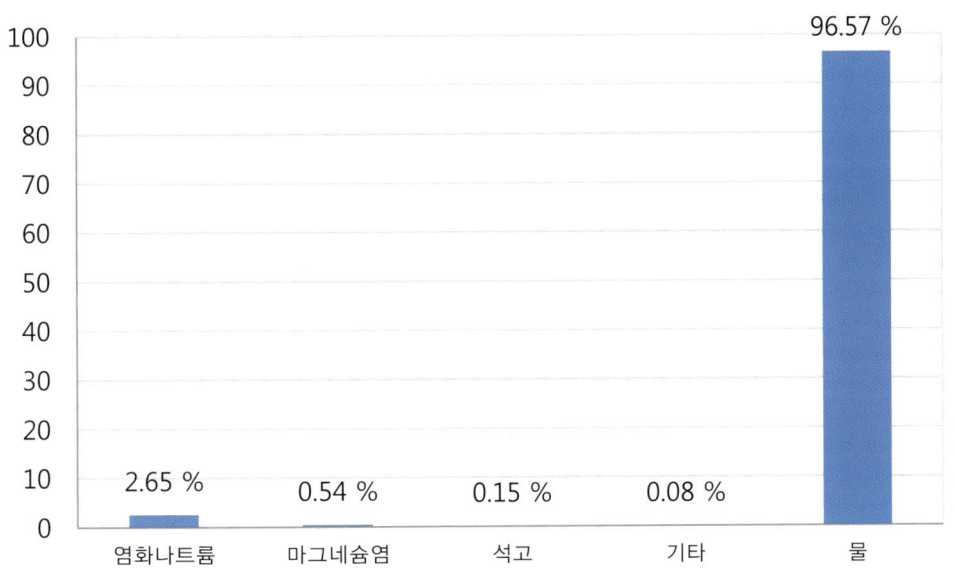

해양의 염분 분포(질량기준 백분율)

금지되며 특별한 어족 자원을 법으로 보호하고 있다. 이러한 특별한 보호 조치는 주변 바다에 영향을 주어 주변 해역에 있던 물고기들이 어부들을 피해 해양 공원 안쪽으로 몰려들어와 있는 모습이 관찰 되는데 그런 조치는 다이버에게는 더 많은 즐거움을 선사한다. 물론 다이버에게도 장갑착용금지(해양생물을 함부로 만지지 않도록) 같은 간단한 제약이 있다.

ㄷ. 다이빙 수영장

처음 다이빙을 배우는 사람이 5 m 깊이의 수영장에 가서 물 속을 바라보면 저 멀리 보이는 바닥에 두려움을 느끼는 경우가 대부분이다. 교육을 하는 담당 강사가 장비를 착용하지 않고 들어가서 5 m 수심의 수영장 바닥까지 잠수를 했다가 올라오는 시범을 보이고 교육생에게 시도해볼 것을 시키면 90 % 이상의 사람들이 성공하지 못한다. 하지만 무사히 다이빙 교육을 끝내고 해양 실습을 통해 20 m 내외의 깊은 수심까지 경험한 다음 다시 찾은 다이빙 수영장은 매우 얕은 물로 느껴지게 된다. 그 만큼 다이버에게는 매우 안전하고 편안한 다이빙 수심은 5 m 정도의 지역이 된다. 실제로 우리가 다이빙을 하면서 4~6 m 정도의 수역에서 안전 정지를 하면서 매번 경험하는 수심이 5 m 정도의 수심이 된다. 수영장에서의 다이빙은 다양한 기술을 안전하게 연

습해 볼 수 있다. 마스크 물빼기, 호흡기 찾기 같은 필수 동작부터 다이빙 자세 교정까지 대부분의 다이빙 기술을 연습해 볼 수 있으며 이러한 연습은 해양 환경에서 바로 사용할 수 있는 자신감을 만들어준다. 처음 교육받을 때 어려웠던 다이빙 기술이 있다면 해양 실습을 끝내고 다시 수영을 찾아 연습해 볼 것을 권장 한다. 다이빙 기술은 반복적인 연습과 경험을 통해 본인의 기술로 완성되고 만들어 진다.

Premium Scuba Diving Cadet

해양 환경

우리는 아직도 대부분의 바다를 탐사하지 못하였다. 그것은 인간이 육상에서 호흡을 하면서 살아야 하는 동물이기 때문이고 그런 이유로 기초적인 어려움이 많은 곳 또한 해양지역이다. 국내 바다를 경험하며 자라온 한국인이 열대 바다에 가서 다이빙을 하러 물 속에 들어 갈 때, 두 가지 새로운 경험을 느낀다. 한 가지는 매우 따뜻한 수온이고 두 번째는 생각보다 짠 바닷물의 염분 농도 이다. 열대 바다의 수온이 높은 것은 당연히 따뜻한 지역이라 그런 것 이라 할 수 있는 데 그럼 염분 농도가 높은 이유는 무엇 때문일까? 바닷물에서 짠맛을 느끼게 하는 물질은 소금 성분의 대부분을 차지하는 염화나트륨 때문이다. 염화나트륨은 많은 광물에 함유되어 있으며 비와 같은 물의 순환 과정을 따라 바다로 계속 흘러 들어가기 때문에 바닷물이 짠 이유가 된다. 즉, 열대지역은 다른 지역 보다 상대적으로 강우량이 많아서 염화나트륨의 유입도 많고 따뜻한 대기 온도로 바닷물의 증발이 많이 되기 때문에 상대적으로 증발이 덜 되는 국내바다보다 더 짜게 된다. 일반적으로 염분의 농도는 백분율이 아닌 1,000 분에 얼마인 천분율 ‰ (퍼밀) 을 사용하는데 한대 지역인 발트해 같은 곳은 평균적으로 9 ‰ 정도인데 비하여 증발이 심한 이집트 홍해 지역은 46 ‰ 를 넘게 측정되는 경우도 종종 있다.

바다는 지구상에서 생명체가 제일 먼저 탄생

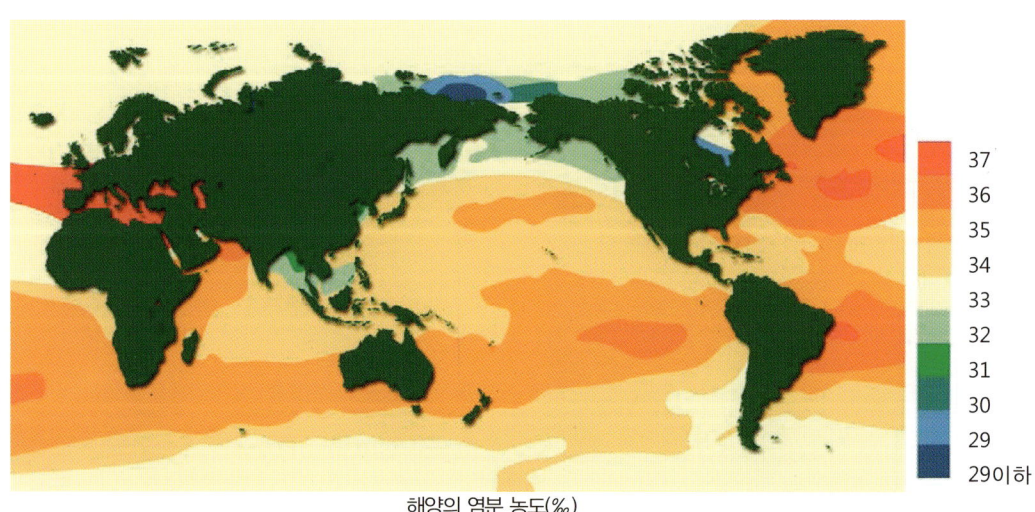

해양의 염분 농도(‰)

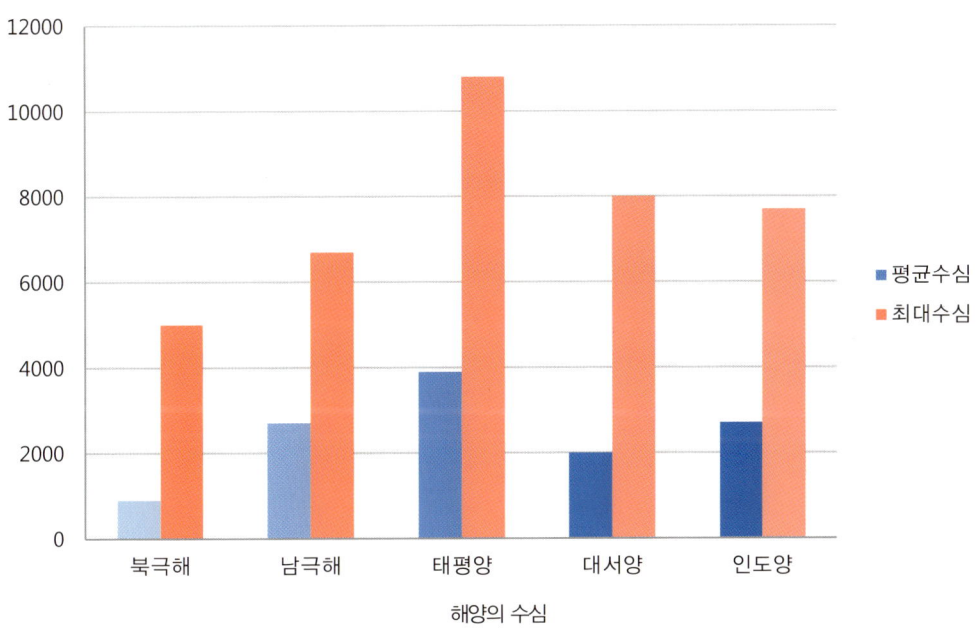

된 곳으로 추정하고 있다. 그 곳에는 플랑크톤, 해조류, 어류 등 다양한 생물이 살고 있다. 다이버는 다이빙을 하면서 평생 처음 보는 생물체를 종종 관찰하기도 하는데 사진을 찍어 어떤 생물체인지 확인하려 할 때 아직 학계에 보고 되지 않은 미 기록종인 경우가 종종 있다. 이렇게 아직까지도 학계에 보고되고 연구되어 지지 않은 많은 미 기록 종 생물이 바다에는 많이 살고 있다. 이런 점에서 바다는 우리가 살고 있는 곳과 매우 다른 환경이란 것을 새삼 느끼게 된다. 바다 환경은 우리가 즐기는 다이빙 환경이고 우리가 살아가는 삶의 터전이기도 하다. 우리는 그 아름다운 환경을 보존하고 후손에게 전달해야 하는 의무를 가지고 있다. 바다에 대하여 학습하고 환경변화에 대비하여 해양 환경에 영향을 주는 다이빙을 해서는 절대로 안 된다. 이러한 바다환경에 다이빙을 즐기기 위해 알고 있어야 하는 지식은 아래와 같은 것들이 있다. 이 중에 조류, 해류, 서지, 서프와 같은 물에 흐름은 다이빙이 실제 가능한지 결정하는 계획을 수립하는데 중요하게 검토되어야 하는 사항으로 반드시 알아 두어야 한다.

Premium Scuba Diving Cadet

ㄱ. 바람

 바람은 다이빙환경에 많은 영향을 준다. 왜냐하면 바람의 세기에 따라 파도의 높고 낮음이 결정되고 각종 주의보에 따른 다이빙 보트의 출항 여부가 결정되기도 한다. 또한 바람에 의한 큰 너울 발생은 다이빙 자체를 어렵게 한다. 바람의 종류는 세기나 방향에 따라 산들바람, 높새 바람, 센바람 등 다양한 구분이 있지만 다이빙에서는 바람의 속도에 민감하기 때문에 기상청의 바람속도의 발표를 유의하면 된다. 일반적으로 초속 5 m 이상의 바람이 불면 다이빙이 어렵다고 보는 것이 무방하다. 국내의 바람 상황이나 예보는 실시간 관측정보를 국립 해양 조사원(http://www.khoa.go.kr)에서 확인할 수 있다. 하지만 다이빙을 위한 현지 정보는 방문예정인 리조트에 문의를 하는 것이 가장 간편한 방법이다.

저녁 무렵 부는 바닷가 바람

ㄴ. 파도

 파도의 원인은 크게 두 가지가 있다. 하나는 바람의 영향에 따른 발생이 있고 다른 하나는 지진의 충격에 따른 파도가 있다. 후자의 경우 해저에서 발생하는 지진이 그 원인인 경우가 대부분인데 일시적인 충격으로 물의 출렁임을

대기의 이동으로 바람이 발생한다.

만들어내고 그러한 출렁임의 이동이 별다른 저항 없이 물의 움직임을 따라 육지까지 영향을 미치는 것을 지진 해일 Tsunami 이라고 한다. 2011 년 3 월 일본의 동쪽 해저에서 발생한 지진으로 인한 쓰나미 Tsunami 가 대표적인 경우라고 하겠다. 그렇지만 대부분의 파도는 바람의 영향에 따른 것을 일차적인 원인으로 볼 수 있다. 욕조에 물을 채우고 수면 위로 바람을 불면 수면 위에 작은 움직임이 발생하는데 그러한 현상이 바다에서 발생하는 것을 파도라고 한다. 파도의 발생은 바람의 세기(풍속)와 바람의 지속 시간, 바람이 발생되는 지역의 거

국제우주 정거장에서 보이는 태풍의 눈

리에 따라 파도의 크기와 모양이 결정된다. 파도가 진행됨에 따라 파장이 짧아지고 파고가 높아져서 파도가 깨지는 현상이 발생하는데 이러한 파도를 백파 White Cap 라고 한다. 이러한 백파가 발생한다는 것은 먼 바다에서 커다란 너울이 밀려오고 있다는 증거이기도 하고 바닷속 다이빙환경이 순탄치 않을 수 있음을 예상할 수 있는 결정적 증거가 될 수 있다. 이러한 변화 있는 파도의 모습들은 바람이 없는 평온한 바다에서도 다른 바다에서 불어오는 바람의 영향으로 새로운 파도를 발생시키는

파도가 거의 없는 해안가

경우도 있다. 다른 방향에 파도가 밀려와 파도가 합쳐지며 발생하는 불규칙적인 모양의 파도 형태를 만들어 내는 경우도 있는데 이런 바다를 항해하는 선박들은 불규칙한 바다의

Premium Scuba Diving Cadet

흔들림으로 생기는 불규칙한 움직임으로 승객들에게는 심한 멀미를 발생시킨다. 파도는 물이 흐르는 것이 아니라 운동에너지가 전달되는 것이다. 그러한 움직임은 일정하게 회전하는 모양으로 작동하는데 이런 움직임은 마치 파도가 밀려오는 것 같이 느끼게 한다. 하지만 실제로 물은 거의 움직이지 않는 다고 보는 것이 맞다.

ㄷ. 서프 Surf 와 서지 Surge

우리는 파도가 물의 움직임이 순환적으로 발생하는 것이라는 것을 알고 있다. 이때 물의 움직임은 어느 수심이나 동일하게 움직이려는 성질이 있다.

파도 피해를 방지하기 위한
해안가 방파제

작은 파도가 해안에서 부서진다.

변화하는 파도의 높이
사진하단 사람의 키는 185 cm

부서지는 파도의 모양

그런 성질은 수심이 낮아 질수록 움직임의 형태가 바다에 닿기 때문에 특별한 모양으로 변화를 가져온다. 즉, 이런 순환 움직임은 수심 바다라는 장애물이 있는 지역에서는 원형으로 순환할 수 없기 때문에 움직임이 찌그러지며 최종적으로 는 앞뒤로 움직이는 피스톤 운동을 하게 된다. 이러한 현상을 서지^{Surge} 라고 부른다. 서지^{Surge} 는 파도가 크고 수심이 낮은 경우 바닥지역에서 상대적으로 크게 느껴지며 심한 울렁거림으로 다이버에게는 수중 멀미의 원인이 되기도 한다. 또한 심한 흔들림은 한자리에 정지하기 어렵게 만들기도 한다. 특히 초보 다이버들은 바위 지역이나 산호가 많은 지역에서는 앞뒤로 움직이는 흔들림에 영향으로 몸에 상처를 입는 경우도 종종 발생하니 주의를 하여야 한다. 이렇게 흔들림이 많은 경우 조금 더 깊은 수심으로 이동하면 상대적으로 서지^{Surge} 의 세기가 줄어드는 경우가 많으니 다이빙에 참조하면 좋다. 파도 에너지가 해안가로 계속 밀려 들어오며 바닥뿐만 아니라 수면에서도 회전 움직임이 방해를 받는데 그러한 이유로 파도의 꼭대기가 부서지는 현상이 발생하여 해안에서 바다 방향으로 물의 흐름이 역류되는 현상이 발생하기도 한다. 이렇게 부서지는 파도를 서프^{Surf} 라고 한다.

해안가에서 부서지는 파도

서프^{Surf} 는 부서지는 모양에 따라 3가지 형태로 나타난다. 파도의 꼭대기가 '천천히 올라와 자잘하게 부서지는 파도' 가 있고 파도가 '갑작스럽게 올라와 한번에 부서지는 파도' 가 있다.

Premium Scuba Diving Cadet

또 한 가지의 모양은 '정상 부분에서 부서지는 파도와 다른 파도 에너지가 합쳐지며 위쪽으로 솟구치는' 형태가 있다. 이러한 파도가 발생하는 부분을 서프존 Surfzone 이라고 하는데 크기에 따라 다이버의 입,출수 에 큰 불편을 주기도 한다. 또한 가끔씩 발생하는 너울성 파도는 해안가 방파제를 갑자기 넘어와 소중한 인명을 앗아가기도 한다. 서프존 Surfzone 에서의 입, 출수는 매우 힘들고 위험이 따르므로 되도록이면 피하는 것이 좋다. 하지만 어쩔 수 없이 다이빙을 진행해야 하는 경우 나름대로의 방법을 습득하여야 한다. 그 중 대표적인 방법은 파도의 리듬을 활용한 입,출수 방법이다. 서프존 Surfzone 의 경우 파도의 흐름이 바다 쪽으로 나가는 파도와 들어오는 파도가 일정한 시간의 차이를 두고 교차하면서 발생한다. 이러한 리듬을 적절히 활용하여 입,출수를 한다면 생각보다 수월하게 다이빙을 진행할 수 있다. 이 때 가장 중요한 것은 당연히 안전이며 안전을 위해서 마스크를 단단히 조이고 호흡기를 놓치는 경우가 없도록 긴장을 늦추면 안될 것이다. 파도에 휩쓸려 부상을 입지 않도록 5 mm

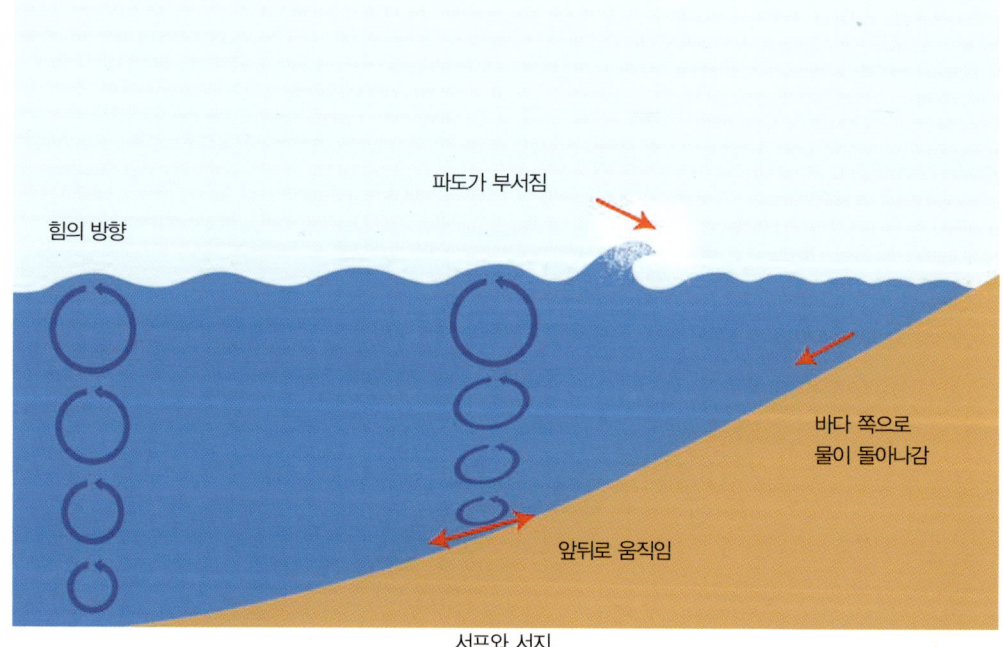

파도가 이동　　　　　　　　　　　파도가 이동

파도가 겹쳐짐

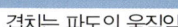

겹치는 파도의 움직임

서프존 출수

이상의 긴팔 슈트를 착용하는 것도 잊지 말아야 한다.

ㄹ. 조석 Tides

조석은 지구 주변의 달과 태양의 위치에 변화로 일어나는 중력 변화로 발생하는 해수면의 변동을 말한다. 그것은 지구에서 발생하는

Premium Scuba Diving Cadet

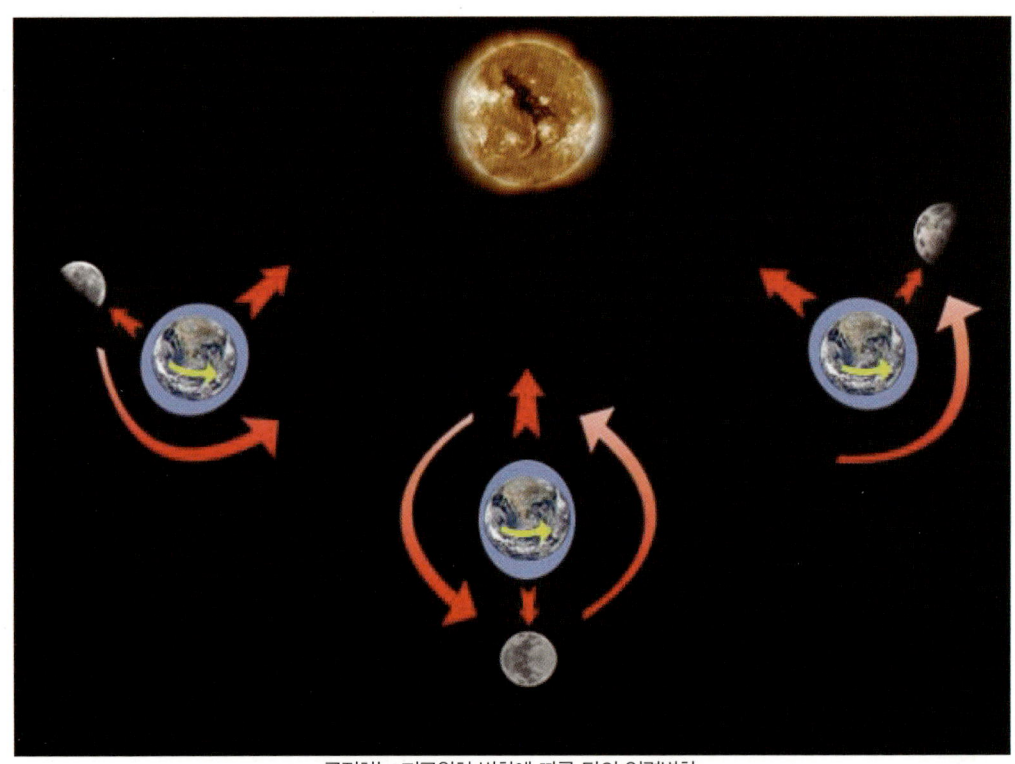

공전하는 지구위치 변화에 따른 달의 인력변화
*** 보름달은 달과 태양의 인력이 합쳐지고 반달은 분산된다.

파도 중에 가장 큰 파장을 갖고 있는 파도이고 그 파장은 지구둘레의 반이 된다. 우주 크기의 관점에서 볼 때 중력을 가지고 있는 행성은 서로 잡아당기는 힘이 있다. 이러한 힘(만유인력)은 태양과 지구의 관계만 볼 때 끌어당기는 인력과 회전하는 원심력이 어느 정도 균형을 이루어 거의 비슷한 궤적으로 공전을 하게 만든다. 이런 동일한 작용으로 달과 지구 또한 같은 균형을 가지고 돌게 된다. 이런 인력과 원심력이 작용하는 힘의 변화는 질량이 많은 암석 부분에는 형태의 변화를 만들지 않는다. 하지만 지표면적 약 70 % 를 차지하고 있는 물은 중력이 당기는 방향으로 부풀어 오르게 된다. 이렇게 부풀어 오른 부분은 지구가 자전을 하면서 계속 변하게 되는데 지구상의 어느 지점을 기준으로 가장 많이 부풀어 오르는 시점을(실제로는 물이 차오르는 현상) 만조 High Tide 라 하고 가장 많이 빠지는 시간 시점을 간조 Low Tide 라 한다. 이러한 만조와 간조간의 차이를 조수 간만의 차이라 하는데 만조시에 부풀어 오른 부분만큼 다른 지역에서 바닷물이 내려가야 하고 간조의 경우 반대의 현상이 발생하는데 그 바다의 크기와 물의 량, 수심

물이 많이 들어 문섬 새끼섬에
보트를 접안하기 힘든상태

공기통을 바위 윗부분으로 올려둔다.

등의 변수로 지역마다 다른 조수간만의 차이를 보인다(동해와 서해, 태평양과 지중해 등 바다의 크기와 수심에 따라 다르다). 밀물과 썰물의 반복 주기는 매 12 시간 24 분 정도의 간격으로 발생한다. 이때 12 시간의 주기는 지구의 자전 때문이고 24 분의 차이는 달의 공전 때문이다. 앞 페이지 그림에서 보는 것과 같이 달의 위치에 따라 더 많이 부풀어 오르기도 하고 적게 오르기도 하는데 이런 차이를 사리, 조금 이라고 하는 시점으로 표현한다. 정확한 조석을 예측 하는 것 에는 많은 변수가 존재한다. 우리가 상식적으로 알고 있는 것은 지구 주변을 달이 원형으로 돌고 있다고 알고 있다. 하지만 달은 실제로 달과 지구의 무게 중심을 기준으로 서로 맞물리면서 회전하는 궤적으로 태양주변을 공전하고 있다. 이것은 회전의 모양이 정확히 원형으로 도는 것이 아니라 변형된 타원 형태로 되는 것을 의미한다. 이러한 회전은 약 27.3 일 주기로 회전을 하는데 달의 위치에 따라 매우 큰 변화를 가져온다. 거기에 또 다른 변수로는 지구의 자전과 공전의 움직임 차이로 지구상 같은 지점에서 달은 매일 50 분씩 늦게 떠오르는 것으로 관측된다. 따라서 만조 시간도 매일 약 50 분씩 늦게 돌아 온다. 그 외에도 많은 변수가 있지만 단순히 지구와 태양, 지구와 달의 관계를 계산하면 달은 최대 55 cm 그리고 태양은 최대 23 cm 정도의 조석을 보이게 된다. 하지만 지구상에서 여러 곳이 다른 조수 간만의 차이를 보

Premium Scuba Diving Cadet

이는데 이러한 이유는 지구가 회전을 하기 때문에 발생하는 조석파 에너지의 이동 때문이다. 즉, 지구의 자전 속도도 인하여 부풀어 오르는 최고점이 지구위를 시속 1,600 km 정도로 이동을 하게 되는데 이러한 조석파가 일정하게 이동을 하려면 수심이 22,000 m 이상 되어야 한다. 하지만 앞에서 언급한대로 바다의 평균 깊이는 4,117 m 정도 이기 때문에 파장의 왜곡 현상이 나타난다. 이런 왜곡은 해안가로 가까워질 수록 지형적인 영향을 많이 받게 되는데 에너지가 물에 흐름을 빠르게 만들어 강력한 조류를 발생시키는 원인이 된다. 조석의 예측과 예보는 140 여 가지의 항목을 감안해서 계산을 해내는데 아직까지도 바닷속 지형이 완전히 탐사되지 않은 관계로 완전히 일치하는 예보는 할 수 없는 수준이다. 국내의 경우 오랜 기간 측정치와 여러 변수를 고려 약 3 cm 내외의 오차를 보이는 조석 예측을 하고 있다. 다이버의 입장에서 볼 때 조석은 매일 반복되는 것으로 크게 다이빙 여건에 영

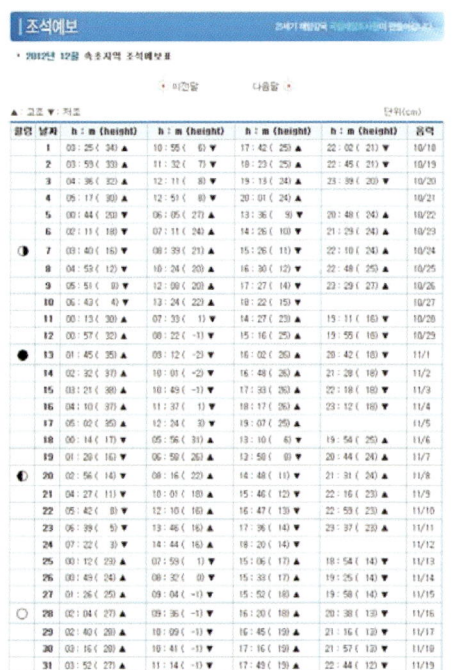

국립해양조사원 조석예보

문섬 새끼섬 대부분이 물에 잠겨 있다.

같은 지역이 물에 잠기지 않은 상태

향을 주지 않는다. 하지만 물의 흐름이 많이 발생하는 사리 와 조금 같은 시기적인 문제는 다이빙에 영향을 많이 주기 때문에 사리와 조금보다 그 중간 정도의 기간에 다이빙을 하는 것이 상대적으로 편안한 환경에서 다이빙을 즐길 확률이 높다고 볼 수 있다. 우리나라의 경우 서해안지역에서 다이빙을 하는 경우 조수 간만의 차이가 크기 때문에 밀물과 썰물이 교차하는 정조 시간대(약 1 시간)를 이용해서 다이빙을 하는 경우가 일반적이다.

ㅁ. 조류 Tidal Current

조류 Tidal Current 는 조수 간만의 차이로 발생하는 에너지의 흐름이 주변의 물을 움직여 흐르게 하는 해수의 흐름을 말한다. 물이 차오르며 발생하는 조류를 창조류 Flood Current 즉, 밀물이라 하고 빠지면서 발생하는 흐름을 낙조류 Ebb Current 또는 썰물이라고 한다. 또한 밀물과 썰물이 교차하여 물의 흐름이 거의 없는 상태를 정조 Slack Water 시간 이라 하는데 조수 간만의 차이가 많은 지역에서는 이 시간대가 다이

산호초 중간에 물길이 열려 있음

빙을 즐기는데 최적의 시간이라 할 수 있다. 적으로 좁은 입구를 가지고 있는 큰 만의 입
조류는 조수간만의 차이가 심한 지역과 지형 구 같은 곳에서 매우 빠른 조류의 흐름을 관

좁은 해협에는 조류가 빠르다.

방파제 안쪽으로 유입되는 파도

해안가 멀리 산호초의 끝부분에 파도가 치는 모습이 보인다.

측 할 수 있다. 이렇게 빠른 조류에 흐르게 되면 다이빙을 시작한 지점에서 적게는 2 km 많게는 5~6 km 까지 흘러가는 상황이 발생하기도 한다. 이렇게 조류를 따라 흐르는 다이빙을 하는 경우 다이버는 입수 직후 수면 표시 부의 ^{SMB} 즉, 소시지를 올려 다이빙 보트의 스탭 에게 흘러가는 위치를 알려주는 것이 좋다. 하지만 조류가 빠른 지역에서 다이빙을 하는 것은 매우 위험한 다이빙으로 만약 대양으로 흘러 나가는 빠른 조류에 휩쓸리면 망망대해에서 혼자 떠오르는 심각한 위험에 처하는 경우도 있을 수 있다. 그렇기 때문에 조류 다이빙을 시도한다면 사전에 철저한 계획과 준비를 해서 사전에 위험 요인을 최소화 해야 한다.

게 있는 경우 다이빙을 들어가기 전에 조류의 방향을 반드시 확인하여야 한다. 조류가 많이 흐르는 곳에서 입수를 할 경우 같이 다이빙을 하는 다이빙 팀 전체의 입수 시간이 지연되면 팀원들이 서로 멀리 떨어지는 경우가 생길 수 있다. 그런 경우는 입수 직후 수면에서 대기하지 말고 하강을 해서 물속에 미리 약속한 지

절벽지역에 발생하는 파도

점에서 만나 같이 다이빙을 진행하는 것이 좋다. 조류 다이빙은 조류가 많은 지역에 위치하고 있는 물고기, 예를 들어 대양의 참치 떼를 관측하는 것과 같이 특정한 목적을 가지고 하는 다이빙이 대부분이다. 조류가 빠르기로 유명한 팔라우의 블루코너 같은 곳은 조류의 흐름에 떠내려 가지 않기 위해 조류 걸이라고 하는 장비를 추가적으로 가지고 들어가 암반 지역에 조류 걸이를 걸고 유영하는 물고기를 관찰하는 것으로 유명하다.

해안가를 따라 흐르는 조류의 흐름

조류는 바다가 좁은 지역일수록 또, 수심이 낮을수록 강하게 흐르기 때문에 조류가 강하

Premium Scuba Diving Cadet

산호초와 대양의 경계부분에 파도가 생긴다.

ㅂ. 지역적인 조류

정확히 말하면 조류라고 할 수는 없지만 지역적인 영향으로 특정한 형태의 흐름을 보이는 조류가 있다. 이러한 흐름들은 해안가의 지형에 따라 특별하게 흐르는데 해안으로 밀려들어온 파도 에너지가 완전히 소멸되지 않고 다시 대양으로 밀려 나가는 남은 에너지의 배출 때문에 발생한다. 대양에서 들어오는 파도는 거의 일정하게 밀려들어오지만 다시 돌아나가는 흐름은 저항이 가장 적은 길을 통해 흘러 나간다. 물이 배출되기 쉽도록 배수구를 만드는 것과 같이 바닷속 지형이 배수구처럼 잘 흐르는 지형으로 만들어진 경우 그 쪽으로 흘러 나가려는 경향이 있다. 이런 움직임은 다이버에게도 문제가 될 수 있지만 물위에서 해수욕을 즐기는 사람에게 더 큰 문제를 발생시킨다. 여름철 가끔씩 부산 해운대 해수욕장에서 2~30 명의 사람들이 먼바다로 흘러 나가 해양 경찰이 출동해서 구조했다는 뉴스를 가끔씩 접하는 것을 보면 알 수 있다(여름철 해수욕장에 위험한 '이안류' 라고 방송에 나온다).

밀려들어온 파도가 나가는 길은
조류가 매우 빠르다.

빠른 조류가 있는 경우
줄을 잡고 5 m 안전정지를 한다.

다이버는 이러한 조류의 흐름이 많은 곳은 다이빙을 피하는 것이 좋지만 특별한 목적으로 그곳에 다이빙을 한다면 적절히 조류를 이용해서 다이빙을 하는 것이 좋다. 최초 입수

지점에서 조류의 흐름을 예측한 다이빙을 진행하여 그 흐름을 따라 거스르지 않는 다이빙을 해야 한다. 역 조류를 극복하며 다이빙을 시도할 경우 같은 그룹에서 다이빙하는 사람

들어온 물은 바다로 흘러가는 길을 만든다.

좁은 지역에서 파도의 유입으로 발생하는 조류

마다 다이빙 기술이 달라 공기 소모량이 많은 사람이 분명히 나오며 그 사람의 공기 부족 때문에 예정된 다이빙을 다하지 못하고 출수해야 하는 경우가 나오기 때문이다. 이렇게 조류가 많이 흐르는 경우는 다이빙 진행 중간

나가는 물길이 여기저기 있는 경우
와류가 형성된다.

보다 안전 정지를 위해 5 m 수심에서 머무르는 경우에 무척 힘든 상황이 연출된다. 다이빙 보트가 정박을 하고 있는 경우는 내려놓은 줄을 잡고 안전 정지를 하면 그나마 수월하게 출수 할 수 있지만 수면 표시 부의 ^{SMB} 즉, 소시지를 올리고 안전 정지를 할 경우 같은 그룹의 다이버 들은 소시지 ^{SMB} 를 올린 사람을 중심으로 주변에서 같이 흘러가며 안전 정지를 해야 한다. 이때는 머리 쪽을 조류가 흘러오는 방향으로 두며 핀으로 균형을 잡아주는 형태로 수평 자세를 유지하면 한결 수월하게 안전 정지를 진행할 수 있다. 안전 정지를 끝내고 수면에 오른 후에도 소시지 ^{SMB} 를 내리지 말고 세워서 다이빙 보트에서 잘 보이도록 해야 한다. 같은 그룹의 다이버는 서로의 공기통을 붙잡아 흩어지지 않도록 한다. 다이빙 보트가 다가오면 미리 정해둔 순서대로 보트에

Premium Scuba Diving Cadet

접근해서 출수를 하면 된다. 모든 다이버가 보트 쪽으로 한꺼번에 접근을 해서 우왕좌왕 하는 경우가 없도록 주의 해야 한다.

ㅅ. 해류 Ocean Current

조류의 흐름은 다이버에게 다이빙을 할 때 직접적으로 어려움을 주기도 하지만 가끔은 즐거움을 주기도 한다. 이런 지엽적인 물의 흐름을 제외하고 대양 전체를 크게 관측한다면 대규모 물의 흐름이 관측되는데 이것을 해류 Ocean Current 라고 한다. 해류의 종류는 계절풍 같은 바람에 의하여 발생하는 것도 있고

우리나라 주변 해류

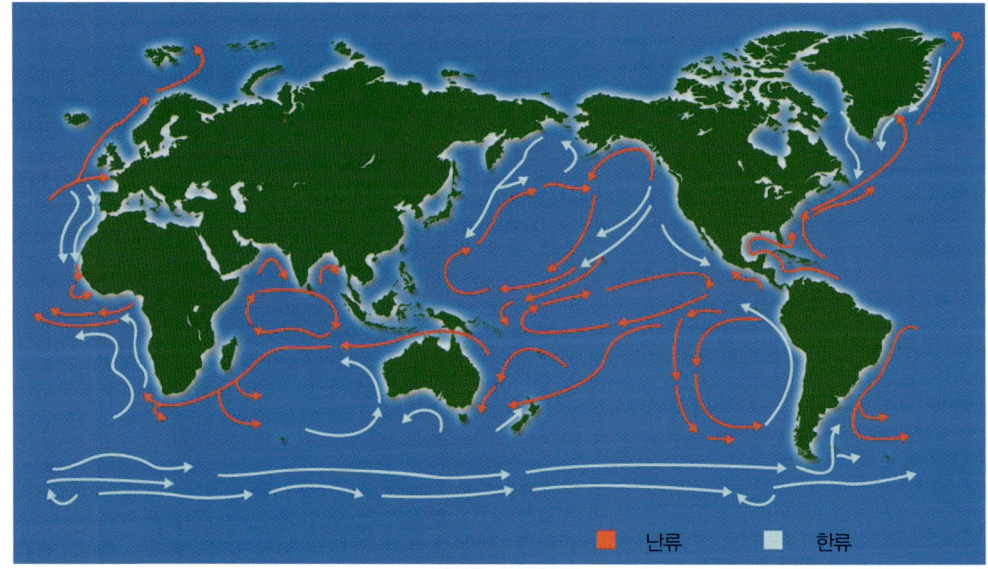

지역별 대표해류

바닷속 지형의 경사 때문에 흐르는 경사류의 흐름도 있다. 하지만 해류의 흐름에 가장 큰 원인을 차지하는 것은 바닷물의 밀도 차이로 발생하는 흐름이다. 이는 적도 지방의 온도와 극 지방의 온도 차이와 바다 상층부의 온도와 하층부의 온도 차이 등이 원인이 되어 염분 농도와 밀도가 다르게 된다. 이때 무거운 물질이 아래로 내려가는 성질이 대양 전체에 상호 작용하여 전반적으로 일정하게 해류의 흐름을 보인다. 우리가 일상적으로 해류의 흐름을 온도에 따라 난류와 한류로 구분해서 이야기 하

좁은 해협에는 빠른 조류가 흐른다.
*** 일본 시모노세키 간몬대교 하단

는데 그것은 학문적 용어가 아닌 따뜻한 곳 또는 차가운 곳 에서 흘러오기 때문에 붙인 이름이 된다. 학술적으로는 해류의 이름을 정할 때 해류가 흐르는 지역의 이름을 붙여 북태평양 해류, 알래스카 해류 같은 이름을 사용한다. 국내 바다에 영향을 주는 해류로는 구로시오 난류 Kuroshio Current 가 열대 바다의 생물체를 국내 바다로 공급하고 북한 한류가 차가운 물을 동해로 내려 보낸다. 이렇게 난류와 한류가 동해에서 혼합되면서 동해는 다양한 종류의 수산 자원을 보유한 황금 어장이 되는 것이다. 최근 지구 온난화로 난류의 흐름이 예년보다 더 활발하게 올라오고 있다. 이러한 이유로 독도 같은 곳에서도 열대 바다에서 관찰되는 어류인 파랑돔 이 관측되고 있다.

o. 수온 약층 Thermocline

수온 약층 Thermocline 은 바닷속의 수온이 급격히 변화되는 수심을 말한다. 대양의 깊은 바다의 경우 아주 깊은 지역은 일년 내내 변화가 없는 수온을 보이는 지역과 갑자기 수온이 급격히 떨어지는 수온 약층 지역이 일정하게 깊은 수심에서 분포한다. 하지만 레저 다이버가 즐기는 다이빙 환경인 수심 30 m 이내는 상층부 수온의 물이 바람의 영향으로 하층부와 잘 혼합되어 일정한 온도를 보이는 경우가 많아 열대 지역에서는 수온 약층을 경험 하는 경우가 거의 없다. 그런데 여름철 동해안에서 다이빙을 하는 경우 종종 수온 약층을 경험했다는 이야기를 종종 접한다. 여름철 대기온도

Premium Scuba Diving Cadet

가 30 ℃ 이상으로 매우 더운 상태에서 물 속에 들어 갔는데 수면 온도가 20 ℃ 정도라 매우 놀라고 하강을 하며 수심이 깊어 질수록 점점 내려가는 수온으로 당황스러운 경우가 있다. 이때 갑작스러운 수온 변화를 대비하지 않고 3 mm 같은 얇은 슈트를 착용하고 다이빙을 하는 다이버는 다이빙을 지속하지 못하고 올라와야 하는 상황이 되기도 한다.

2012 년 8 월초 동해안 강릉 앞바다 수심 25 m 수온이 4 ℃ 를 기록한 경우도 있어 한여름에도 5 mm 이상의 슈트와 후드 착용을 권장하는 이유가 된다. 다이버가 수온 약층을 만나는 경우 하강 할 때는 모르지만 상승을 하면서 봄철 아지랑이가 오르는 것 같이 시야가 흔들려 몽롱해지는 경우가 있다. 이때 갑작스런 온도상승으로 BC에 남아있던 공기가 급 팽창하여 안전 정지를 못하고 상승하는 경우가 발생할 수 있으니 주의 하여야 한다.

ㅈ. 수중 지형

다이빙을 하는 바다 환경은 다양한 형태의 지형을 가지고 있다. 그것은 우리가 살고 있는 육지의 모습이 다양한 것과 같다. 매우 깊은 수심의 다양한 지역을 탐사하고 다이빙을 할 수 있다면 매우 즐거운 일이 될 수 있지만 레크리에이션 다이빙의 한계 수심인 수심 30 m 로 한정 한다면 다이빙을 즐기는 형태에 따라 아래와 같이 몇 가지의 형태로 나눌 수 있다.

A. 산호초 및 자연 암반 지역

가장 많은 다이빙 포인트가 존재하는 지역으로 산호초의 특성상 수심 30 m 이내에 대부분의 산호와 생물체를 관찰할 수 있어 가장 훌륭한 다이빙 지역이다.

산호초 지역

B. 인공 구조물 지역

국내의 경우 근해 어장의 어족 자원 관리를 위해 인공 어초 같은 구조물을 수심 2~30 m 범위에 매우 많이 투입을 하였다. 이러한 구조물들이 시간이 경과 되면서 많은 부착 생물들과 산호가 붙어 아름다운 다이빙 경관을 보여준다.

C. 난파선, 비행기 등 침몰한 잔해 지역

남태평양 지역에는 2 차 세계 대전 당시 침몰한 군함이 매우 많이 있다. 이러한 침몰선들은 다양한 수중 생물의 집이 되어 많은 다이버 들을 유혹하고 있어 많은 다이버가 방문을 한다. 이러한 이유로 지역의 지방 정부에서 인공적으로 비행기, 대형선박 등 을 침몰시켜 다이빙 포인트로 활용하고

수중 전망대

있는 곳도 많다. 국내의 경우 인공 어초를 대신해서 선박의 위험한 구조물을 제거하고 침몰시켜 다이빙 포인트로 활용하고 있는 곳도 일부 있는데 대표적인 지역으로 울진 앞바다 난파선 지역을 말 할 수 있다.

비행기 잔해

D. 수중 직벽 지역

필리핀 세부에 라울라우 지역 같은 곳이 대표적인 수중 직벽 다이빙 포인트라고 할 수 있다. 입수를 해서 약간의 경사를 따라 이동을 하면 급격하게 떨어지는 수중 직벽이 나타나는데 직벽을 따라 일정한 수심으로 이동을 하며 벽에 붙은 생물체를 관찰하는 형태로 다이빙이 진행된다.

수중 직벽

E. 수중 동굴 지역

수중 동굴은 수직형 동굴과 수평형 동굴로 나눌 수 있는데 수직형 동굴의 대표적인 포인트는 괌에 있는 블루홀을 뽑을 수 있다. 수직형 동굴은 입수를 해서 내부로 들어가면서 관찰을 하고 천천히 올라오는 형태로 진행되고 수평 동굴의

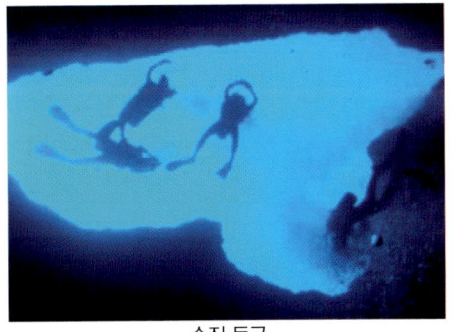

수직 동굴

Premium Scuba Diving Cadet

수평 동굴

지역에서는 제한 수역에서 연습하였던 다이빙 기술을 바다에서 실습하는 방식으로 다이빙을 진행하는 경우가 대부분이다. 간혹 입수 지점을 잘못 잡아 아무 것도 없는 모래 지

해삼표면 모래

경우는 입수를 해서 동굴 입구에서 내부로 들어 갔다가 다시 나오는 방식으로 진행을 한다. 수평 동굴의 경우 내부에 빛이 들어오지 않는 경우가 대부분이니 반드시 수중 랜턴을 준비 해야 하고 들어간 동굴 입구로 다시 나올 수 있도록 유도 라인 등을 사용해야 한다. 이러한 다이빙은 어드밴스 이상의 다이빙 수준이 되어야 가능한 다이빙이라 할 수 있다.

역으로 하강하는 경우도 종종 발생하는데 그런 경우 모래 지역을 잘 관찰해 보는 것도 좋다. 모래 지역은 아무것도 없는 것이 아니라 다양한 생물이 모래 속에 숨어 있는 것이다. 국내바다의 경우 가자미나 노래미(놀래기) 같은 물고기가 많이 숨어 있으며 조금만 모래 지역을 살펴보면 다양한 조개를 관찰 할 수 있다.

모래 지역

F. 모래 지역

처음 바다 실습을 하는 다이버에게는 여러 가지 다양한 지형 보다 아무것도 없는 모래 지역이 편안할 수 있다. 모래

해양 생물

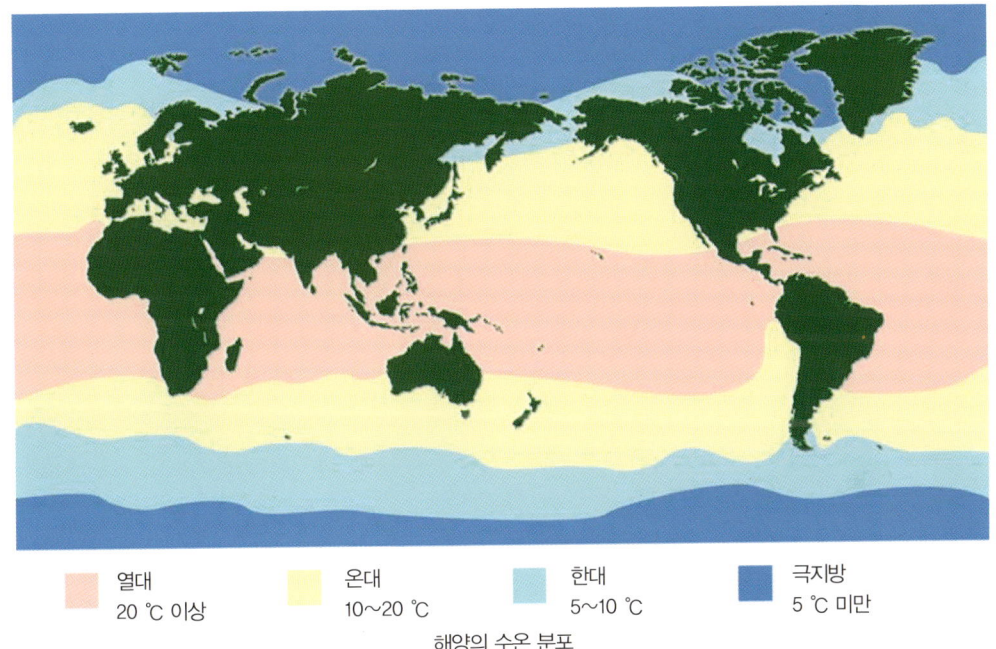

| 열대 | 온대 | 한대 | 극지방 |
| 20 ℃ 이상 | 10~20 ℃ | 5~10 ℃ | 5 ℃ 미만 |

해양의 수온 분포

 우리가 다이빙을 즐기는 가장 큰 목적 중에 한가지는 평소에 관찰 할 수 없는 해양 생물을 관찰하는 것이다. 육상에서 야생 동물을 관찰하려 산이나 들로 나가도 자연 상태에서 동물들을 볼 수 있는 경우는 매우 드물다. 대부분의 동물을 동물원이나 TV 을 통해서 접하게 되고 그 동물에 대하여 이해하게 된다. 그런 동물들을 자연 상태에서 관찰 할 수 없는 이유는 인간이 개발을 하면서 동물의 서식지를 파괴하고 어떤 경우는 잡아서 먹거나 애완용으로 판매하기도 하였다. 이런 이유로 육상의 동물들은 생존을 위해 인간을 피해 숨고 도망을 가기 때문에 자연 상태에서는 거의 찾아볼 수 없게 되는 것이다. 레저 다이버가 다이빙을 즐기기 시작한지 벌써 50 년 정도의 시간이 흘렀지만 대부분의 바다에서 바다 생물체들은 인간을 두려워하지 않는다. 물속에서 물고기가 인식하는 인간이라는 존재는 자기보다 큰 물고기쯤으로 여기고 혹시 모르는 위험을 피해 다니는 정도이다. 복어같이 자신이 가지고 있는 독 때문에 거의 모든 물고기로부터 공격을 받지 않는 동물은 다이버가 있더라도 그냥 주변을 서성이며 피하지 않는다. 어떻게 보면 인간을 관찰 한다고 봐도 될 정도로 여유 있는 모습을 보인다. 이런 상황들은 다이버에게 바다 생물체를 매우 가까이 관찰 할 수 있는 기회를 제공한다. 다이버들이 접사로 촬영한 사진들을 보면 얼마나 가까이 접근 가능한지 쉽게 알 수 있다.

열대지역 해삼

학술적으로 볼 때 해양 생물은 아직도 연구가 필요한 분야가 대부분이다. 가끔 뉴스에 나오는 대왕 오징어가 보통 오징어가 자라서 그

불가사리

렇게 되는 것인지? 아니면 대왕 오징어 종류가 따로 있는지? 아직도 밝혀지지 않는 의문이다. 다이버에게 별 관심이 없는 해양 생물

들이 살고 있는 곳에 일시적으로 방문하는 다이버는 항상 방문자의 입장에서 자연을 훼손하지 않고 지키도록 해야 한다. 경제적으로 볼 때 해양 생물은 매우 유용한 자원이 된다. 육상에서 대부분의 식량을 구하는 인간이지만 최근 들어서는 많은 부분을 바다에서 구하고 있다. 대양에 나가 참치 떼를 잡기도 하고 정어리, 고등어, 오징어 등 매우 유익한 수산 자원을 포획한다. 이렇게 넓은 대양은 우리 삶에 큰 영향을 미치고 있다. 인간에게 바다에서 나는 먹거리는 생존을 위해 중요한 성분을 포함하고 있다. 몽골 같은 내륙 지역의 국가에서는 해산물의 거의 먹지 않아 미역 같은 바다 생물에서 많이 함유되어 있는 요드 같은 성분을 섭취하지 못하여 발생하는 갑상선 관련 질환

이 많은 것을 보면 인간은 바다를 떠나서는 살 수 없는 존재 라는 것을 알 수 있다(몽골에서는 소금에 요드 성분을 추가로 넣어 판매 하고 있다).

ㄱ. 다양한 생물

생물학적으로 생물의 분류를 살펴 보면 동물, 식물, 균류 등으로 분류 되어 있다. 그런데 상세히 자료를 찾아 보면 해양 생물의 분류에서 분류가 정의 되지 않은 생물체가 있다는 것을 알 수 있다. 이는 생물 학계에 다이빙을 하면서 해양 생물을 연구하는 시스템이 매우 부족 했고 그 쪽에 투자되는 연구비 또한 미미하기 때문이다. 우리가 알고 있는 해양 생물은 대부분 먹을 수 있는 생물과 먹으면 죽을 수 있는 못 먹는 생물을 중심으로 연구가 되었다. 즉, 실 생활에 연관이 많은 생물 위주로 연구가 된 것이다.

다이버가 이상한 생물체를 사진 찍어서 여기 저기 자료를 찾아봐도 확인 할 수 없는 경우가 종종 있다. 그 생물체가 동물 인지? 식물 인지? 어류 인지? 갑각류 인지? 도대체 알 수 없는 경우가 있다. 다이버는 그 만큼 미지의 세계를 여행하는 개척자와 같은 존재이다. 수중에서 작은 생명체를 관찰하는 경우 그 작은

다양한 형태의 물고기 앞모양

움직임에 관심을 기울여 본 다면 지금과는 또 다른 세상을 만나게 될 것이다.

ㄴ. 위험한 생물

물 속에서 만나는 많은 생물체의 대부분은 인간에게 위험하지 않다고 보아도 된다. 하지만 몇 종류, 특별히 위험한 생물체의 경우에는 심각한 경우 목숨까지 위험해지는 경우가 있으니 주의 깊게 살펴볼 필요가 있다. 아래에서는 위험 요소의 종류에 따라 구분하여 대표적인 위험한 생물체를 기술하였다.

만타 가오리

위험한 생물체가 상당수 있다. 몇 가지 또 다른 위험 요소는 공격을 하거나 독을 방출하는 생물이다. 수중에서 공격적인 성향을 보이며 때로는 실제로 공격을 해오는 생물체들이 가

쏨뱅이

알지 못하는 생물체를 함부로 만지는 행위는 무척 위험한 행동이라고 할 수 있다. 수중뿐만 아니라 열대 우림에 살고 있는 여러 가지 생물체 중에 독을 가지고 있는 생물체는 접촉을 통하여 독을 퍼뜨려 위해를 주는 경우가 많이 있다. 수중에서도 마찬 가지로 접촉을 할 경우

형광빛을 내는 산호

끔 있다. 수중 생물들은 대부분 다이버보다 작은 생물체가 대부분이기 때문에 공격 성향이 있더라도 그러한 공격 행위는 방어를 위한 공격이 대부분이므로 다이버가 먼저 생물체에게 위협을 가하는 행동을 하지 않는 경우 생물체가 먼저 공격해오는 경우는 매우 드물다.

A. 산호

산호는 태양빛이 투과되는 얕은 바다에서 살고 있다. 약 2~300 만년 전부터 바닷속을 지키고 있으며 다른 작은 동물들의 훌륭한 서식지를 제공하고 있다. 또한 산호는 군락을 이루는 경우가 대부분이라 산호 군락이 오래되어 죽고 또

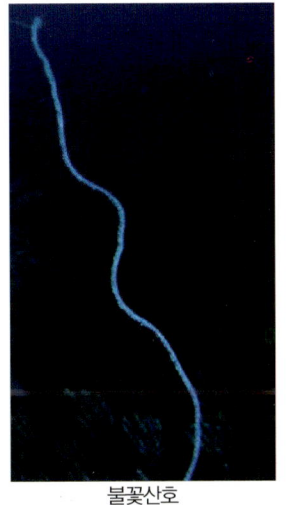

불꽃산호

산호초의 분포

열대 해양   난류 산호초   심해 산호초

Premium Scuba Diving Cadet

다른 산호 군락이 주변에 퍼져 가고 하는 생명의 순환이 반복된다. 이러한 순환으로 열대 바다의 섬 주변에는 환초로 둘러싸이는 얕은 바다 Lagoon 를 만들기도 하는데 이런 곳은 작은 생물들이 성장하기 최적의 조건으로 많은 치어를 관찰할 수 있다.

연산호

층을 이루고 있는 테이블 산호

수중에서 아름답게 보이는 산호의 대부분은 피부에 접촉되면 매우 아픈 고통을 느끼게 된다. 산호는 특성상 아주 작은 산호충이 모여서 산호 군락을 형성하고 있는 생물이다. 사람의 피부에 산호가 접촉되면 여러 마리의 산호충이 피부를 뚫고 침투하여 피부 아래에 부종을 일으키게 된다. 거의 모든 산호가 민감한 고통을 주지만 그 중에도 가장 고통스러운 산호는 불꽃 산호를 들 수 있다. 불꽃 산호의 경우 피부에 접촉을 할 경우 피부가 타 들어가는 것보다 아픈 고통을 받을 수 있으며 심한 경우 쇼크를 일으켜 생명에 위험을 주는 경우도 있다고 한다. 수중에서 맨손으로 산호를 만지는 행위는 최소 2~3 주 동안 피부과 신세를 질 각오를 해야 할 것이다. 또한 장갑을 착용하고 산호를 만지는 경우에도 무의식적으로 얼굴을 만지는 경우 장갑에 붙어 있던 산호충의 일부가 얼굴 피부로 파고들어 엄청난 고통을 줄 수 있으니 어떠한 경우에도 산호를 접촉하지 않도록 주의 하여야

주변에 산호가 생성

섬이 파도에 깎여 내려감
산호초의 생성

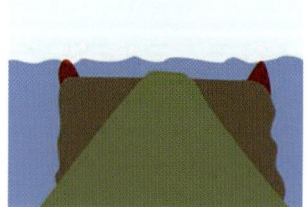

내부에 얕은 바다산호가 형성됨

다양한 색의 산호

앉는 경우 성게를 깔고 앉아 무릎이나 정강이 등에 찔리는 경우가 종종 있다. 하지만 3~5 mm 정도의 다이빙 슈트를 입고 다이빙을 하는 경우 접촉 순간 감각으로 피부 속까지 찔리는 경우는 드물지만 간혹 깊이 찔리는 경우 무척 불편하여 다이빙을 진행할 수 없는 경우가 있다. 성게 가시의 경우 형태가 화살촉이나 낚시바늘 같이 찔리면 계속 파고드는

낮에는 뿔산호 사이에 숨어 있다.

한다. 다이빙을 하면서 무의식적으로 산호를 핀으로 차서 훼손하는 경우가 있는데 다이빙 기술이 고급 단계에 이르기 전까지는 어느 정도 산호초와 거리를 유지하는 것이 산호도 보호하고 다이버 본인도 보호하는 방법이 된다. 국내 바다의 경우 딱딱한 산호보다 부드러운 연산호가 제주도 바다를 중심으로 관찰된다.

모양으로 되어 있어 찔리는 경우 온전하게 성게 가시를 빼내는 것은 거의 불가능하다. 그래서 성게에 찔리는 경우 화

환초

B. 성게

성게의 경우 보기에도 찔리면 아플 것 같다는 생각을 하는 사람이 대부분일 것이다. 실제로 다이빙을 하다가 보면 많은 지역에서 성게를 볼 수 있으며 암반 지역에 무심코 바닥에

군집해 있는 성게

Premium Scuba Diving Cadet

학적 요법으로 성게 가시를 녹이는 치료법을 사용한다. 다이빙 현장에서 응급조치로는 뜨거운 물을 흘려서 피부 조직을 열어주어 자연적으로 빠지도록 하는 것이 간단한 치료법이라 할 수 있다.

C. 청자 고동

청자 고동의 경우 다이빙을 진행하면서 쏘이는 경우는 거의 없다. 얕은 바다에 있어 다이빙 진행 중에 물속에서 직접 보는 경우는 드물지만 다이빙 전후 바닷가에서 이동을 하는 경우 청자 고동을 밟아서 쏘이는 경우가 있을 수 있다. 청자 고동의 독은 매우 치명적이며 호흡 곤란과 함께 심각한 쇼크가 발생할 수 있으므로 즉시 병원으로 가서 치료를 해야만 한다. 일본의 경우 청자 고동의 독으로 한 해에 30 명 정도의 사망자가 보고 되고 있는 것을 보면 매우 위험한 생물이라 할 수 있다. 청자 고동은 얕은 바다 암반 사이에 있으며 맨발로 해수욕을 하는 무방비상태의 사람이 주변을 지나다가 밟는 경우 독침에 쏘이는데 성인 남성의 경우 즉시 치료를 하지 않으면 30 분 안에 사망하는 매우 위험한 종이다.

그러므로 바다를 걸어 다니는 경우 반드시 신발을 신고 다녀야 하며 주의 깊게 살펴서 바다 생물을 밟지 않으려 노력해야 한다.

청자 고동 껍데기 윗부분을 가공해서 기념품으로 판매한다.

D. 히드라 Hydra, 부채꼴 산호 Sea Fan

히드라는 매우 많은 종류가 있으며 각각의 형태가 다양해 어떤 히드라가 독성을 가지고 있는지 정확히 조사된 것은 없다. 하지만 일부분의 히드라에서 접촉성 피부염을 발생시키는 성분의 독을 가지고 있는 것이 보고되어 되도록이면 히드라를 만지지 않도록 조심하는 것이 좋다. 또한 수심 3~50 m 내외에서 가끔 관찰되는 부채꼴 산호의 경우 대형인 경우 매우 웅장하여 사진 촬영에 좋은 피사체가 될 수 있어 다이버들이 와 같이 사진을 찍는 경우가 많다. 이러한 경우 무의식적인 접촉을 할 수 있고 이때 산호의 폴립이 피부에 파고 들게 하는 실수를 범할 수 있다. 그렇게 접촉이 되면 통증을 발생시키고 피부염을 발생 시킬 수 있다. 접촉성 피부염의 경우 대부분 따끔거리고 부풀어 오르는 고통을 동반하는데 심한 경우 쇼크를 일으키기도 하기 때문에 주의하여야 한다(모르는 생명체를 확인할 때는 탐침봉을 사용할 것을 권장한다).

E. 해파리

 99 % 의 해파리에는 맹독성 화학 물질을 촉수에 가지고 있다. 물 속에서 유영하는 해파리의 모습은 공상과학 영화에서 보는 우주선의 움직임처럼 매우 아름답다. 하지만 해파리가 물 속을 유영할 때에는 일부의 촉수가 분리되어 물 속에

나뭇잎과 같이 떠있는 피그미 해파리

대형 노무라잇깊 해파리

서 부유물로 떠다니는 경우가 많다. 그러므로 다이버는 해파리가 보이는 경우 근처로 가깝게 접근하지 않는 것이 최선이다. 특히 국내 바다에서 가끔 출몰하는 노무라입깃 해파리

의 경우 큰 것은 촉수까지 포함하면 크기가 5 m 에 이르는 경우도 있다. 때문에 주변을 잘 살피지 않는 경우 촉수에 심각하게 피해를 입는 경우도 있을 수 있다.

F. 쏠배감펭 – 라이온 피쉬 Lion Fish

라이온 피쉬 Lion Fish 는 모습이 아름답고 색깔 또한 다양하며 잘 도망을 가지 않는 물고기라 사진을 촬영하는 다이버들이 매우 반가워 하는 물고기다. 하지만 물고기가 다이버를 보고 도망을 가지 않는다는 것은 대부분의 경우 최상위 포식자 이거나 치명적인 독을 가지고 있어 다른 생물의 먹이감이 되지 않는 생물이기 때문이다. 이런 생물체의 대표적인 물고기가 라이온 피쉬 라고 할 수 있다. 라이온 피쉬의 독선은 등줄기에 날카롭게 솟아있는 등지느러미에 있으니 접촉하지 않도록 주의 해야 한다. 국내의 경우 남해안 일부 지역과 제주도에서 종종 관찰된다.

쏠배감펭

G. 스톤 피쉬 Reff Stone Fish

스톤 피쉬 Reff Stone Fish 의 경우 머리 가운데 있는 뿔 같은 모양의 지느러미에 맹독성 물질을 내뿜는 독선이 있어 매우 주의 해야 하는 물고기중에 한가지 이다. 스톤 피쉬는 이름과 같이 산호초에 있는 암반과 매우 비슷한 모양으로 암반지역 틈에 숨어 있는 경우 구별해 내기가 매우 어렵다. 그런 이유로 실수로 건드는 경우가 종종 있을 수 있다.

스톤 피쉬

대부분의 해양생물들은 위장된 보호색을 가지고 있기 대문에 쉽게 보이지 않는다. 그러므로 다이버는 어느 정도의 거리를 두고 유영을 하면서 생물체를 관찰하는 것이 안전 하다.

너무나 유명한 영화 '조스' 덕분에 다이버가 아닌 대부분의 사람들까지 모두 상어를 두려워한다. 백상아리의 이빨은 2,000 개가 넘어 사진에서 본다면 매우 흉측해 보이기까지 한다. 상어는 특성상 자기의 몸집보다 큰 동물은 공격하

가오리

고래상어는 작은 새우를 먹는다.

H. 가오리

많은 종류의 가오리가 꼬리 지느러미에 독침을 가지고 있다. 해변에서 모래 속에 숨어 있는 가오리를 밟는 경우 독침으로 공격을 가해오는 경우가 있다. 특히, 열대지역에 많은 노랑 가오리의 경우는 독침에 찔리면 맹독성 물질이 한 시간 안에 온몸으로 퍼져 즉시 해독하지 않으면 목숨을 잃게 된다. 바닷속에서 유영을 하는 다이버의 경우는 가오리가 미리 도망을 가서 접촉하는 경우가 거의 없지만 낚시나 사냥을 통해 가오리는 잡는 경우는 제일 먼저 꼬리 지느러미를 잘라 내는 것이 중요하다.

I. 상어

지 않는 습성이 있다. 즉, 대부분의 상어가 다이버보다 작기 때문에 다이버를 공격하는 일은 거의 없다고 봐도 된다. 또한 물 속에서 상어를 관찰하는 것은 상어가 집단으로 살고 있는 지역을 제외하고 일반적인 다이빙 지역에서는 극히 드문 경우라고 할 수 있다. 만약 상어를 만나서 근처로 다가가서 보는 경우 생각 보다 작은 크기에 놀라기도 한다(백상아리 같은 상어는 매우 크지만 일반적인 다이빙 지역에는

Premium Scuba Diving Cadet

나오지 않는다). 하지만 상어는 그 이름 그대로 상어 이기 때문에 잡거나 위협하려 하지 말고 그냥 멀리서 관찰하는 것이 최선이다.

J. 곰치

물 속 바위틈에 작은 생물체를 관찰하기 위해 접근하다가 곰치를 보고 깜짝 놀라는 경우가 있다. 생긴 모습 또한 이쁘지 않고 머리만 내밀고 있는 모습으로 크기를 짐작할 수 없는 경우가 대부분이다. 곰치를 만나 탐침봉으로 건드리는 경우 탐침봉을 물고 늘어지는 경우가 있는데 이때의 강도는 깜짝 놀랄 만한 정도의 힘을 느낄 수 있다. 만약 손가락이 물린다면 손가락이 절단되는 정도의 강도라 말 할 수 있다고 한다. 열대 지역 리조트에 가면 곰치에게 먹이를 주다가 손가락을 잘린 사람이 있다는 확인 안된 이야기를 들을 수 있다.

K. 대왕 문어

국내 바다에서 문어를 만나는 경우 일부 다이버들이 잡아서 가지고 나오는 경우가 종종 있다. 수렵, 채집이 금지된 것을 떠나서 문어를 잡는 행위는 무척 위험한 상황이라 할 수 있다. 바위틈에 들어가 있는 문어의 크기를 짐작할 수 없을 뿐만 아니라 문어를 잡을 때 문어는 살기 위해 다이버의 몸을 감싸는 공격을 해 오는데 호흡기나 마스크를 문어에게 빼앗겨 시야를 잃거나 호흡할 수 없는 경우가 발생 할 수 있다. 특히나 길이가 2~5 m 에 이르는 대왕 문어의 경우 다이버 1~2 명을 한꺼번에 공격할 수 있고 순간적으로 호흡기를 빼앗긴다면 심각한 위험에 빠지게 된다. 국내의 경우 1년에 한 두 차례 대왕 문어에게 목숨을 잃는 다이버의 뉴스가 빠지지 않고 등장하는 것을 보면 시사하는 바가 매우 크다고 할 수 있다.

L. 바라쿠다 Barracuda

바라쿠다 Barracuda 는 우리가 흔히 먹는 갈치와 비슷하게 생긴 꼬치고기의 일종으로 열대지역에 서식하고 있는 물고기다. 바라쿠다는 날카로운 이빨을 가지고 있으며 1 m 정도의 중간 크기 바라쿠다는 군집 생활을 하는 경우가 많고 2 m

대형 곰치

대왕 문어

가 넘는 대형 바라쿠다 는 혼자 생활을 한다. 군집 생활을 하는 바라쿠다의 경우 스쿨링(물 속에서 군집을 이루고 회전을 하는 모습)을 하고 있어 다이버에게 위험하지 않지만

다른 작은 물고기에게 먹이를 주는 행위를 하는 경우 어디선가 다가온 바라쿠다의 이빨에 공격을 입는 경우가 있을 수 있다. 물 속에서 물고기에게 먹이를 주는 피딩 ^{Feeding} 행위는 체험 다이버에게 사진 촬영을 위해 시도를 하는 경우가 많다. 이때는 바라쿠다 뿐만 아니라 이빨이 있는 물고기에 공격을 받을 수 있으니 반드시 장갑을 착용하고 피딩을 해야 한다. 또한 근처에 있는 대형 어종이 가까이 오는지 주의 깊게 관찰 해야 한다.

Premium Scuba Diving Cadet

M. 거북이 등

 거북이를 물 속에서 만나는 경우는 매우 드문 경우인데 건들지 않는 경우 위험하지 않다. 하지만 경험이 많은 다이버가 장난으로 거북이의 등에 매달려 이끌려 다니는 행동을 하는 경우가 있는데 이때 화가 난 거북이가 무는 경우도 있을 수 있다. 거북이는 생각보다 날카로운 이빨을 가지고 있어 다이버는 큰 상처를 입을 수 있으니 거북이를 만나면 안전한 거리를 두고 관찰하는 것이 좋다.

 수중에서 만나는 생물체의 대부분은 다이버가 먼저 건들지 않으면 위험하지 않다. 하지만 생명에 위협을 느끼는 경우 다이버를 공격해서 다이버는 생각지도 못한 상처와 부상을 입게 된다. 쏠종개 같이 위험해 보이지 않는 작은 물고기도 등지느러미에 독이 있어 쏘이면 매우 통증이 심한 경우가 있으니 다이버는 수중 생물을 건들지 않는 것이 최선이다.

거북이

쏠종개

상해 종류	긴급 조치 방법

찰과상
 	
   산호
   수중암반
	상처를 씻어내고 소독한다

찔리거나 찢어졌을 때
 	
   청자 고동
   성게
   독성이 있는 어류(예:쏨뱅이, 쏠베감펭)
   가오리
	상처 부위를 뜨거운 물에 담근다.
	
	청자고둥에 찔렸을 경우 다친 부위 위쪽을 지혈대로 고정시킨다.
	
	쏨뱅이류의 가시에 찔리는 부상을 입었을 경우에는 즉시 병원 치료를 받아야 한다.

물렸을 때
 	
   바라쿠다
   푸른 독문어
   곰치
   바다뱀
   상어
   거북이, 악어
	상처를 깨끗이 하고 소독하여 피를 멈추게 한다.
	
	푸른 독문어에 물렸을 경우 상처에 압박을 가하고 병원 치료를 받아야 하며, 만일 병원치료가 여의치 않고 호흡이 어려운 경우 인공호흡을 실시한다.
	
	바다뱀에게 물렸을 경우 상처 부위를 압박하여 고정하고 즉시 병원치료를 받아야 한다.

쏘였을 때
 	
   갯지렁이
   불꽃산호
   해면
   해파리
	식초로 상처 부위를 소독한다.

위험한 생물에 의해 상해를 입었을 경우 긴급조치

숨겨진 위험 요소

바다 환경에는 본인도 모르는 사이에 겪을 수 있는 위험요소가 몇 가지 더 있다. 그 중에 종종 경험하게 되는 대표적인 위험요소는 아래와 같다.

ㄱ. 상승, 하강 조류

남태평양에 유명한 다이빙 지역 중에 팔라우라는 곳이 있다. 그 곳에 블루 코너라고 하는 대표적인 상승, 하강 조류의 포인트가 있다. 이곳을 방문하는 다이버는 조류 걸이 라고 하는 특수 장비를 가지고 다이빙을 해야 한다. 블루 코너는 조류가 빠르게 흐르는 지역까지 이동을 해서 다이버의 몸이 흐르지 않도록 조류 걸이를 주변 암반에 걸고 해양 생물체를 관찰하는 대표적인 포인트이다. 이렇게 조류의 상태를 미리 알고 있는 지역을 방문하는 경우 조류 걸이 같은 장비를 준비해서 별다른

밀려드는 파도

문제 없이 다이빙을 진행할 수 있다. 하지만 지형적인 특징이나 조류의 급격한 이동으로

물고기 관찰중 조류따라 수심이 변화됨

특정 지역에서 상승 또는 하강 조류를 급격히 만나는 경우도 종종 있을 수 있다. 이때는 그곳을 빠르게 빠져 나오는 것이 가장 좋은 선택이다. 아무리 베테랑 다이버도 조류는 이길 수는 없으며 역조류를 만나는 경우 운동량 초과로 공기를 많이 마셔 급격한 공기 부족이 올 수 있게 된다. 지역을 잘 알고 있는 현지 가이드와 같이 다이빙을 진행하여 그런 일이 없도록 하여야 한다. 만약 어쩔 수 없이 조류에 쓸려 들어가는 경우 하강조류는 BC에 공기를 주입해서 상승할 수 있고 상승조류는 BC의 공기를 빼고 핀을 이용해 속도를 조절하여 최대한 느리게 상승하는 것이 최선의 선택이 된다. 물론 그렇게 조치하면서도 그 지역을 최

대한 빨리 빠져 나오려 노력하는 것이 더 중요하다.

ㄴ. 맑은 시야

경험해 보지 못한 맑은 시야는 매우 위험한 숨겨진 위험 요소 중에 한가지가 된다. 만약 시야가 50 m 까지 나오는 맑은 바다에서 다이빙을 할 경우 입수를 해서 바닥을 보면 아래가 보이는 경우가 있다. 이때 국내 다이빙을 생각하고 계속 하강을 하다 보면 본인도 모르는 사이 수심 50 m 까지 내려가는 위험에 노출될 수 있다. 다이버는 레저 다이빙의 한계수심인 30 m 를 넘지 않는 범위에서 다이빙을 하여야 하며 수심계를 자주 확인해서 계획 수심을 초과하는 일이 없도록 주의해야 한다.

수심 45 m 까지 보이는 맑은 시야

ㄷ. 수온 약층

앞에서 언급한 수온 약층은 열대 바다에서는 나타나지 않는다. 하지만 국내 바다의 경우 한여름에 종종 형성 되어 다이버를 당황스럽게 한다. 수면 온도가 높아 얇은 슈트로 다이빙을 하다 저 체온증으로 위험을 겪을 수 있다. 또한 상승을 할 때 수온이 변하는 지역에서 물

낮은 수온의 다이빙 환경은 스트레스를 준다.

의 밀도와 온도가 변화되어 약간의 몽롱함을 느낄 수 있고 BC의 내부 공기가 빠르게 팽창을 해서 상승 속도가 갑자기 빨라지는 경우도 생긴다. 다이버는 정신 바짝 차려서 안전하게 상승절차를 마칠 수 있도록 노력 해야 한다.

ㄹ. 다이빙 스트레스

다이빙을 하면서 다이빙 환경 변화에 따라 갑자기 밀려오는 스트레스로 심각한 위험 상

갑자기 변화된 환경에 순간적으로 판단을 못하고 계속 이동하는 다이버

내장을 내뿜은 해삼
*** 내장을 만지면 매우 끈적거리며 피부에 닿으면 따갑다.

황에 직면하는 경우도 있을 수 있다. 편안한 상황에 다이빙을 즐겨야 하지만 실수로 해양 생물을 만져서 쏘이거나 장비의 이상으로 불편한 상황이 지속되면 문제가 해결 될 때까지 계속 스트레스를 받는다. 계속된 스트레스는 패닉이라는 더 큰 문제를 발생 시킬 수 있기 때문에 스트레스를 줄일 수 있도록 해야 한다. 다이빙을 하면서 겪게 되는 스트레스의 종류 중에 자연 환경적인 요인은 어쩔 수 없는 부분이 대부분이다. 하지만 장비의 고장이나 슈트의 압착 같은 스트레스는 사전에 철저한 준비를 한다면 쉽게 해결 할 수 있는 요인이 된다.

Premium Scuba Diving Cadet

How miserable is the body that depends on a body, and how miserable is the soul that depends on these two.

Jesus

05 스킨스쿠버 다이빙 장비

스킨스쿠버는 장비의 스포츠라고 해도 과언이 아니다. 물 속에서 인간이 호흡을 하기 위해 전적으로 의지하는 것이 호흡기관련 장비이며 편리한 이동을 위해 사용하는 장비가 핀(오리발) 과 BC(부력조절장치) 라는 장비이다. 이러한 장비들은 다이빙을 즐기는데 필수적인 장비이며 매우 많은 종류의 장비들이 시장에서 거래되고 있다. 처음 스쿠버 장비를 구입하려 하는 다이버는 선택이 필요한 장비가 너무 많아 어떤 것을 구매해야 할지 어려운 경우가 많다. 다이빙을 즐기면서 꼭 필요한 장비는 어떠한 것이 있는지 추가적으로 필요한 부속 장비는 무엇인지 본 장에서 알아보겠다.

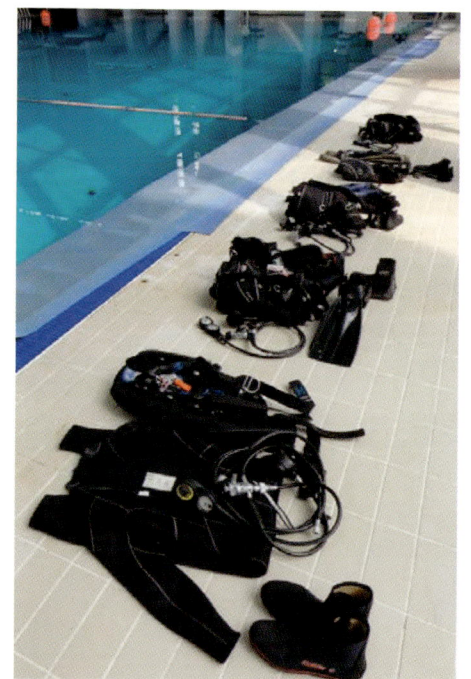

다이빙 시작 전 장비준비

스노클링 장비

다이빙을 처음 시작할 때 필수적으로 보유하고 있어야 하는 기본이 되는 장비를 스노클링 장비(스킨장비) 라고 한다. 특히 마스크, 핀 등의 장비는 개인의 체형에 따라 크기나 사용하는 특장점이 달라서 대여하는 장비가 불편할 수 있다. 그래서 일찍 구입하는 것을 적극 권하는 장비 중에 하나가 된다.

마스크

ㄱ. 마스크 Mask

어린 시절 물 속에서 눈을 뜨고 앞을 보려 시도해본 경험이 한번쯤은 있을 것이다. 하지만 사람의 눈은 공기 중에서 사물을 인식할 수 있는 구조로 되어 있기에 물 속에서 맨눈으로는 자세히 사물을 인식할 수 없다. 이러한 이유로 마스크는 물 속에서 필수 장비가 된다.

A. 특징

다이빙 전용 마스크는 일반적으로 수영장에서 사용하는 물안경(고글) 과 완전히 다른 구조를 가지고 있다. 고글이 눈 부분 만을 덮고 있는 것과 다르게 다이빙 마스크는 코까지 덮고 있는 것을 알 수 있다. 그 이유는 깊은 수심으로 잠수를 할 때 코로 공기를 배출하여 눈을 덮고 있는 공간의 압력을 수압과 일치 시켜주는 압력의 평형을 유지할 수 있도록 하기 위함이다. 만약 수영장에서 사용하는 고글을 쓰고 10m 이상의 수심으로 잠수할 경우 수심의 압력 변화로 인하여 안구가 돌출되는 심각한 부상을 입는다. 그렇기 때문에 다이빙 마스크는 반드시 코를 덮고 있는 구조로 제작이 된다.

B. 종류

마스크의 종류는 렌즈의 구성에 따라 크게 두 종류로 나눌 수 있다.

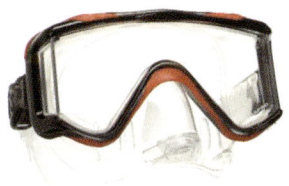

1 안식 마스크

1 안식 마스크는 렌즈가 일체형으로 연결이 되어 있다. 1 안식 마스크는 넓은 시야를 확보할 수 있지만 사용자에 따라 어지러움을 호소하는 경우도 있다.

2 안식 마스크

Premium Scuba Diving Cadet

2 안식 마스크는 렌즈가 2 개로 되어 있다. 2 안식 마스크는 눈이 안 좋은 다이버를 위해 추가적인 교정 렌즈를 부착시킬 수 있는 기능도 있다.

Full Face Mask

또 다른 종류로는 얼굴을 모두 덮고 있는 Full Face Mask 가 있으며 이 경우는 2 단계 호흡기의 기능이 포함되어 있어 사용이 무척 편리하고 쾌적하게 다이빙을 할 수 있다. 이러한 마스크를 사용할 때는 별도의 보조 마스크와 보조 호흡기를 준비하고 다녀야 백업 상황에 대비할 수 있다. 또한 특수한 기능으로 코 부분에 물이 쉽게 빠질 수 있는 퍼지 기능이 있는 제품도 있다.

C. 사용법

마스크를 고를 때는 본인의 얼굴형에 딱 맞는 제품을 구매하는 것이 최선이다. 하늘을 바라본 상태에서 마스크를 얼굴에 밀착시키고 살짝 호흡을 들이 마시면 마스크가 얼굴에 부착이 된다. 이 상태에서 고개를 밑으로 내렸을 때 떨어지지 않는다면 본인의 얼굴에 맞는 규격이라 할 수 있다. 또한 1 안식, 2 안식 등 구조에 대한 선택은 본인이 착용을 해보고 가장 편안한 제품을 구매하여야 한다. Full Face Mask 처럼 특수기능을 가지고 있는 마스크는 그 기능을 제어 할 수 있는 다이빙 기술이 확보된 후에 사용하길 권장한다.

마스크를 구매하고 실제 바다에서 마스크를 사용 하기 전에 반드시 내부 코팅제를 충분히 세척(치약, 샴푸 등 세제를 이용)하여 사용하는 것이 처음 사용에 불편함을 줄이는 요령이다. 마스크를 착용할 때 머리카락이나 수염이 끼어서 물이 조금씩 들어오지 않도록 조심 하여야 한다. 또한 잠수 하

마스크의 윗부분을 누르고

코로 공기를 내쉼

마스크에 물을 빼는 방법

강을 하면서 주기적으로 공기를 불어 넣어 압평형을 맞춰 주어야 한다. 만약 압평형을 하지 않고 하강을 한다면 눈 주위의 피부가 부풀어 올라 출수 후 눈 주변에 멍이 생기는 경우가 발생 할 수 도 있다. 물 속에서 마스크로 물이 들어오는 경우 간단한 방법으로 물을 제거할 수 있다. 공기가 위쪽으로 올라가는 특징을 이용해서 얼굴을 바로 세우고 마스크의 위쪽(이마쪽)을 잡고 코로 공기를 불어 넣으면 자연스럽게 물이 밑으로 빠져나간다. 퍼지 기능이 있는 마스크의 경우 코 밑에 퍼지 밸브로 공기가 나가며 물이 역류 되는 것을 방지 해준다.

나눌 수 있는데 스쿠버 다이빙에서 일반적으로 핀이라고 하는 것은 오픈힐 Open Heel 형태의 핀을 말한다. 풀풋 Full Put 은 스킨 핀이라고 말하는데 수영장 같이 수온이 높고 맨발로 이용해도 문제가 없는 다이빙 환경에서 사용한다. 대부분의 바다에서는 수온의 문제와 산호 같은 바다 생물과의 접촉 위험으로 맨발보다 부츠를 신고 다이빙을 하는 경우가 많다. 스킨 핀의 경우 발의 치수에 따라 규격이 정해져 있으며 본인의 발에 맞는 제품을 구입해야 한다. 일반 핀의 경우에는 S, M, L, XL 같이 크기 따라 종류 별로 나와 있는데 제조사에 따라 약간씩 모양과 크기가 다르니 부츠를 신은 상태에

핀

ㄴ. 핀 Fin

일명 오리발이라고 하는 핀은 다이빙에 매우 필수적인 장비 중에 한가지다. 물 속에서 쉽게 움직일 수 있는 추진력을 얻기 위하여 우리의 발모양보다 훨씬 큰 모양의 핀을 사용하는 것은 어쩌면 당연한 것 이라고 할 수 있다.

A. 종류

핀은 형태에 따라 부츠를 착용하고 발을 넣어서 사용하는 오픈힐 Open Heel 과 맨발에 바로 신는 풀풋 Full Put 두 가지로

다이빙핀은 고래의 꼬리지느러미를 모방해서 만들었다.

Premium Scuba Diving Cadet

서 착용을 해보고 구입하는 것이 좋다.

B. 사용법

핀을 사용할 때는 착용시 넘어지지 않도록 균형을 유지하고 착용하여야 한다. 이때의 착용 기술은 다이빙 강습에 중요한 부분 중에 한가지이며 실제 다이빙 환경에서 얼마나 편하게 또는 힘들게 착용하고 벗는가 하는 행위가 스트레스의 요인이 될 수 있다. 착용 후 육상에서 이동 할 때 에는 반드시 옆이나 뒤로 이동을 해야 한다. 앞으로 이동을 할 경우 핀에 걸려 넘어지는 부상을 당할 수 있다. 핀과 부츠를 고정하는 스크랩의 경우 단단히 조여 풀려 지지 않도록 주의 하여야 하며 입수 후 하강을 하면 수압에 변화로 헐거워 질 수 있기 때문에 물 속에서 다시 한번 조여 주는 것이 좋다. 핀을 착용 후 수중에서의 이동 방법은 실습 교육에서 충분히 습득하여야 한다.

물 속을 관찰할 때 호흡을 위하여 주기적으로 고개를 들지 않고 편안하게 호흡을 할 수 있도록 하는 장비이다. 다이빙에서 사용 되는 스노클의 길이 및 관의 직경은 성인이 호흡을 가장 효율적으로 할 수 있도록 과학적인 연구를 통하여 결정되어 있다. 그러므로 어린이처럼 신체가 작고 폐활량이 적은 경우는 어린이용 스노클의 사용을 권장한다.

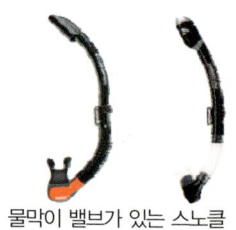

물막이 밸브가 있는 스노클

스노클은 일부 특수한 기능을 위해 물이 역류되는 것을 막아주는 장치를 추가한 것부터 내부에 들어온 물을 아래쪽으로 배수시키는 배수 밸브를 가지고 있는 것까지 매우 다양하게 판매된다.

A. 특징

스노클은 마스크 스크랩(머리에 고정하는 줄)에 부착을 하여 수면 위 에서 아래를 바라볼 때 윗부분이 돌출되어 공기를 흡입할 수 있는 모양을 가지고 있다.

일반 스노클

ㄷ. 스노클 Snorkel

스노클 Snorkel 은 마스크를 착용하고 수면에서

B. 사용법

 각종 특수 밸브의 유무에 따라 약간씩 사용법에 차이가 있을 수 있지만 대부분의 경우 수면 아래쪽을 바라보며 사용하는 형태로 되어 있다. 스노클을 사용하여 수중 잠수를 시도 하는 경우 물 속에서 물이 들어오는 것을 방지하는 방법은 혀를 사용 마우스피스(스노클에 입으로 무는 부분) 입구 부분을 막아 사용하고 출수를 한 이후에 수면위에서 내부에 남아 있는 물을 빼내기 위하여 호흡을 세게 내뱉어 물을 배출하는 방식을 사용할 수 있다. 또 다른 방법으로 물을 배출 할 수 도 있는데 물 속에서 상승을 하면서 고개를 수면 위를 바라보면서 공기를 내뿜으며 상승을 하면 자연스럽게 물이 배출된다. 이런 사용법은 수영장 연습에서 충분히 습득하여야 한다. 바다에서의 경우 갑작스러운 파도가 덮쳐 스노클 속으로 물이 들어오는 당황스러운 경우도 있을 수 있으니 스노클링 Snorkeling(스노클을 사용해서 수면 위에서 바닷속을 관찰하는 활동)을 할 때에는 약간의 공기를 폐 속에 가지고 있는 것이 좋다.

스노클링 자켓

ㄹ. 스노클 자켓 Snorkel Jacket

 스킨 장비만 착용을 하고 스노클링을 할 경우 부력이 부족하다. 이때 수면에서 떠있기 위해서는 지속적으로 핀을 움직여 주어야 한다. 열대 바다에 여행을 가서 스노클링을 하면 구명 조끼를 착용하고 스노클링을 하는 경우가 대부분이다. 이 경우에는 편안하게 수면 관찰을 할 수 있지만 기본 부력 때문에 물 속으로 잠수를 할 수 없는 문제가 있다. 이러한 불편함을 최소화 하는 장비가 스노클 자켓 Snorkel Jacket 이다. 수면 위에서 유영을 하며 관찰할 때는 자켓에 공기를 불어 넣어 부력을 확보하고 수면 아래로 잠수를 할 때는 공기를 빼서 부력을 없애고 하강할 수 있는 기능이 있다. 우리가 다이빙을 할 때 사용하는 BC 의 경우에도 스노클링 자켓의 대용으로 사용할 수 있지만 각종 악세사리가 불편 할 수 있어 전문적으로 스노클링을 즐긴다면 스노클링 자켓을 사용할 것을 권장한다.

ㅁ. 가방

 다이빙 장비를 구입하고 다이빙을 가려 할 때 장비를 넣을 수 있는 전용 가방이 필요하다는 것은 당연하다. 무게가 적고 쉽게 이용할 수 있는 그물 형태의 가방을 망 가방이라고 하고 바퀴가 달려 무거운 짐을 넣어 이동하기 편리한 가방을 다이빙 가방이라 한다. 해외로 다이빙 투어를 나가는 경우 항공기의 수화물 한도가 있으니 적절한 무게를 가지고 있는 가방을 구입하는 것이 좋다. 망 가방의 경우 가볍고 사용에 편리하지만 항공 수화물로 보내는 경우 찢어지는 파손이 많이 발생하는 편이니 조심하여야 한다.

다이빙 가방

보호 장비

인간은 육상에서 생활을 할 때 계절에 따라 다르게 옷을 입고 살고 있다. 또한 스키장에 가거나 등산을 할 때 그에 맞는 복장을 갖추고 레저를 즐긴다. 이러한 이유는 각각의 상황에 맞는 옷을 착용하는 것이 기능적인 부분을 중요시한 디자인으로 편안한 레저활동을 할 수 있게 해주기 때문이다. 다이빙의 경우에도 마찬가지다. 다이빙 환경에 따라 보호 장비의 구성이 달라지는데 장비 변화에 큰 영향을 주는 부분은 수온이 된다. 추운 곳에서 두꺼운 옷을 입듯 물 속 에서도 수온에 따라 1 mm 슈트 부터 드라이 슈트까지 여러 가지의 슈트를 착용할 수 있다. 또한 머리에 착용하는 후드부터 장갑, 부츠에 이르기까지 수온에 따라 착용하는 장비가 달라진다. 후드나 장갑, 부츠는 2~5 mm 까지 다양한 규격으로 제작되는데 착용하는 슈트의 규격과 동일한 두께의 장비를 착용하는 것이 좋다. 인간의 체온은 약 37 ℃ 이고 우리가 다이빙을 즐기는 수역은 열대 바다의 경우에도 29 ℃ 를 넘는 경우가 거의 없다. 특히 우리 나라의 해역은 한 여름철에도 제주도를 제외 하고 20 ℃ 를 넘는 경우가 거의 드물어 체온 유지를 위한 보호 장비는 매우 중요한 장비가 된다.

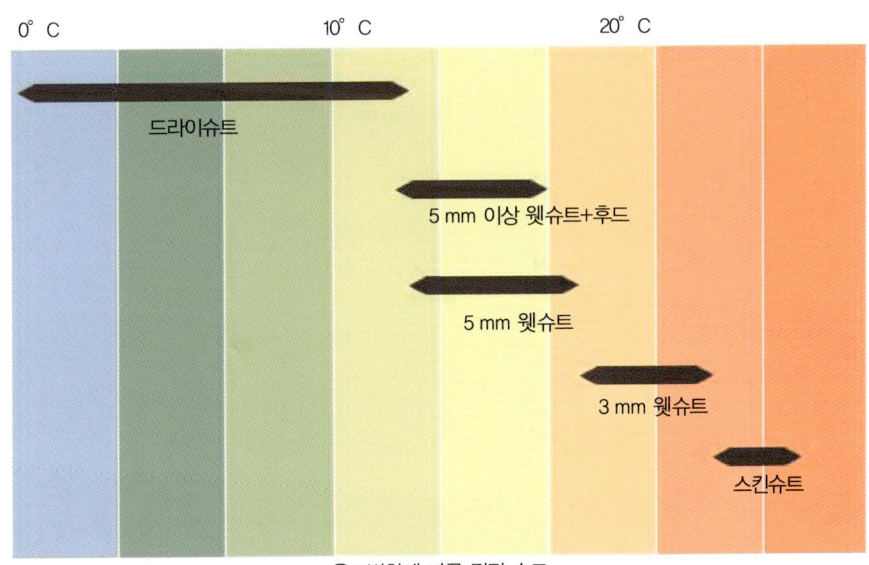

온도변화에 따른 권장 슈트
*** 보온을 위해 내부에 얇은 보온 슈트를 입는 것이 좋다.

스킨슈트

ㄱ. 스킨 슈트 Skin Suit

수온이 33 ℃ 이상의 경우 슈트 Suit 가 없이 맨몸으로 다이빙을 하여도 편안하게 다이빙을 즐길 수 있다. 하지만 다이빙 시간이 길어지는 경우 우리 몸의 체온 보다 낮은 수심으로 약간씩 열 손실이 발생하여 한기를 느낄 수 있기 때문에 슈트를 착용해야 한다. 또한 열대 바다의 경우 날카로운 산호초나 끊어진 해파리 촉수 같은 부유물이 떠 다니다가 맨몸의 피부에 스쳐 찰과상을 입는 경우가 종종 발생하기 때문에 얇은 슈트라도 착용하는 것이 좋다. 이러한 이유로 열대 바다에서도 장갑을 착용하고 머리를 보호하기 위하여 두건을 사용하는 것이 작은 부상을 방지하는 방법이다.

ㄴ. 웻 슈트 Wet Suit

처음 슈트를 입어 보는 사람들의 경우 꽉 끼이는 착용감에 입고 벗기에 어려움을 호소하는 경우가 많다. 또한 쪼이는 기분에 갑갑함으로 호흡까지 불편을 느끼는 사람들도 있다. 하지만 웻 슈트의 보온효과는 몸에 완전히 밀착하여 피부와 슈트 사이에 공간에 체온으로 데워진 약간의 물이 막을 형성하여 보온 효과를 극대화 시킬 수 있기 때문에 몸에 정확히 맞는 슈트를 착용할 것을 권장한다. 그러한 이유로 기성복 보다 본인의 체형에 맞는 맞춤 슈트를 주문 제작하는 경우가 많고 그 경우 기성품 보다 쾌적하게 다이빙을 즐길 수 있다. 웻 슈트의 경우에도 두께와 재질에 따라 1.5 mm 부터 7 mm 까지 다양하게 판매가 되고 있다. 간혹 반팔 웻 슈트를 입는 경우가 있는데 찰과상의 부상을 생각한다면 당연히 긴팔 슈트를 입는 것이 좋다.

웻 슈트

드라이슈트

ㄷ. 드라이 슈트 Dry Suit

10 ℃ 이하의 수온에서 다이빙을 하는 경우 7 mm 같은 두꺼운 웻 슈트를 착용한다고 해도 추위를 무척 많이 느낄 수 밖에 없다. 그래서 10 ℃ 이하의 차가운 환경에서는 물이 전혀 들어오지 않는 구조로 제작된 드라이 슈트 Dry Suit 를 착용한다. 드라이 슈트는 슈트 안으로 물이 들어올 수 있는 팔목 부분이나 목 부분에 피부와 밀착 구조를 가지고 있는 마감재를 사용해서 슈트 내부로 물이 들어올 수 없다. 드라이 슈트는 적당한 두께의 내피를 착용하고 입는 경우가 많으며 내피에 포함된 공기가 열 손실을 막아주는 역할을 한다. 물이 들어오지 않아 매우 따뜻하고 쾌적하게 다이빙을 즐길 수 있다. 하지만 내부에 존재하는 공기에 의한 양성 부력으로 평소보다 더 많은 웨이트를 착용하여야 하며 내부 공기를 적절하게 조절하는 다이빙기술을 습득해야 한다. 교육이 없이 바로 바다에서 드라이 슈트를 착용하고 다이빙을 한다면 내부 압착으로 몸을 움직이기 어려운 상황까지 올 수 있다. 그래서 별도의 교육 과정이 있고 그에 따른 스페셜티 자격을 부여 받아야 한다.

다양한 모양의 장갑

ㄹ. 장갑

장갑은 열대 바다에서 사용하는 2 mm 장갑부터 5 mm(7 mm 의 경우 조작의 불편함이 있을 수 있음)까지를 많이 사용하는 데 본인의 손에 정확히 맞는 제품을 사용해야 한다. 장갑은 완전히 방수가 되는 것이 드물어 물이 내부로 들어오는데 수온이 떨어지는 경우 손이 얼어 장비 조작에 어려움을 느낄 수 있다. 이때는 얇은 비닐 장갑을 우선 착용하고 그 위에 장갑을 추가로 착용하여 사용하면 좀 더 따뜻할 수 있다. 장갑의 경우 사용 빈도에 따라 매우

Premium Scuba Diving Cadet

빨리 마모되는 가장 대표적인 소모품이라 하겠다(너무 비싼 장갑의 구입을 권하지 않는다). 의 제품을 가장 많이 사용한다.

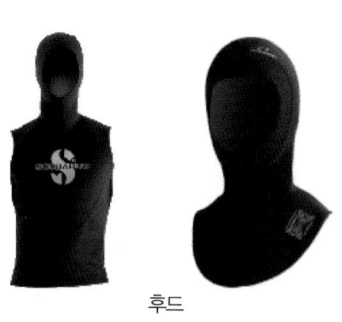
후드

부츠

ㅁ. 후드 Hood

수온이 18 ℃ 이하로 내려가는 경우 반드시 후드를 착용 하여야 한다. 몸에서 열 손실이 가장 빨리 되는 곳이 머리부분이라 갑작스러운 체온 저하로 저 체온증이 올 수 있다. 처음에는 무척 불편함을 느낄 수 있지만 반복된 사용으로 요령을 터득하게 된다(착용의 불편함이 추위를 겪는 것 보다 좋다).

ㅂ. 부츠 Boots

바다 다이빙에서는 스킨핀을 사용하는 경우보다 일반핀을 사용하는 경우가 많다. 그래서 다이빙 부츠는 필수 장비 중에 하나가 된다. 부츠의 경우는 두께에 따라 2 mm 부터 5 mm

공기 공급 장비

공기 공급 장비는 수중에서 호흡을 할 수 있게 해주는 매우 중요한 장비다. 공기 공급 장비는 압축된 공기를 보관하는 공기통과 공기통에 연결해서 호흡을 하게 해주는 호흡기 등을 말한다. 이러한 장비 중에 공기통은 대부분 다이빙 관련 편의 서비스를 제공하는 다이빙 리조트에서 대여를 해서 사용을 하기 때문에 다이버가 직접 공기통을 관리하는 경우는 거의 없다. 다이버는 대여한 공기통과 본인의 호흡기 1단계에 연결하는 연결 뭉치 부분에 고무 오링이 잘 있는지 확인을 하고 공기통을 살짝 열어 압축되어 있는 공기가 깨끗한지 냄새를 맡아보고 이상이 없는 경우 사용하면 된다. 호흡기의 경우에는 본인의 장비를 사용하는 경우가 많기 때문에 처음 구입을 할 때 본인에게 적절한 장비인지 잘 검토해보고 구입하는 것이 매우 중요하다. 한번 구입한 장비는 10 년 이상 사용하는 경우가 대부분이기 때문에 구입할 때 많이 따져 보고 구입 하여야 한다. 다이빙의 스타일에 따라 다른 구성으로 편성된 장비가 많이 있고 제조사 마다 다양한 형태의 여러 종류의 장비를 시판하고 있어 많은 경험을 가진 상급 다이버에게 조언을 구하여 구입하는 것이 좋다.

ㄱ. 공기통 Cylinder

공기통 Cylinder 이라고 하는 장비는 많은 양의 공기를 사용하기 위하여 여과된 상태의 공기를 압축하여 작은 공기통에 많은 량의 공기를 고압의 상태로 보관하는 장비를 말한다. 다이빙을 모르는 일반인들이 가장 자주하는 질문이 1 개의 산소통을 사용해서 얼마나 오랜 시간 다이빙을 할 수 있는지 물어보는 질문이다. 다이빙에서 사용하는 공기통 속에 들어 있는 공기는 우리가 육상에서 호흡하는 일반 공기를 압축하여 넣은 것이지 산소만 추출해서 별도로 압축해서 넣은 것은 아니기 때문에 산소통이라 말하는 것은 잘못된 표현이다. 물론 특수한 다이빙의 경우 산소와 헬륨을 섞어서 사용하는 트라이 믹스 Trimix 라는 기체를 사용하여 깊은 심도의 다이빙을 진행하기도 하며 일

공기통에 표시된 규격

공기통 크기, 압력, 부력		
크기(리터)	사용압력(bar)	충전시 / 사용후 부력(kg) ***사용 웨이트 무게를 조절함
Aluminum 50/1,416	200	−2.7 / +1.3
Aluminum 63/1,784	200	−2.3 / +2.7
Steel 71.2/2,016	150	−2.0 / +3.6
Aluminum 80/2,265	200	−2.0 / +4.4
Steel 76/2,152	150	−6.5 / −0.1
Steel 80/2,265	240	−7.4 / −1.0
Steel 102/2,888	240	−7.6 / +0.5

공기통 규격

반 공기에 산소의 량을 늘려주어 잠수병의 위험을 줄여주는 나이트록스 Nitrox 라는 기체를 사용하는 다이빙을 진행하기도 한다. 공기통은 재질에 따라 알루미늄과 철로 크게 나누어진다. 각각의 종류별로 다양한 용량의 공기통이 있으며 필요한 공기의 량에 따라 적당한 크기의 공기통을 사용 한다. 레크리에이션 다이빙에서 사용하는 공기통의 크기는 17.83 리터, 22.64 리터, 28.30 리터의 크기가 사용되고 있으며 공기통 두 개를 연결하여 사용하는 더블 탱크는 깊은 수심의 다이빙이나 동굴 다이빙 같은 특수 다이빙 분야에서 많이 사용된다. 알루미늄 공기통의 경우 가볍고 관리가 편리 하지만 내부에 공기가 가득 차있는 경우와 공기를 많이 사용한 경우 무게의 변화가 많아 초보자의 경우 양성 부력 발생으로 안전 정지 상태에서 갑작스럽게 상승을 하는 경우가 생길 수 도 있다. 철 재질의 공기통의 경우는 자체 무게로 언제나 음성 부력을 가지고 있어 알루미늄 공기통을 사용하는 것 보다 1~2 kg 적은 웨이트를 사용하여도 좋다.

공기통은 밸브의 구조에 따라 일반 밸브(K밸브)와 Din 밸브(Deutsches Industrie Nomen)로 나눌 수 있는데 Din 밸브의 경우 Y 모양의 연결 부위를(요크 어댑터 yoke adapter) 사용하지 않기 때문에 조금 더 높은 압력의 공기를 충전할 수 있어

30 m 이상의 깊은 수심 다이빙을 할 경우 사용을 권장한다(밸브에 따라 1단계 장비도 달라져야 한다). 공기통의 관리 유통은 철저히 국제 규격에 따르는 제품을 사용해야 하며 공기통을 대여해주는 다이빙 리조트에서는 규정에 따라 최소 1년에 한번 이상 내부 청소와 밸브 교환을 해주어야 한다. 충전된 공기의 품질은 여과기를 사용하여 충전을 하기 때문에 건조한 무색, 무취의 상태를 유지 하여야 한다. 일부 노후한 충전기를 사용하여 충전한 공기통의 경우 기름 냄새나 매연이 함유되는 경우가 있을 수 있고 이런 공기를 호흡할 경우 뇌 손상 같은 심각한 부상을 당할 수 있다. 본인의 안전을 위하여 다이빙을 시작하기 전에 공기통을 흔

공기통과 공기통 부츠

재질	공기통		공기		육상에서 무게		수중부력	
	부피	압력	부피	무게	빈상태	충전후	빈상태	충전후
	리터	bar	리터	kg	Kg	kg	Kg	kg
철탱크	12	200	2400	3.0	16.0	19.0	−1.2	−4.3
	15	200	3000	3.8	20.0	23.8	−1.4	−5.2
	27	200	2800	3.5	19.5	23.0	−2.0	−5.6
	8	300	2400	3.0	13.0	16.0	−3.5	−6.5
	10	300	3000	3.8	17.0	20.8	−4.0	−7.8
	24	300	2400	3.0	15.0	18.0	−4.0	−7.0
	26	300	3600	4.6	21.0	25.6	−5.0	−9.6
알미늄 탱크	9	203	1783	2.3	12.2	13.5	+1.8	−0.5
	11	203	2264	2.8	14.4	17.2	+1.8	−1.1
	13	203	2592	3.2	17.1	20.3	+1.4	−1.7

공기통의 무게와 부력

Premium Scuba Diving Cadet

들어 봐서 내부에 이물질이 있는지 확인하고 내부 공기를 호흡해봐서 이상이 있는지 없는지 반드시 본인이 확인하여야 한다. 또한 다이빙을 즐기고 대여한 공기통을 반납할 때 일정한 여유분의 공기가 있는 상태에서 반납하는 것이 중요하다. 공기를 전부 사용하고 밸브를 열어 둔 상태로 방치하는 경우 내부로 물이 역류하여 공기통 내부에 부식을 발생 시킬 수도 있기 때문이다.

공기통에는 제조정보가 기록되어 있음

공기통 보호를 위해 부츠가 있는 경우

ㄴ. 호흡기 Regulator

우리가 물 속에서 편안하게 호흡을 할 수 있는 장비가 호흡기 Regulator 라는 장치다. 이 장치는 실린더 속에 존재하는 고압의 공기를 우리가 호흡하는 일반 공기 수준의 압력으로 변환하여 물속에서 공기를 마시고 배출하는 행동을 자연스럽게 할 수 있는 기능을 담당 한다. 호흡기는 200 bar(대기중 공기의 200배 압축된 압력)의 고압 공기를 깊은 수심에서도 호흡할 수 있는 10 bar 이하의 공기 압력으로 변환해 주는 역할을 하는데 이러한 기계 구조는 보일의 법칙 Boyle's Law 이나 베르누이의 정리 Bernoulli's theorem 같은 과학적 계산에 의하여 제작된 정교한 구성을 가지고 있다. 호흡기는 호스로 연결된 두 덩어리의 뭉치로 이루어져있으며 이를 호흡기 1 단계 First Stage 와 호흡기 2 단계 Second Stages 라고 부른다.

호흡기 1 단계

A. 호흡기 1 단계 First Stage

호흡기의 1 단계 First Stage 는 호흡기 2 단계 Second Stages 로 전달되는 공기를 공기통 내부의 공기압과 상관 없이 항상 일정한(약 10 bar) 압력으로 배출할 수 있도록 변환시켜주는 역할을 한다. 또한 1 단계는 실린더의 잔압 상태를 확인할 수 있는 게이지를 연결하는 고압 연결 부위와 호흡기 2 단

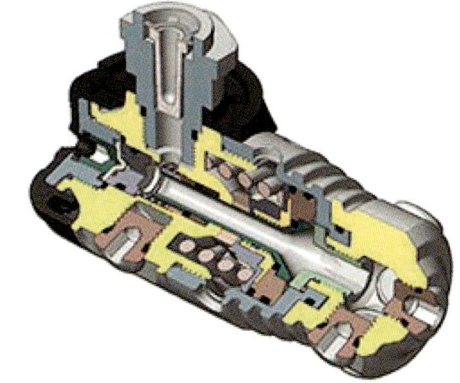

호흡기 1 단계 내부구조
*출처: http://www.scubapro.com

제작으로 어떠한 방식의 제품을 선택하더라도 레크리에이션 다이빙의 한계(수심 30 m 이내)에서는 100 % 안정된 동작을 한다는 것을 믿을 수 있다.

고압, 저압 연결부위

계와 BC, 또는 드라이 슈트 공기 밸브에 연결하는 저압 연결부위를 가지고 있다(제품에 따라 각각 2~3 개의 외부장비 연결이 가능함). 호흡기 1 단계의 가장 큰 구조적인 차이는 고압을 저압으로 변환해주는 방식의 차이라고 할 수 있다. Piston 구조를 가진 내부 장치를 이용해 감압을 하는 방식과 공기의 흐름을 이용해 변환하는 Balance 방식의 장비가 있으며 두 가지를 복합적으로 사용하는 장비도 있다. 주로 사용하는 수심의 차이에 따라 선택하는 방식이 있기도 하지만 장비의 제조사에서 매우 신뢰성 있는 제품 연구와

호흡기 2 단계 내부구조

B. 호흡기 2 단계 SECOND STAGES

호흡기 2 단계 Second Stages 에서는 1 단계에서 변화된 공기를 편안하게 호흡하여 우리의 폐 속까지 전달될 수 있도록 하

Premium Scuba Diving Cadet

호흡기 1, 2 단계

는 역할을 한다. 즉, 인위적으로 공기를 빨아들이지 않고도 약간의 흡입으로 쉽게 공기가 배출되는 기능을 가지고 있는 것이다. 또한 호흡기 앞쪽을 눌러주면 인위적인 공기 배출을 할 수 있어 입 속에 남아 있을 수 있는 물을 배출할 수 도 있다. 2 단계 장비의 이상이 발생하는 증상은 한 가지뿐이다. 그것은 공기가 과다 배출되는 이상 현상이다. 이런 증상은 특정한 조건에서 가끔 발생하는데 크게 걱정하지 않아도 된다(호흡기 앞쪽을 눌러주거나 마우스 피스 쪽을 손으로 막아주면 간단히 멈춘다). 호흡기는 구조적으로 공기통에 공기가 있는데 밸브 같은 부품이 공기 통로를 막을 수 있는 구조가 아니다. 즉, '고장으로 공기가 나오지 않으면 어쩌지?' 하는 걱정은 할 필요가 없다. 단, 2 단계의 내부에 이물질이 끼이거나 내부 부품이 찢어지는 파손이 있는 경우 평소보다 호흡에 많은 불편을 주는 경우가 있을 수 있다. 그러므로 호흡기는 최소 2~3 년에 한번 정도 제조사로 AS를 보내 내부 청소 작업을 받는 것이 좋다(오버홀 Overhaul).

ㄷ. 보조 호흡기 Octopuses

보조 호흡기 Octopuses 는 본인이 사용하는 주 호흡기(호흡기 2 단계)와 별도로 하나 이상의 보조 호흡기를 부착하여 사용하는 것을 말한다. 보조 호흡기는 주 호흡기의 고장에 대비하는 경우도 있지만 가장 중요한 사용 목적은 같이 다이빙을 진행하는 버디(다이빙 짝)가 공기를 전부 사용하여 공기 공급이 필요한 경우 본인의 공기를 쉽게 제공하기 위함이다. 이러한 이유로 보조 호흡기는 형광색 같은 잘 보이는 색으로 외장을 꾸미고 있는 제품이 많다.

보조 호흡기

ㄹ. 예비 호흡 장비 Extra Air Source

다이빙은 원칙적으로 짝 다이빙을 하여야 한다. 또한 다이빙 할 때 본인 또는 짝에게 어떠한 문제가 발생할 경우 반드시 도움을 주어야 하는 원칙이 있다. 이러한 신뢰를 가지고 다이빙을 한다면 별도의 예비 호흡 장비는 필요하지 않는다. 하지만 어쩔 수 없이 혼자 다이빙을 해야 하는 경우나 그룹 다이빙에 일정한 인원을 관리해야 하는 경우 본인의 보조 호흡기를 통한 예비 공기 공급은 한계가 있을 수 있다. 그래서 별도의 독립된 공기 공급 시스템

예비 호흡장비

을 백업 장비로 사용하기도 한다. 그 대표적인 장비가 보조 공기통과 보조 호흡기를 사용한 예비 공기 공급 장치(흔히 데코 $^{Deco.}$ 라고 하기도 함 - 감압 다이빙에서 사용되는 보조 공기통의 사용 목적인 Decompression 에서 유래된 말)이다. 이 장비를 다이빙 리더가 본인의 BC에 별도로 부착을 해서 다이빙을 진행하다 필요할 경우 사용하게 된다. 또 다른 사용법은 보트 다이빙을 진행하는 경우 일반적인 안정 정지 수심인 5~6 m 정도에 웨이트와 함께 밑으로 내려두는 방법이 있다. 초보 다이버가 본인의 공기를 다 사용하여 어쩔 수 없이 서둘러 상승 하는 경우에 보트 밑에서 별도의 예비 공기를 사용하여 안전 정지를 마무리하고 다이빙을 끝낼 수 있

도록 하기 위함이다.

이 장비와 다른 형태의 예비 호흡 장치로는 마우스 피스가 달려 있는 긴급 탈출 장비가 있다. 1.5 리터 음료수 페트병 정도의 크기로 일반 성인이 호흡하는 경우 5 분 정도의 공기를 공급해주는 장치이다. 이 장비는 말 그대로 긴급 탈출 장비이기 때문에 어쩔 수 없는 상황에서만 사용하여야 한다.

이러한 예비 호흡장비는 본인이 본인의 공기 소모량을 적절히 조정하여 안전한 범위 내 에서 다이빙을 하는 일반 레크리에이션 다이빙에서는 사용하지 않는 것이 좋다(정확히 말해서 사용할 상황을 만들지 않는 것이 중요함).

Premium Scuba Diving Cadet

정보 제공 장비

다이빙을 진행할 때 수심이나 공기통의 공기 압력 같은 정보는 매우 중요하다. 수온에 따라 다이빙 슈트의 선택이 달라지고 가장 중요한 공기의 사용량을 알기 위해서는 공기통의 남은 공기의 압력을 항상 확인 할 수 있어야 한다. 또한 다이빙 지역의 수심에 따라 활동 시간, 상승 시간 등 다이빙 계획이 완전히 달라질 수 있기 때문에 다이빙 정보 제공 장비들은 매우 중요한 요소 중에 하나가 된다.

하면 200 bar(2,939.19 psi) 정도의 공기를 가지고 시작하며 70 bar 정도 남은 시점에 출수를 위한 상승을 시도하여 다이빙이 끝났을 때 30 bar 이상의 여분 공기를 남기는 것을 원칙으로 한다. 잔압계는 다이빙을 진행할 때 수시로 확인해서 공기가 부족한 상황이 생기지 않도록 주의 하여야 한다.

게이지

잔압계

ㄱ. 잔압계

다이버가 물 속에서 가장 필요로 하는 호흡에 필요한 공기가 얼마나 남아 있는지를 확인해주는 장비가 잔압계이다. 다이빙을 할 때 사용하는 공기의 소모량은 수온, 수심과 같은 외부 변수와 개인별 폐활량의 차이로 매번 다르게 측정된다. 이러한 정보들은 다이빙 로그에 매우 중요한 정보로 기록 되어야 하며 다음 번 다이빙 계획을 수립할 때 기초 자료로 사용된다. 일반적인 경우 바다에서 다이빙을

밸브열기 전에 잔압계를 확인

ㄴ. 수심계

수심에 따라 공기의 소모량이 급격히 달라지는 이유는 주위의 압력에 의하여 수면보다 상

대적으로 많은 량의 공기를 호흡하게 되기 때문이다. 그러므로 수심이 깊어 질수록 공기 소모량이 늘어나는 현상이 발생 한다. 수심을 계산하지 않고 단순하게 다이빙시간 변수 만으로 공기 소모량을 예측한다면 실제 현장과 다른 결과를 가져올 수 있다. 그렇기 때문에 수심에 따른 계산을 하여야 한다. 한 가지 더 확인할 변수가 있는데 그것은 수심에 따라 흡입한 질소의 량이 달라져 체내에 축척 되는 잔류 질소가 변화되는 것이다. 잔류 질소는 잠수병의 발병 원인이 되는 위험한 요인이라 철저히 계산하여 안전한 범위 안에서 다이빙을 계획 하여야 한다. 이러한 계산은 다이빙 테이블을 통해 계산할 수 있지만 다이빙 컴퓨터를 사용한다면 컴퓨터가 알려주는 계산된 값을 확인하면서 다이빙을 편리하게 진행할 수 있다. 레크리에이션 다이빙의 한계수심 30 m 를 넘지 않도록 주의 하여야 하고 30~40 m 에 이르는 깊은 수심 다이빙은 별도의 교육을 통해서 안전을 확보하고 시도하여야 한다.

ㄷ. 다이빙 컴퓨터

처음 다이빙 컴퓨터를 보는 사람에게 시계 모양의 다이빙 컴퓨터를 보여주면 '왜 ? 시계를 컴퓨터라고 하나요 ?' 라는 질문을 한다. 다이빙 컴퓨터는 사용에 편리성을 위해서 시계 모양으로 손목에 착용하는 제품이 많기 때문이다. 또 다른 형태로는 1 단계에 연결되어 수심계 기능을 포함한 장비도 있고 마스크 내부에 장착되는 형태의 장비도 있다. 이런 모든 컴퓨터는 형태의 차이가 있을 뿐 기본 기능은

Mark 1 (Foxboro Company)

다르지 않다. 컴퓨터의 가장 중요한 기능은 수심에 따른 잠수병을 예방할 수 있는 다이빙 한계 시간 계산이다. 다이빙 테이블을 활용하여 손으로 계산하는 다이빙 계획은 물 속에서는 계산하기 힘들고 매 순간 변하는 수심을 완벽히 계산 할 수 없다. 그래서 안전을 위하여 보다 보수적인 테이블 계산을 하게 되고 그 결과 다이빙 활동에 충분하지 않은 다이빙 시간을 계획하게 된다. 또한 물 속에서 어떤 변수 때문에 다이빙 계획이 지키지 못하는 경우 다시 다이빙 계획을 수립해야 하는 불편이 따

Premium Scuba Diving Cadet

른다. 이런 여러 가지 변수 계산을 다이빙 컴퓨터는 실시간으로 측정하고 계산을 해서 다이빙 한계 시간을 바로 확인 해주며 시간 별 수심 변화, 온도 변화 같은 기본 정보를 컴퓨터 내부 로그로 저장하게 된다. 이러한 이력은 다음 번 다이빙 계획에 자동으로 계산이 되어지기 때문에 대략적으로 다이빙 계획을 세우고 다이빙을 하여도 컴퓨터가 지시하는 범위 내에서 다이빙을 한다면 잠수병의 위험을 매우 많이 줄일 수 있게 된다.

최초의 다이빙 컴퓨터는 1957 년 Foxboro Company 에서 만들어진 Mark 1 이라는 제품을 들 수 있다. 이 제품은 미 해군의 다이빙 테이블을 근거로 하고 있으며 수심에 따른 몸 속의 용해될 수 있는 질소의 량을 계산해서 잠수병의 위험성을 알려주는 알고리즘을 가지고 있었다. 이후 다이빙 컴퓨터는 아날로그 정보 체계에서 디지털 방식으로 기술 발전을 해왔으며 내부 감압 테이블에 대한 연구도 획기적으로 발전해왔다.

최초에 위험도를 경고했던 간단한 작동에서 이제는 다이빙을 할 때 수집 되는 수온, 수심, 공기 잔압 같은 정보들을 분석해서 최적을 다이빙 시간을 알려 주고 깊은 수심 다이빙을 위해 상승 또는 하강 중간에 사용 기체를 변

다양한 형태의 컴퓨터

경하는 과정까지 지시하고 감독해주는 기능까지 발전 하였다. 이렇게 다이빙 컴퓨터의 다양한 기능은 각각의 제품에 따라 매우 편리하게

컴퓨터에 따라 약간씩 다른 정보를 제공

구성되어 있으며 본인의 다이빙 형태에 맞는 컴퓨터를 구입하는 것이 좋다. 물론 주기적인 배터리 교환과 AS 문제를 확인 해야 하는 것은 필수 점검 사항이다.

ㄹ. 나침반, 온도계 등

물 속에서 지형 지물을 이용해 방향을 확인 하는 것은 매우 힘든 방법이다. 제한된 시야로 단편적인 지형만 볼 수 있으며 매우 비슷한 형태의 지형이 많아 시각에 의존하는 방향 찾기는 어려움이 따른다. 이런 이유로 나침반은 물 속에서 매우 유용한 장비가 된다. 다이빙을 시작 하기 전에 육지 방향과 입수 지점의 위치를 파악하고 물 속에서는 이동하는 방향을 일정하게 정하고 나침반을 보며 이동하고 돌아올 때는 나침반이 지시하는 반대 방향으로 돌아오면 쉽게 출발한 위치로 돌아 올 수 있다. 이러한 나침반을 이용한 다이빙은 육상에서 삼각형모양의 이동, 사각형 모양의 이동 같은 연습을 미리 해본다면 많은 도움이 될 수 있다.

온도에 적합한 다이빙 슈트를 입는 것은 쾌적한 다이빙과 바로 연결 된다. 단순히 '춥다', '따뜻하다' 라고 생각하는 감각보다 온도계에 표시되는 수온 정보를 정확하게 기록하고 다음 다이빙을 계획하는데 참고 정보로 활용 하는 것이 좋다.

각종 나침반

부력 조절 장비 Buoyancy Compensator

부력 조절기 Buoyancy Compensator 는 흔히 BC라고 부른다. 다이빙에 가장 중요한 장비이며 다이빙 안전과 다이빙 기술을 보정하는 매우 중요한 장비라고 할 수 있다. 스쿠버 다이버가 물속에서 원하는 수심에 위치할 수 있게 하는 것은 물 위로 떠오르려는 양성 부력과 깊은 수심으로 가라앉으려는 음성 부력이 거의 일치하여 부력을 느낄 수 없는 '**0 부력 즉, 중성 부력**' 이 그 핵심 기술이다. 양성 부력은 BC에 공기를 주입하여 풍선 효과로 물 위로 떠오르는 힘을 만들고 음성 부력은 착용하고 있는 웨이트의 무게로 밑으로 가라 앉는 힘을 생성한다. 일반적인 다이버의 경우 약간의 음성 부력이 느껴지는 무게의 웨이트를 착용하고 입수 후에는 BC에 약간의 공기를 주입하여 중성 부력을 맞추는 방식을 많이 사용한다. 또한 미세한 범위의 부력 조절이 필요한 경우 호흡을 통하여 부력을 조절할 수 있는데 이는 BC에 공기를 주입하는 것과 같이 호흡을 들이마심으로 몸 속 폐를 부풀게 만들어 신체 내부에 풍선을 만들어주는 효과를 통하여 양성 부력을 만들 수 있다. 일반적으로 성인 남자의 경우 폐 용량이 3.5 리터, 여자는 2.5 리터이기 때문에 호흡을 완전히 들이 마신다면 물 속에서 공기가 들어 있는 1.5 리터 페트병 두 개의 양성 부력을 확보할 수 있다는 이야기가 된다.

ㄱ. 구조적 특징

BC에서 가장 중요한 기능은 부력 조절 기능이다. 공기통에 연결된 호스를 통하여 공기를 주입하는 기능이 있고 BC의 모양에 따라 공기를 배출하기 쉬운 위치에 배기 밸브를 적절하게 배치하여 공기 배출을 쉽게 도와 주는 것이다.

A. 공기 주입 버튼 Inflate Button

입수를 하고 중성 부력을 유지하기 위해 공기를 주입하는 경우(호스 안쪽으로 있는 버튼이 공기 주입 버튼이고 바깥쪽이 배출 버튼이다) 1 초 정도 단위로 적절한 부력이 될 때까지 나누어서 주입을 하여야 한다. BC의 모양에 따라 공기가 한쪽으로 치우치는 경우가 있을 수 있기 때문에 적절하게 몸을 움직여 가며 공기를 주입하는 것이 좋다. 간혹 공기 주입 버튼이 고장(대부분 이물질이 끼는 경우)나서 공기가 들어가지 않는 경우가 있을 수 있는데 이 경우 당황 하지 말고 배출 버튼을 누른 상태에서 호스 안쪽으로 공기를 입으로 불어 넣으면 양성 부력이 확보하면 된다. 특히 다이빙을 끝내고 상승을 해서 수면 위 대기를 하는 경우 BC에 부력이 없으면 다시 물 속으로 가라 앉아 발차기를 계속 해야 하는 경우가 있을 수 있는데 이때 입으로 공기를 BC에 불어 넣으면 쉽게 양성 부력을 만들 수 있다(입으로 직접 불어 넣는 경우 배기 버튼을 눌러야 공기가 주입된다).

B. 배기 밸브

초보자의 경우 다이빙을 진행하는 도중 본인도 모르는 사이에 상승을 하는 경우가 종종 있는데 이 경우 BC에 공기를 빠르게 배출하여 음성 부력으로 전환시키는 것이 중요하다. 이러한 빠른 배출을 위해 BC 마다 일정한 위치에 배기 밸브가 있으며 다이버의 몸의 위치에 따라 적절한 배기 밸브를 이용하는 것이 좋다. 즉, 머리가 아래쪽으로 향하고 엉덩이 부분이 들려있는 경우 오른쪽(가끔은 왼쪽) 허리부분 밸브를 사용하고 다이버의 몸이 서있는 경우 인플레이트^{Inflate} 호스(BC와 1단계를 연결하는 호스)를 위로 향하고 배기 밸브 버튼을 이용하거나 왼쪽 가슴에 있는 긴급배기 밸브를 사용하는 것이 좋다. 이러한 긴급 배기 밸브 조작은 BC 마다 다를 수 있기 때문에 본인의 BC를 가지고 제한 수역에서 연습하여 숙달하는 것이 좋다.

웨이트 포켓

C. 웨이트 포켓

일반적으로 다이빙을 할 때 별도의 웨이트 벨트를 이용하여 다이빙을 진행한다. 하지만 사람에 따라 웨이트 벨트가 물 속에서 풀리거나 헐거워져 다이빙에 불편을 주는 경우도 있고 다이빙을 들어가기 전에 웨이트를 찾아 착용하고 벗는 불편이 있을 수 있다. 그러한 불편함을 피하고 싶은 다이버는 BC에 직접 웨이트를 집어 넣는 방법을 선택 할 수 있다. 이 때는 BC에 있는 웨이트 포켓에 적절한 웨이트를 넣어서 사용할 수 있다. 웨이트 포켓은 양성 부력이 필요한 긴급 상황에서는 웨이트 포켓까지 탈착하여 버릴 수 있도록 제작 되어 있다. 양성 부력이 필요한 긴급 상황에서 웨이트를 버리는 연습은 수영장 같은 제한 수역에서 미리 연습을 해두는 것이 좋다.

D. 편의장치

BC에는 적당한 위치에 여러 장비를 연결할 수 있는 부착고리가 있다. 이런 고리에는 보조 호흡기를 연결해 두기도 하고 탐침봉 같은 악세서리를 부착해 둘 수 도 있다. 일부 BC의 경우 인플레이트^{Inflate} 호스에 에어2^{Air2} 라고 하는 보조 호흡 장치를 연결할 수 있다. 이 경우 버디에게 여분의 공기를 제공할 때는 본인이 에어2를 사용하고 주 호흡기를 버디에게 제공하여야 한다.

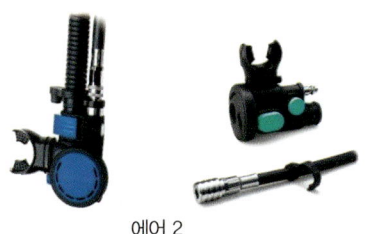

에어 2

Premium Scuba Diving Cadet

ㄴ. 형태적 특징

BC는 다이빙의 스타일에 따라 특화되어 개발이 되어 있다. 그러므로 본인이 주로 즐기는 다이빙 스타일을 감안해서 BC를 선택하는 것이 좋다.

입할 경우 등 쪽으로 공기가 모이는 경향이 있어 균형을 맞추는 데 어려움이 있을 수 있다.

쪼끼형 BC

버클형 BC

A. 버클형 BC

버클 Buckle 형 BC는 어깨 끈이 조절 가능한 버클 형식으로 되어 있는 BC를 말한다. 이 형태의 BC는 출수를 할 때 물속에서 BC를 벗고 출수하기 매우 편리하며 어깨 끈 길이 조절이 가능하여 착용하는 슈트의 두께에 따라 변화를 줄 수 있다. 하지만 물 속에서 유격이 많이 발생하여 몸에 밀착하지 않는 단점이 생길 수 있고 양성 부력을 위해 공기를 주

B. 쪼끼형 BC

쪼끼형 BC는 크기에 따라 XS, S, M, L, XL, XXL 등 본인의 체형에 정확히 일치하는 제품을 구매해야 한다. 쪼끼형 BC는 내부에 공기 분포가 일정하게 분산되어 일체감이 있고 착용감이 좋아 쾌적하게 다이빙을 즐길 수 있다. 쪼끼형 BC는 입고 벗을 때 팔이 꺾이지 않도록 팔꿈치를 먼저 넣어주는 요령이 필요하다.

C. 등판형 BC

다이빙을 즐길 때 대부분의 시간을 아래 부분을 바라보고 이동하는 수평 자세를 사용한다. 이러한 자세는 등 쪽으로 양성 부력이 있고 아래쪽으로 음성 부력이 있어 몸의 균형을 수평으로 맞추어 주면 편안하게 이동과 관찰을 할 수 있다. 이런 자세가 쉽게 될 수 있도록 도움을 주는 형태의 BC

가 등판형 BC이다. 등판형 BC는 별도의 주머니들이 달려 있는 경우가 드물어 동굴 다이빙 과 같은 좁은 공간을 이동하는데 유리하다. 또한 등판형 BC의 등판을 제작할 때 1~2 kg 정도의 무게 있는 스테인레스 재질을 사용하는 경우가 많아 추가로 착용하는 웨이트의 무게를 줄일 수 있다는 점도 장점이다.

또 한 가지의 고장 원인은 공기 주입 버튼 사이에 모래 같은 이물질이 끼어서 공기가 주입되지 않는 현상이다. 그러므로 사용 후 에는 반드시 민물에 깨끗이 세척한 이후 공기를 불어 넣어주어 내부 수분을 제거하고 잘 말려주어야 한다.

등판형 BC

ㄷ. 유지관리

 BC의 경우 한번 구매를 하면 대부분 10 년 이상 사용하는 경우가 많다. 튼튼한 방수 재질로 만들어진 BC는 매우 좋은 내구성을 가지고 있어 특별한 AS 사항이 발생 하지 않는다. 하지만 간혹 BC에 구멍이 나서 공기가 빠지는 현상이 있을 수 있는데 많은 량의 공기가 배출된다면 구입처에 수리를 의뢰하여야 한다.

Premium Scuba Diving Cadet

각종 악세서리 Accessories

다이빙을 즐기면서 필수 장비를 제외하고 필요한 다양한 장비들이 판매되고 있다는 점은 다이빙을 즐기는 사람에게는 행복한 고민이 된다. 본인의 다이빙 라이프 스타일에 맞도록 장비를 구성할 수 있으며 다이빙 상황에 맞는 장비를 구입 또는 렌탈 해서 사용할 수 도 있다. 다이빙에 필요한 각종 악세서리는 어떤 것이 있는지 알아 보겠다.

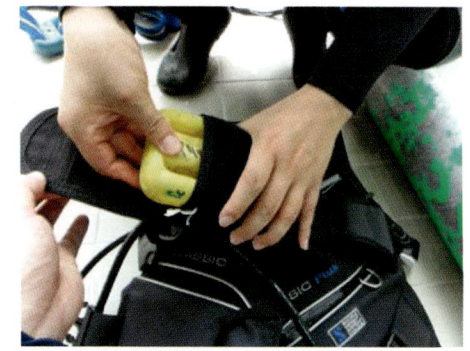
BC에 직접 웨이트를 넣어서 사용할 수 있다.

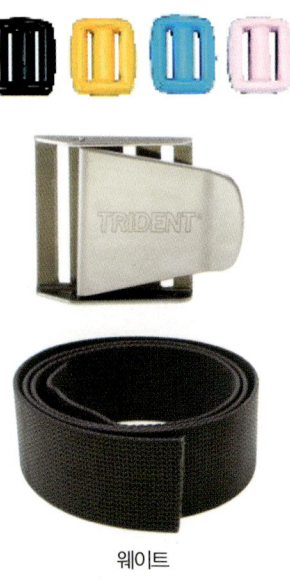
웨이트

ㄱ. 웨이트 Weight

다이빙을 즐기는데 양성 부력을 유지하는 장비로 BC를 말 할 수 있다. 반대로 음성 부력을 만드는 장비를 웨이트 라고 할 수 있는데 일반적인 경우 벨트에 납 덩어리를 달아서 사용하는 웨이트 벨트를 사용한다. 사용하는 웨이트가 1~2 kg으로 적은 경우 본인의 BC 웨이트 포켓에 넣어서 사용하는 경우도 있지만 대부분의 경우 별도의 웨이트 벨트를 사용한다. 웨이트는 긴급 상황에서 쉽게 벗어버릴 수 있도록 착용을 하여야 하며 반드시 긴급 탈착의 연습을 제한 수역에서 연습하여 숙달해 두어야 한다. 맨 손으로 웨이트 탈착을 할 때는 손에 부상을 입을 수 있으니 주의를 기울여야 한다.

다이빙을 배우는 초급 다이버들이 겪는 어려움 중에 한 가지가 정확한 웨이트를 맞추는 것이다. 웨이트 무게의 선택은 다이버 각자의 체격과 체지방 상태, 슈트의 두께 등 여러 가지의 변수가 있기 때문에 도표화된 정확한 규격은 없다. 그렇기 때문에 교육 다이빙의 경우 인솔 강사에게 물어봐서 결정하는 경우가 많으며 이러한 경우 본인의 필요한 웨이트 보다 1~2 kg 더 착용하는 것을 권장하는 편이다. 이는 다이빙을 끝내고 상승 시점에는 공기를 많이 사용하여 알루미늄 공기통이 양성 부력으로 바뀌어 입수 시점보다 웨이트가 부족해지는 위험을 줄이기 위함이다. 다이빙 경험이 지속되면서 웨이트를 적게 착용을 하면 다이빙을 편하게 즐길 수 있다는 것을 알게 된다. 그래서 되도록이면 웨이트를 줄이려는 노력들을 한다. 하지만 다이빙 기술이 완전해지기 전에는 무리한 웨이트 감량으로 안전 정지를 못하고 올라오는 실수를 범할 수 있기 때문에 필요한 웨이트 보다 1~2 kg 더 착용하는 것을 부끄러워 할 필요는 없다.

의 업체마다 너무 많이 다양하게 있어 어떤 것을 구매해야 할 지 모르는 것 또한 어려움이다. 본인이 즐기는 다이빙의 형태에 따라 다이빙 투어를 많이 간다면 여행용 가방을 구매하는 것이 좋고 차로 이동하는 국내에서 다이

망가방, 방수 가방

빙을 즐긴다면 망 가방 같은 무게가 적은 가방을 구매하는 것이 좋다. 해외 투어용 가방을 구입 할 때는 비행기의 위탁 수화물 규정에 따라 무게가 초과되는 경우가 있을 수 있으니 되도록이면 무게가 적은 가방을 구입할 것을 권장한다.

여행용 가방

ㄴ. 다이빙 가방

 다이빙 장비를 구입하고 다이빙을 가려고 할 때 장비를 넣어갈 적절한 가방이 필요한 것은 어쩌면 당연한 사실이다. 다이빙 가방은 각각

ㄷ. 다이빙 깃발

 다이버들이 다이빙을 끝내고 상승을 할 경우 수면 위에서 지나가는 보트로 인한 사고를 당할 위험이 존재한다. 이러한 위험을 줄이기 위

Premium Scuba Diving Cadet

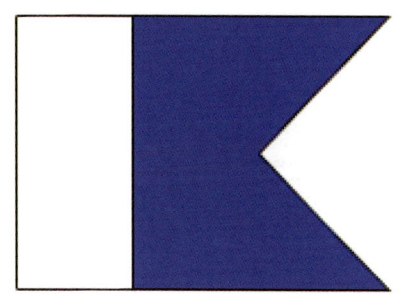

알파 깃발

하여 다이빙을 진행하는 보트는 다이빙 깃발이라고 하는 세계적으로 통용되는 깃발을 보트 위에 내걸어 지나가는 배들에게 주의를 기

레크리에이션 깃발

울 이도록 하여야 한다. 다이빙 깃발은 위와 같이 두 가지의 규격으로 사용된다. 레크리에이션 깃발은 다이빙 보트 근처 레크리에이션 다이빙을 즐기는 다이버가 있다는 의미로 사용되며 알파 깃발은 다이빙 보트와 연결된 호스를 사용한 상업 다이버가 물 속에 있다는 의미로 사용된다. 하지만 두 경우 모두 근처를

지나는 보트에 경고의 의미 일뿐 최종적인 안전은 다이버가 스스로 지켜야 한다. 그렇기 때문에 수면으로 출수 하기 전에 반드시 SMB를 올려서 본인의 위치를 알려야 하며 항상 지나가는 보트의 엔진 소리에 귀를 기울여 주의를 하여야 한다. 5 m 안전 정지를 끝내고 수면으로 올라오기 전에 버블을 크게 올려 수면에 표시를 주는 것도 좋은 방법이 될 수 있다.

수면 표시 부표 SMB

휘슬, 얼럿 등

ㄹ. 신호장비

다이버가 수면위로 올라올 경우 물 속에서 SMB Surface Marker Buoy (소시지)를 올려서 본인의 위치를 알려야 하며 수면 대기상태에서도 보트가 본인의 위치를 파악하고 픽업을 와서 안

전하게 출수할 때까지 SMB를 세워서 표시를 하고 있어야 한다. 3~4 명의 다이버가 그룹으로 출수 할 경우 수면 대기 상태에서 한 명이 SMB로 위치를 표시하고 있고 나머지 인원은 앞사람의 호흡기 1 단계 뭉치를 잡고 있어 흩어지지 않도록 노력하여야 한다. 간혹 보트가 잘 못 찾는 경우 휘슬 ^{Whistle}(호루라기) 이나 얼럿 ^{Alert}(BC에 연결한 소리 발생 장치) 을 이용해서 본인의 위치를 알리도록 하여야 한다.

수중랜턴

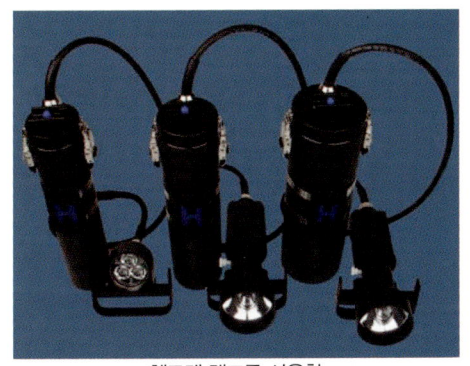

헬로겐 램프를 사용한
수중랜턴
*** 별도의 배터리팩을 휴대

ㅁ. 수중 랜턴

수심이 깊어 질수록 가시 광선이 투과되는 총량이 급격히 줄어든다. 또한 천연색 중에 많은 부분은 모두 흡수되고 20 m 이상의 수심에서는 검고 푸른빛의 특정한 색만 남기고 사라지는 현상을 경험하게 된다. 그때 수중 랜턴을 사용하여 산호, 물고기를 비춰보는 경우 원래의 색을 볼 수 있다. 사진 촬영을 할 경우 조명에 밝기에 따라 다양한 촬영이 가능하기 때문에 수중 랜턴은 다양하게 활용된다. 수중 랜턴의 가장 중요한 활용은 야간 다이빙과 동굴 다이빙에서 시야 확보다. 야간 다이빙 수행 할 때 수중 랜턴은 반드시 여분의 랜턴을 준비하여야 하며 사전에 랜턴을 이용한 수신호를 맞춰서 혼선을 빚지 않도록 하여야 한다. 수중 랜턴의 종류로는 크게 충전식 랜턴과 일반 건전지를 사용하는 랜턴, 특수 전지를 사용하는 랜턴 등으로 나눌 수 있는데 사용 빈도가 많은 경우 충전식 랜턴을 구입하고 사용 빈도가 적은 경우 일반 건전지를 사용하는 랜턴을 구입하는 것이 좋다. 가끔 저렴한 가격에 랜턴을 구입하였는데 특수 전지를 사용하기 때문에 비싼 전지 가격에 놀라는 경우도 있으니 구입 전 충분히 계산을 해봐야 할 것이다.

ㅂ. 기타장비

다이빙을 하면서 다양한 장비는 상황에 따라 매우 필요하기도 하고 때로는 필요 없는 짐이 되는 경우도 있다. 본인의 다이빙 스타일에 따라 장비 구입 여부를 선택해야 한다.

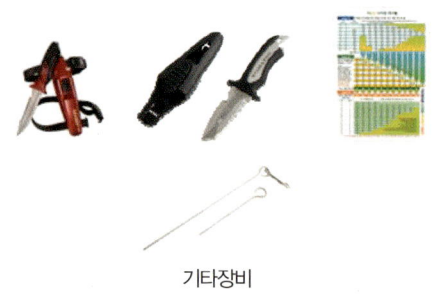

기타장비

A. 탐침봉

수중에서 알 수 없는 생명체를 만나는 경우 또는 독성이 예상되는 산호를 발견하는 경우 손으로 직접 만지는 행위는 무척 위험하다. 이러한 상황을 피하기 위하여 30 cm 정도 길이의 탐침봉을 휴대하는 것이 좋다. 탐침봉은 생명체를 관찰하기 위한 도구로 살짝 건드려보는 행동에 사용하는 것이지 생명체에게 공격을 가하거나 위협을 주면 안 된다.

B. 다이빙 칼

다이빙 칼은 같이 다이빙을 진행하는 그룹 일원 중에 적어도 한 명 이상 휴대하고 다이빙을 하는 것이 좋다. 특히 국내 다이빙의 경우 간혹 다이빙 장비가 폐 그물에 걸려 어려움을 겪는 경우가 발생할 수 있는데 이러한 위험 상황에 다이빙 칼은 매우 유용한 도구로 사용된다. 해외 다이빙의 경우 비행기 탑승에 문제가 있을 수 있기 때문에 가지고 가지 않는 편이 좋다(현지 가이드가 준비하는 경우가 많음).

C. 다이빙 테이블

다이빙 컴퓨터의 발달로 직접 다이빙 테이블을 계산하는 다이버가 요즘은 거의 없다. 하지만 다이빙 테이블을 활용하여 수기로 다이빙 시간과 한계 수심을 계산하는 것은 무척 중요하며 이러한 계산은 보다 보수적인 다이빙을 할 수 있도록 해준다. 반복 다이빙을 하는 경우 수면 휴식 시간을 충분히 확보하는 것이 잠수병을 예방할 수 있는 최선의 방법이다.

D. 공기통 충전기

다이버가 호흡을 하는 공기를 충전하는 매우 중요한 역할을 하는 장비가 공기통 충전기다. 근래에 나오는 대부분의 충전기는 전기를 사용하여 충전을 하기 때문에 매연이나 나쁜 공기가 들어가는 경우가 거의 없다. 하지만 충전용 공기를 흡입하는 흡입구 쪽으로 난방용 보일러 배출가스가 들어

공기통 충전장비

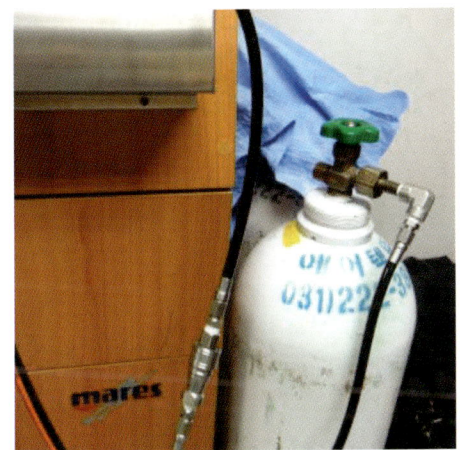
나이트록스 주입을 위한 산소 충전기

가거나 차량의 매연이 들어 갈 수 있는 환경을 가지고 있는 곳도 있을 수 있다. 다이버는 본인이 물 속에서 호흡하는 가장 중요한 공기의 품질에 대하여 강력하게 개선을 요구할 수 있다. 살짝 냄새를 맡아 보았을 때 이상을 느끼는 경우 지체 없이 교환을 요구하여야 한다.

장비의 유지보수

처음 다이빙 장비를 구입할 때 비싼 가격에 무척 놀라는 경우가 많다. 실제로 비싼 경우도 있고 유통구조의 문제로 비싸게 팔리는 경우도 있다. 하지만 대부분의 장비가 한번 구입하면 거의 평생 사용하는 경우가 많아 내구성을 생각하면 적절한 가격으로 판단할 수 도 있다. 그런 만큼 구입한 장비의 유지관리가 매우 중요하다. 각각의 장비별로 관리하는 방법을 익혀 최상의 장비 컨디션을 유지하는 것이 좋다.

고압호스는 일정시간이 지나면 파손될 수 있다.

ㄱ. 호흡기

생명에 직결되는 가장 중요한 장비인 호흡기는 1년에 1회 아니면 적어도 2년에 1번은 정품 AS센터에서 장비보수를 받는 것이 좋다. 적지 않은 비용이 들기는 하지만 내부 소모품 (오링)교환과 진공청소를 통하여 묵은 때와 이물질로 인한 고장이 발생하지 않도록 하여야 한다. 교환이 완료되고 제품을 돌려받을 때 기존의 호흡기에서 사용한 오링 등을 돌려받는데 (교환여부 확인용) 무척 낡아 있는 상태에 놀라는 경우가 많다.

ㄴ. BC

BC의 경우 바다에서 사용 이후 BC속에 들어 있는 물을 빼고 반드시 민물로 깨끗이 헹궈서 그늘에 보관해야 한다. BC속에 흡착을 방지하기 위해 공기를 넣어둔 상태로 보관하는 것이 좋고 공기가 급격히 빠진다면 BC에 구멍이 나거나 배기밸브 고장일수 있으니 AS를 받아야 한다. 일반적인 경우 보관만 잘한다면 평생 고장 없이 사용할 수 있는 장비다.

ㄷ. 게이지 Gauge

잔압계, 수심계 등의 게이지는 거의 고장이 없는 제품이며 물리적인 충격을 가해 파손되는 경우가 간혹 있을 수 있다. 특히 작은 모래가 들어가 오작동을 발생하는 경우도 있는데 공기청소를 통하여 제거가 되는 경우가 대부분이다. 다이빙을 즐기면서 잘못 방치하여 다른 다이버의 공기통에 눌려 파손되는 경우가 없도록 주의 하여야 한다.

ㄹ. 보호장비

 다이빙을 즐기면서 대표적인 소모품이 장갑과 슈트라고 할 수 있다. 장갑의 경우 수중에서 많은 활동을 하기 때문에 매우 쉽게 손상되는 것을 확인 할 수 있으며 슈트의 경우에도 재봉된 연결부분의 실밥이 마모되어 풀어지거나 무릎 부위 등 접촉이 많은 부분이 생각보다 쉽게 구멍나는 것을 볼 수 있다. 사소한 수선은 AS센터에 보내는 것보다 직접수선을 하는 것이 편리하다. 다이빙을 끝내고 민물에 헹구어 바람이 잘 통하는 그늘에 잘 말리는 것이 수명을 연장시키는 최선의 방법이다. 하지만 유행을 따르는 패션상품이라 볼 수 도 있어 다이빙을 계속함에 따라 슈트의 디자인이 오래되어 보여 슈트를 새로 구매하는 다이버도 종종 볼 수 있다. 그런 이유로 너무 고가의 제품을 구매하는 것보다 중저가의 제품을 구매하는 것이 좋은 선택일 수 있다.

ㅁ. 공기통

 렌탈해서 사용하는 공기통의 경우 관리를 리조트 측에서 하는 경우가 대부분이기 때문에 관심을 갖지 않는 다이버들이 많다. 하지만 공기통의 공기는 물 속에서 마시는 유일한 공기 공급원이기 때문에 유지관리에 관심을 기울여 두는 것도 매우 중요하다. 안전을 위해 공기통은 3년에 한 번 이상 압력검사를 받아야 한다. 많은 횟수의 충전과 사용이 반복됨으로 인하여 공기통 재질 금속의 탄성에 문제가 발생할 수 도 있으며 내부로 유입되거나 결로현상으로 발생한 내부 습기는 공기통의 사용시 다이버의 안전에 심각한 문제를 발생시킬 수 도 있다. 그렇기 때문에 리조트는 매년 정기청소를 통하여 내부세척을 하여야 하며 밸브의 주기적인 교환을 통하여 안전을 관리하여야 한다. 다이버는 공기통을 사용할 때 반드시 내부 공기를 일부 호흡 해봐서 이상 여부를 확인하고 흔들어 봐서 내부 이물질이 있는지, 밸브의 오링 상태, 공기통의 파손여부 등 안전상태를 확인하여야 한다. 만약 금전적 여유가 있다면 개인 공기통을 구입해서 충전해서 사용하는 것도 좋은 방법이다.

Premium Scuba Diving Cadet

충전 준비중인 공기통

반복 다이빙을 할 때는
해안가에 여분의 공기통을 준비해둔다.

ㅂ. 다이빙 장비관리 요령

 다이빙은 장비의 스포츠라고 해도 과언이 아니다. 다이버 개인의 다이빙 기술도 중요하지만 다이빙 장비의 성능에 따라 다이빙의 쾌적함이 무척 달라지는 것이 현실이다. 이만큼 다이빙 장비는 다이빙을 즐기는데 가장 중요한 요소라고 할 수 있다. 다이빙 장비의 관리요령은 간단하게 정리할 수 있다. 소모품성 장비는 소모품으로 과감하게 사용하여야 하며 다른 장비는 장비의 관리요령에 맞춰 적절하게 유지보수를 해주어야 한다. 평생 사용할 장비는 구입할 때 잘 골라서 구입하여 잘 관리해서 평생사용 할 수 있어야 하며 호흡기의 소모품처럼 교환이 필요한 장비는 적절한 주기에 바꿔주어 최상의 상태를 유지하여야 한다. 특히 수중랜턴 같이 전지의 수명이 다하는 장비는 예비 전지를 준비해 두어야 한다.

Premium Scuba Diving Cadet

秋ふかし隣はなにをする人ぞ
古池や蛙飛こむ水のをと
此道や行人なしに秋の暮
五月雨をあつめて早し最上川
閑さや岩にしみ入蟬の聲

松尾芭蕉

06 스킨스쿠버 다이빙 과학

스쿠버 다이빙은 과학적인 연구와 실적을 기반으로 즐기는 스포츠 중 하나이다. 오랜 기간 동안 산업 잠수, 군사 잠수 영역에서 시행착오와 희생을 바탕으로 발전된 분야이다. 이러한 과학적인 기반은 레크리에이션 다이빙의 안전을 보장하고 다이버가 규정에 맞는 장비를 사용하고 다이빙 매뉴얼에 따라 다이빙을 진행한다면 다이빙에 따른 위험도를 최소화 해준다. 이러한 과학적인 다이빙 이론을 알고 있으면 본인의 안전과 다른 다이버의 안전에 도움이 되기 때문에 학습이 필요한 과정이다. 본 장에서는 몇 가지 물리학, 생리학 이론이 소개되지만 기초적인 개념을 잡는 수준으로 습득을 하면 되므로 어려워하지 않아도 된다.

공기

우리가 호흡하는 공기는 다양한 성분을 가지고 있다. 원소의 기본 구조인 분자 단위로 구성된 기체도 있지만 대부분 분자의 혼합 형태인 결합 분자 단위로 구성된 특징을 이루고 있다. 우리가 호흡하는 공기 중에 대표적인 기체로는 약 20.9 % 를 차지하고 있는 산소 – O2 와 78.0 % 를 차지하고 있는 질소 – N 그리고 나머지 약 1 % 가 특수한 기체로 이루어진다.

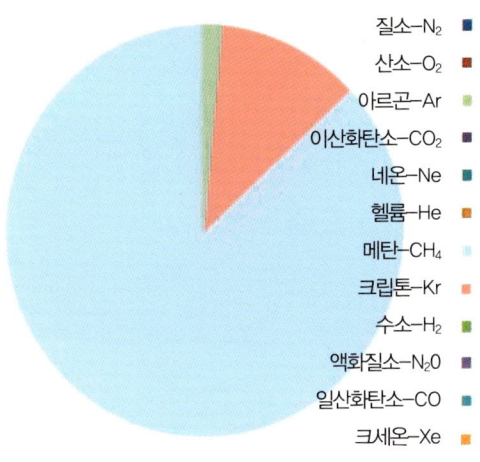

공기의 구성

년도	수심(m)	다이버
1947	94	Frederic Dumas
1959	132	Ennie Falco
1965	110	Tom Mount / Frank Martz
1967	119	Hal Watts / AJ Muns
1968	133	Neil Watson / John Gruener
1990	137	Bret Gilliam
1993	144	Bret Gilliam
1994	155	Dan Manion

일반 압축공기를 사용한 심해잠수기록
*** 1994 년 이후 안전성의 문제로 수면호흡을 사용한 잠수(FreeDiving)로 기록경쟁이 있음

다이빙을 할 때 우리가 사용하는 기체는 100 % 산소를 충전하여 사용하는 산소통이 아니라 일반 공기를 압축해 공기통에 넣은 일반 압축 공기를 사용하게 된다. 바다 다이빙을 할 때 200 bar 정도의 공기압을 가진 충전된 공기통을 받아 사용하게 되는데 이것은 사용하는 공기통의 부피에 200 배 만큼의 공기가 공기통 내부에 들어가 있음을 의미한다. 물론 우리 신체가 호흡에 필요로 하는 가장 중요한 기체는 산소이지만 100 % 압축된 산소를 흡입할 경우 포화된 산소가 혈액 속으로 녹아 들어가 중추 신경을 마비 시키는 산소 중독이 발생할 수 있는 위험성이 있다. 이러한 산소 중독은 눈이 안보이고 경련과 발작을 발생하는 치명적인 증상이 나타날 수 있기 때문에 레크리에이션 다이빙에서는 산소의 부분압이 0.6 대기압을 넘지 않은 범위 내에서 다이빙을 하는 것으로 제한하고 있다.

특별한 경우 질소 마취 등 다른 잠수병의 요인을 줄이기 위하여 산소를 일반 공기 보다

원소	분포
질소 – N_2	78.084 %
산소 – O_2	20.946 %
아르곤 – Ar	0.9340 %
이산화탄소 – CO_2	0.039445 %
네온 – Ne	0.001818 %
헬륨 – He	0.000524 %
메탄 – CH_4	0.000179 %
크립톤 – Kr	0.000114 %
수소 – H_2	0.000055 %
액화질소 – N_2O	0.000030 %
일산화탄소 – CO	0.000010 %
크세온 – Xe	0.000009 %
오존 – O_3	자연상태 0.000007 % 이하 0.000012 % 이상이면 오존주의보 : 실외운동 금지 0.000030 % 이상이면 오존경보 : 자동차운행제한, 배기가스배출제한 0.000050 % 이상이면 오존중대경보 : 자동차통행금지, 공장가동중지
이산화질소 – NO_2	0.000002 %
아이오딘 – I_2	0.000001 %
암모니아 – NH_3	미세

공기의 구성

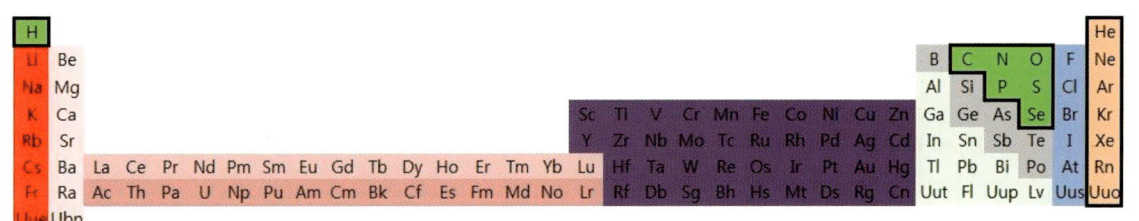

원소의 주기율표
*** 뚜꺼운 줄로 표시된 부분이 다이빙관련 원소

초과해 주입한 공기통을 사용하는 나이트록스 다이빙 Nitrox Diving 을 즐기기도 한다. 이 경우 산소의 부분압이 32 % 인 나이트록스 공기(EAN32) 를 사용하면 23 m, 36 % 인 나이트록스 공기(EAN36) 를 사용하면 17 m 의 한계 수심을 정해 그 이상의 깊은 수심 다이빙을 하지 못하도록 권장 하고 있다.

사용하는 기체

다이빙에서 사용하는 기체 중에 가장 중요한 것은 당연히 산소가 된다. 산소는 우리 몸이 생명을 유지하는데 가장 중요한 원소로 세포의 대사를 유지하는데 가장 중요한 역할을 하고 있다. 그런데 다이빙에서 100 % 의 산소를 이용하지 않고 '**일반 공기를 사용하는 이유는 뭐일까?**' 그것은 수심의 변화에 따라 산소의 부분압이 다르게 작용하여 우리 몸에 필요 이상의 산소가 공급되는 현상을 줄이기 위함이다. 그것은 산소 중독 같은 위험에 노출되는 확률을 줄이는 것을 말한다.

오랜 시간 몸에 필요한 산소만 공급해서 사용하는 재 호흡기의 연구가 지속되어 왔지만 아직까지도 보급이 늦어지는 이유 중 한가지가 산소 중독의 위험과 기계적인 오작동의 위험성 때문이다(100% 산소를 사용하면 공기통의 크기를 획기적으로 줄일 수 있다). 그럼 다이빙에서 사용하거나 영향을 주는 몇 가지 기체에 대하여 알아 보겠다.

ㄱ. 산소 - O_2

산소는 영국의 화학자 Joseph Priestley 가 1774 년 발견한 원소로 산화 수은을 가열하다 불꽃이 쉽게 발생하고 잘 타는 성질을 발견해서 어떠한 원소가 있음을 발표 하였다. 이후

태평양 해양에는 산소농도가 가장 높다.

프랑스 화학자 Antoine - Laurent de Lavoisier 가 산소라는 이름을 붙였다. 지구상에 거의 모든 생명체는 산소를 이용해서 호흡을 한다. 인간의 경우 호흡은 폐를 통해서 하며 폐포가 혈액 속으로 산소를 공급하고 공급된 산소가 신체에 각각의 세포에 산소를 제공하여 세포들의 생명을 유지하게 한다. 이러한 과정은 모든 생명체가 동일하게 작동한다.

$$C_6H_{12}O_6 + 6O_2$$
$$\blacktriangledown$$
$$6CO_2 + 6H_2O + Energy$$

산소교환 과정

세포 호흡은 크게 해당 과정, TCA 회로 반응, 산화적 인산화 과정으로 나눌 수 있는데 간단히 설명해서 산소를 흡수하고 물과 에너지를 발생하는 과정으로 생명을 유지한다. 이렇게 생물체에게 중요한 산소는 지구상에 매우 풍부하게 존재를 하며 지구상에 전체 대기 중에 부피 백분율로 약 20.946 % 를 차지 한다.

산소는 많은 생명체가 호흡으로 지속적인 사용을 하고 있으며 경제 활동에 따른 내연 기관 연소 등 산소를 사용하는 총량은 매우 엄청나다. 그런데도 대기 중에 산소의 량이 거의 변화가 없는 것은 식물이나 바다 생물 중 조류 같은 생명체가 광합성이라는 놀라운 활동을 하고 있기 때문이다. 광합성은 이산화 탄소와 물을 사용하여 태양빛을 에너지로 사용하여 탄수화물과 산소를 생성하는 과정을 말한다. 그것을 화학식으로 표현하면 다음과 같다.

$$6CO_2 + 12H_2O + 빛\ Energy$$
$$\blacktriangledown$$
$$C_6H_{12}O_6 + 6O_2 + 6H_2O$$

포도당이 생성되는 광합성 과정

위에 화학식은 포도당이 생성되는 것으로 가정하여 그 부분만 작성을 하였다. 하지만 광합성이 발생하는 때 실제로는 다른 탄수화물로 전환될 수 있는 글리세르알데하이드 glyceraldehyde

대기에 수증기가 구름을 만든다.

가 같이 생성된다. 이러한 작동은 산소를 풍부하게 해주는 아주 중요한 역할을 하기도 하지만 온실가스의 대표적인 물질인 이산화탄소를 획기적으로 줄여주는 부가적인 작용을 한다.

다이버는 수중에서 호흡할 때도 육상과 동일하게 같은 량의 산소를 필요로 한다. 이때 필요한 산소의 량은 개인적인 신체의 차이에 따라 약간씩 다르게 계산된다. 이러한 차이는 수중 활동의 시간과 수심을 결정하는 매우 중요한 요소가 된다. 다른 장에서 다루어지는 산소 중독은 심각한 위험 요소이기 때문에 변화 있는 수심의 다이빙을 할 때 산소의 부분압에 매우 민감할 수 밖에 없다. 또한 질소 마취의 위험성을 줄이기 위하여 산소의 농도를 올려주는 혼합 기체를 만들어 사용하는데 이러한 기체 또한 안전을 위하여 한계 수심을 적용, 다이빙 활동 제한을 두고 있다.

ㄴ. 질소 - N

질소는 지구 대기의 78.09 % 를 차지하고 있는 가장 많은 원소로 세포 호흡에는 사용되지 않지만 생명체의 단백질, 알카로이드 Alkaloid 등의 구성 원소로 필수적인 성분이다. 1772 년 스코틀랜드 화학자 Daniel Rutherford 가 처음 원소 중에 한 가지임을 발표 하였으며 프랑스 화학자 Antoine - Laurent de Lavoisier 가 존재를 증명하여 질소라 명칭 하였다.

화학적으로 질소는 암모니아 합성에 많이 사용한다. 암모니아 형태로 바뀐 질소는 질소 화합물로 합성이 되어 농작물의 비료로 사용되기도 하며 산소가 제거된 순수 질소는 음식물의 부패를 매우 느리게 하기 때문에 과자봉지 같은 식품의 포장재 내부에 충전재로 많이 사용된다. 또한 액화질소는 매우 낮은 온도로 존재하기 때문에 극 저온의 냉각제로 사용하게 된다. 액화 질소는 질소가 기화되는 끓는 점이 -195.8 ℃ 가 되어 만약 피부 조직에 닿는 경우 피부 조직이 급속이 괴사되는 심각한 부상을 입을 수 있다. 또한 플라스틱, 고무 같은 화합물 또한 순간적으로 부스러져 버리는 현상이 발생한다. 그러므로 액화 질소는 취급에 매우 주의 하여야 한다.

다이빙에서는 질소가 매우 심각한 기체로 인식된다. 다이빙 중에 종종 발생 할 수 있는 질소마취는 마치 술에 취한 것 같은 위험한 증상이다. 하지만 그 증상은 증상이 발생했던 수심보다 낮은 수심으로 이동하면 바로 회복되는 일시적인 증상으로 크게 걱정하지 않아도 되는 증상이다.

깊은 수심에서 오랜 시간 잠수를 할 경우 호흡을 통하여 흡수된 질소가 혈액 속에 용해되어 신체 내에서 작은 공기 방울로 순환하고 있다가 낮은 수심으로 올라오면서 어느 정도

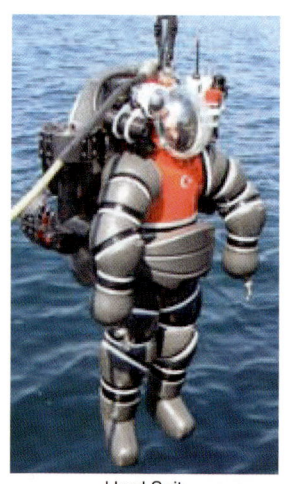

Hard Suit
출처 : www.oceanworks.com

확장된 크기의 기체로 부풀어 올라 혈관을 막는 현상이 발생 할 수 도 있다. 그런 현상이 발생하면 신체 조직에 산소 공급을 못해서 조직이 괴사하는 심각한 위험을 만들어 내기도 한다. 물론 레크리에이션 다이빙이 제한하고 있는 짧은 다이빙 시간과 적절한 수면 휴식 시간을 취하고 1 일 다이빙 횟수를 최대 3 회 이내로 조절한다면 그런 위험은 걱정하지 않아도 된다.

ㄷ. 헬륨 - He

우주공간에 가장 많이 존재하는 원소 중에 한 가지인 헬륨을 인간이 발견한 것은 지구가 아니었다. 1868 년 Pierre Jules Csar Janssen 이 태양빛을 프리즘에 통과시켜 스펙트럼을 분석 하던 중 처음 관찰된 스펙트럼이 있었다. 그것은 아마도 태양 내 어떤 금속에 발화를 하면서 발생한 것이라 생각을 하고 그리스어로 태양을 뜻하는 'helios' 에 금속을 의미하는 '~ium' 을 붙여서 **헬륨** helium'이라고 명칭 하였다. 하지만 1895 년 우라늄 광산에서 실제 헬륨을 발견하고 보니 그것은 금속이 아니라 기체였고 잘못 붙여진 이름을 변경하기 에는 이미 늦어 그대로 헬륨이라는 이름을 계속 사용하게 되었다.

1903 년 미국의 천연가스전에서 포집 되는 가스 중 8.6 % 가 헬륨으로 분석 되는 놀라운 상황이 발생하였고 이전까지 폭발 위험이 높은 수소를 사용하던 비행선에 안정적인 헬륨을 사용하는 긍정적인 변화를 가져왔다. 그 덕분에 축제 때 사용되는 풍선 등에 대량으로 헬륨이 공급 사용되어 지금까지도 많이 사용되고 있다. 천체를 관측된 바로는 우주상에 존재하는 원소의 25 % 가 헬륨으로 관측 되었지만 지구상에서는 매우 희귀한 원소로 남아 있다. 이러한 이유는 지구상에 있는 헬륨은 최초에 지구가 생성되는 시점에 포집된 물질로 지구 내부 암반층에 잡혀 있다가 우라늄 광산이나 희토류 광물을 채굴할 때 가스로 분출되는 형태로 발견된다. 이때 분출된 헬륨은 원소가 매우 가벼워 지구 중력에 잡히지 않고 대기 중을 떠돌다가 계속 상승하여 우주 공간으로 날아가 버리기 때문에 지구 대기에서는 발견하기 매우 어려운 기체가 되는 것이다.

헬륨은 다른 원소와 화합하지 않는 불활성 기체로 의료용 자기 공명 장치(MRI) 나 심해 잠수를 할 때 질소에 의한 잠수병의 위험을 줄이기 위하여 질소 대신 사용되는 대체 기체로 사용 분야를 넓혀 왔다. 특히 심해 잠수를 전문분야로 하고 있는 테크니컬 다이빙에서는 질소 대신 사용되는 필수 기체로 매우 중요한 수요를 가지고 있다. 하지만 이미 많은 산업 분야에서 낭비하며 쓰여진 사용 패턴에 따라 더 이상 공급이 어려운 상황에 이르게 되었다. 2013 년 현재까지는 비싼 가격으로 공급이 되고 있기는 하지만 이미 폐쇄된 헬륨 광산이 대부분이고 의료 장비 같은 필수 분야와 반도체 생산 공정 같은 분야에 사용되는 최소한의 공급을 맞추기도 어려운 실정이라 더 이상 심해 잠수를 위한 기체로 사용되는 것을 어렵게 하고 있다.

헬륨을 사용하여 심해 잠수를 할 경우 질소가 용해되는 현상과 같이 7~80 m 이상의 수심에서 헬륨이 용해되는 현상이 똑같이 발생하며 헬륨 마취 같은 또 다른 위험성이 발생되어 심해 잠수를 위한 완전한 기체라고는 말할 수 없다. 이러한 이유로 또 다른 불활성 기체인 아르곤 – Ar 같은 기체를 사용하는 시도가 있지만 인체에 대한 안전성 검증이 부족하여 사용하고 있지 않다. 이러한 이유로 심해 잠수를 위한 가장 안전한 방법으로 우주복과 같은 1 대기압 일반 공기를 사용하는 폐쇄된 1 대기압 잠수복을 사용하는 것이 최선이며 이를 위한 연구 또한 영국 같은 심해잠수를 하는 지역에서 활발히 이루어 지고 있다.

ㄹ. 아르곤 – Ar

아르곤은 1785 년 Henry Cavendish 가 최초 발견을 하였지만 1894 년 Lord Rayleigh 와 Sir William Ramsay 가 대기에서 분리를 해내며 확인 되었다. 헬륨과 같은 불활성 기체이지만 고온에서 안정성이 확인 되어 철강 제조를 할 때 고급 제련강을 생산하는 과정에서 많이 사용한다. 또한 네온과 함께 PDP 를 생산 할 때 프라즈마 생성을 위하여 사용된다. 가장 많이 사용되는 분야는 백열등을 제조 할 때 텅스텐으로 만들어진 필라멘트가 타지 않게 일반 공기 대신 사용하는 충전 가스로 사용된다. 물론 반도체 공정 또한 가장 많이 사용되는 분야 중 한 가지다. 대기 중에 0.93 % 나 존재할 정도로 풍부한 원소라서 많은 공업 부분에 사용이 연구되고 있다. 최근 들어 심해 잠수에 헬륨을 대체하는 기체로 연구되기도 하였지만 아르곤은 원자의 기본 크기가 커서 호흡에 어려움이 있으며 쉽게 용해되어 매우 얕은 수심에서 마취 효과가 발생하여 헬륨을 대체하는 기체로 연구가 되다가 지금은 거의 연구가 중단 되었다.

ㅁ. 수소 – H

수소는 16 세기 스위스 지역의 화학자

Paracelsus 가 금속이 산에 녹을 때 발생하는 기체를 발견 하여 수소라고 하였다. 하지만 그 당시에는 일산화탄소 같은 다른 가연성 기체와 분리하여 확인할 수 없었다. 1766 년 영국 화학자 Henry Cavendish 가 다른 가연성 기체와 다른 성질을 발견하여 수소 기체를 분리 하였고 질소 등을 명명한 Antoine – Laurent de Lavoisier 에 의하여 수소로 명칭 되었다. 처음 수소는 비행선을 띄우는 기체로 많이 사용이 되었는데 이후 헬륨의 발견으로 수소를 대체 할 때까지 사용되었다. 20 세기 초반 헬륨의 주 생산지 미국에서 군사적 목적으로 사용되는 비행선에 헬륨 가스를 수출하는 것을 금지하여 어쩔 수 없이 수소를 사용한 비행선이 독일에서 운행 되었다. 그때 만들어진 Hindenburg 호가 에서 미국으로 운항되어 미국 뉴저지에 도착하여 착륙 하던 중에 폭발하는 참사를 겪게 된다. 이때 마침 라디오 방송으로 현장이 중계되며 참사가 전 세계적으로 알려져 모든 비행선을 이용한 여객 운송시대가 끝나는 사건이 되었다.

현재에 와서 수소는 니켈-수소 전지 같은 2차 전지로 개발이 되어 우주 시대를 여는 매우 획기적인 역할을 하고 있다. 수소는 전기자동차에 새로운 동력원의 에너지로 각광 받고 있다.

수소를 다이빙 기체로 사용을 한다면 경제적으로 매우 이점이 있을 수 있다. 비교적 쉽게 수소를 만들 수 있으며 혈액으로 용해되는 경우에도 약간의 마취 현상을 보이기도 하지만 산소나 질소에 비하여 치명적이지 않아 질소를 대체할 수 있는 기체로 연구된 적이 있다. 하지만 트라이믹스(산소, 헬륨, 질소를 혼합해 사용하는 심해 잠수용 기체) 에 사용되는 헬륨처럼 비활성 기체가 아니라 매우 쉽게 화학적 반응이 발생하는 성질이 있어 다이빙 수심이 일정 수심까지 깊어 지면 수소의 부분압이 높아지면서 산소와 반응하여 쉽게 물로 변해버리는 치명적인 약점이 있다. 이런 현상을 달톤의 법칙을 적용, 물리학적으로 계산을 해보면 약 29.4 m 이상의 수심에서는 수소와 산소로 구성된 다이빙기체는 모두 물로 변해버리는 상태가 된다. 즉, 30 m 이상의 심해 잠수에서는 사용될 수 없는 기체라는 결론이 된다.

ㅂ. 이산화탄소 – CO_2

이산화탄소는 지구의 생명체가 산소를 사용하는 호흡을 할 때 부수적으로 만들어지는 화합물로 고체 상태인 경우 드라이 아이스 라고 부른다(아이스크림 냉동제로 사용).

식물의 광합성에 의하여 이산화탄소를 흡수하고 산소를 배출하는 순환 과정을 만들기도 하지만 유기물의 연소, 미생물의 발효 같은 과정에서도 만들어지며 일산화탄소와 같이 대표적인 온실가스로 알려져 있다. 이러한 온실가스의 증가는 지구 환경에 심각한 위험을 주기 때문에 규제의 대상이 된다. 화석 연료가 유기물의 부산물이고 이를 연소하면서 대규모로 발생하는 것이 이산화탄소 이기 때문에 화석 연료를 사용관 기관의 배출 가스 제한 같은 세계적인 규제 움직임이 있는 것이다.

공업적으로는 고체인 이산화탄소는 드라이아이스로 냉각제로 사용되며 분말 형태로 소화기에 넣어 물을 사용할 수 없는 전기 화재 같은 곳에 사용되는 소화기의 원료로 사용된다. 또한 우리가 가장 즐겨 마시는 청량 음료의 탄산을 유지하는 주요 원료가 되기도 한다. 이산화탄소는 세포 호흡의 부산물로 순환계를 통하여 폐로 이동하여 배출되고 폐는 산소 교환을 통하여 새로운 산소를 세포에 공급을 한다. 만약 호흡하는 공기 중에 이산화 탄소의 농도가 높다면 그 공기를 호흡하는 사람에게는 치명적인 결과를 가져온다. 이산화탄소의 비율이 0.1~1 % 까지는 나른함과 약간의 두통을 동반하지만 8 % 이상의 농도에서는 폐포의 산소 교환을 방해해서 질식, 사망에 이르는 심각한 결과를 가져온다.

ㅅ. 일산화탄소 - CO

일산화탄소는 탄소 화합물이 불완전 연소될 때 다량으로 생성되는 대표적인 공해 물질이다. 산소보다 헤모글로빈과 잘 반응을 하여 소량의 흡입에도 즉시 질식 현상이 발생하는 심각한 결과를 보인다.

일산화탄소는 화학 공정의 원료로 사용되며 금속의 제련 과정의 환원제 같은 긍정적인 역할을 하기도 한다. 하지만 대표적인 대기 오염 물질로 더 큰 부정적인 문제점을 발생시킨다. 국내의 경우 연탄을 많이 사용하던 시절 연탄 가스로 대표되는 위험 물질로 잘 알려져 있다.

다이빙을 할 때 압축 공기를 충전하는 경우 주변에 배기가스가 방출되는 보일러 시설, 자동차 매연 발생 요소 등이 있는 경우 일산화

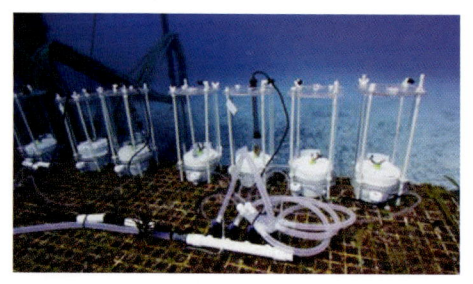

탄소가 같이 공기통에 충전되어 다이버에게 심각한 위험을 줄 수도 있다. 다이버는 본인이 흡입할 공기를 다이빙 전에 반드시 냄새 맡고 흡입 해봐서 이상이 있는지 확인하여야 한다. 일산화탄소는 무색, 무취로 확인 하기 어렵지만 많은 배기 가스와 같이 충전되는 경우가 많으므로 약간의 이상한 냄새가 감지되어도 사용해서는 안 된다.

ㅇ. 기타 기체

다이빙 분야에서는 네온 같은 불활성 기체들을 헬륨 대체 다이빙 기체로 연구되어 오고 있다. 네온의 경우는 아르곤과 같이 기체가 커서 호흡하기는 어렵지만 마취효과도 적고 열전환도 빠르지 않아 헬륨을 대체할 수 있는 유력한 기체로 연구되고 있다. 다이빙 영역을 확장하기 위하여 여러 가지 과학적인 연구와 실험이 요구 되고 있지만 상업적인 이유와 경제적인 이유가 맞물려 쉽게 영역을 확장하지 못하고 있는 것이 현실이다. 과학적인 연구와 발전도 요구되지만 다이빙 시장에서의 실제 사용자 필요성이 있어야 과학적인 성과를 기대 할 수 있다.

보일의 법칙 boyle's law

보일의 법칙은 매우 상식적이다. '주변에서 가해지는 압력과 기체의 부피는 일정한 비율로 변화된다' 이 것이 보일의 법칙이다. 즉, 우리가 비행기를 타고 고도를 높이 올라가는 경우 지상에서 구입한 질소 충전된 과자 봉지가 부풀어 오른 모습을 경험할 수 있는데 이런 이유를 설명해주는 물리학적 법칙이 보일의 법칙이다. 다이버가 잠수를 하는 경우 비행기에서 발생했던 일이 반대로 발생하는데 수면에서 가지고 있던 공기는 수심이 깊어 질수록 그 압력에 비례해서 압축되고 다이버는 압축된 공기를 지상에서와 같은량을 동일하게 호흡을 하기 때문에 깊은 수심에서 더 많은 공기를 빠르게 사용하게 된다. 이론적으로는 깊은 수심에서 호흡하는 공기의 실제 산소량이 수면 위보다 훨씬 많기 때문에 깊은 수심에서는 호흡을 조금 적게 하여도 문제가 없을 수 있지만 대부분의 다이버는 습관적으로 동일한

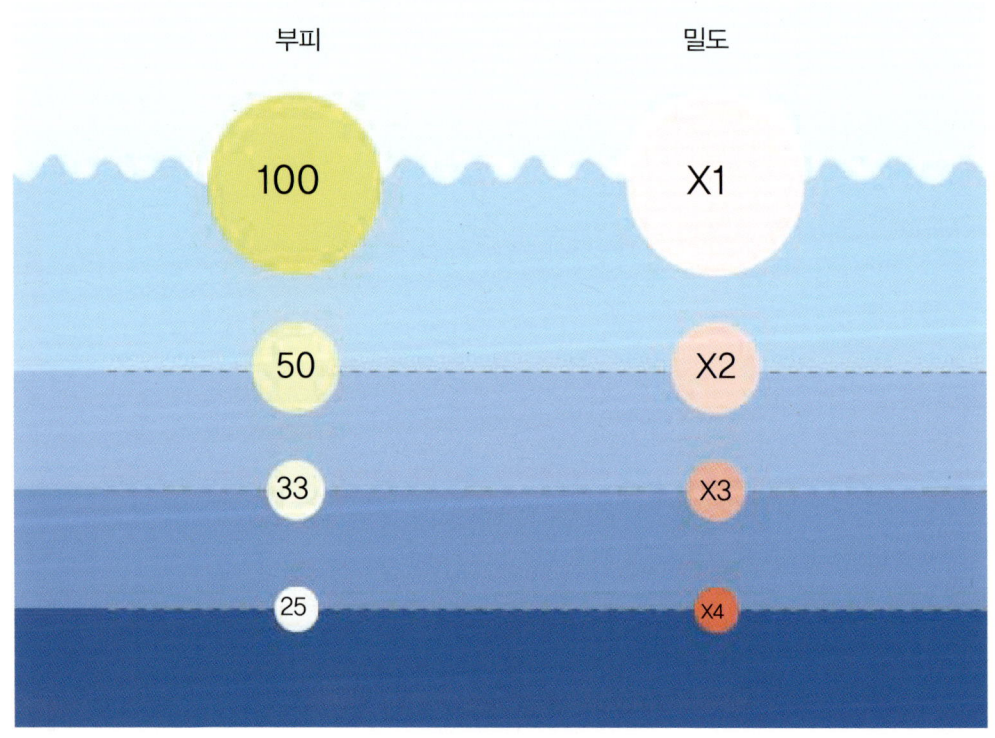

압력에 따른 기체의 부피 / 밀도 변화

패턴을 가지고 호흡을 하기 때문에 수심이 깊을수록 같은 시간에 사용하는 공기의 량은 더 많아 지는 것이 현실이다.

 다이버에게 보일의 법칙은 깊은 수심으로 갈수록 공기의 부피가 점점 줄어들어 공기 소모량이 늘어나고 얕은 수심으로 올라오면 공기의 부피가 늘어 공기 소모량이 줄어드는 이유라고 생각하면 좋다. 실제로 동일한 공기통을 가지고 수심 5 m 에서는 60 분 이상의 다이빙을 즐길 수 있지만 수심 30 m 에서는 15 분 이상의 다이빙을 즐기는 것은 무리가 따른다. 이런 현상은 수압에 따른 공기 부피의 변화가 다이버의 다이빙 시간에 직접적인 영향을 준다는 것을 알 수 있다.

달톤의 부분압 Dalton's low of partial pressures

달톤의 부분압 법칙은 '혼합기체의 전체 압력은 그 기체를 구성하는 각각의 기체의 부분압력의 합과 같다' 라고 정의 한다. 이 의미는 수면 위에서 1 대기압을 받는 일반 공기의 경우 공기의 약 21 % 를 차지하는 산소의 부분압은 약 0.2 대기압이라 볼 수 있는데 수심이 깊어져 공기에 압력이 2 대기압이 되는 약 10 m 수심에 이르면 산소의 부분압은 0.2 대기압의 두 배인 0.4 대기압이 되는 것을 의미한다.

즉, 수심이 깊어지면서 전체적으로 받는 압력은 각각의 포함된 기체에도 동일하게 작용된다. 수심이 깊어져 압력이 계속 증가하면 특정 기체의 부분압이 1 대기압 이상 되는 수심에 이르면 그 해당 기체는 다이버의 신체에 특정

탄산이 분출된 상태의 맥주

부분압이 높아져 1 대기압 이상의 압력을 갖게 되는 것은 특정 기체가 혈액 같은 액체 속으로 용해되어 들어갈 수 있음을 의미한다. 탄산음료 공장에서 콜라 같은 액체에 탄산을 주입하는 방법도 탄산가스의 압력을 높여, 액체에 탄산가스가 초과 상태로 용해되게 만드는 것이다. 이렇게 초과된 상태의 액체를 밀폐용

수심	전체 기압	AIR 질소 부분압	AIR 산소 부분압	EAN32 질소 부분압	EAN32 산소 부분압	EAN40 질소 부분압	EAN40 산소 부분압
수면	1	0.79	0.21	0.68	0.32	0.6	0.4
10 m	2	1.58	0.42	1.36	0.64	1.2	0.8
20 m	3	2.37	0.63	2.04	0.96	1.8	1.2
30 m	4	3.16	0.84	2.72	1.28	2.4	1.6
40 m	5	3.95	1.05	4.4	1.6		

수심에 따른 질소, 산소의 부분압 변화

기에 넣고 포장을 하여 탄산가스가 보관 된다.

 깊은 수심에서는 다이버에게도 탄산가스가 용해되는 것과 같은 증상이 발생할 수 있는데 잠수에 사용되는 일반 대기의 공기 중, 비율이 약 79 % 정도 되는 질소의 경우 10 m 만 잠수를 하여도 1.6 대기압이 되어 혈액 속으로 용해되기 시작한다. 이러한 용해현상 때문에 다이버가 다이빙을 끝내고 안전정지 및 감압 절차를 갖는 이유가 된다.

 초과된 기체의 압력은 혈액 속으로 용해되어 세포까지 전달되는 기체의 총량이 많아지는 것을 의미하게 된다. 즉, 정상적인 가스교환으로 인한 산소사용과 이산화탄소 배출과정이 아닌 기체가 직접적으로 신체기관에 영향을 미치는 증상이 나타날 수 있다는 것을 의미하며 질소마취, 산소중독 같은 다이빙 부작용을 발생시키는 원인이 된다. 이론적으로 질소마취는 수심 7 m 부터, 산소중독은 수심 27 m 이상에서 발생할 수 있다(각각의 기체의 부분압이 1 대기압 이상이 되는 수심). 하지만 다이버 각각의 신체에 따라 혈액의 량이 틀리고 호흡량이 달라 정확히 7 m, 27 m 에서 동일하게 나타난다고 할 수 없다. 대부분의 다이빙에서 발생하는 문제가 그렇듯 이상 현상이 발생하는 경우, 즉시 다이빙을 중단하고 정해진 절차에 따라 상승을 한다면 해소되는 증상들이다.

 레저 다이빙 한계로 정해진 30 m 이내의 수심과 최대 30 분~1 시간(수심에 따라)이 넘지 않는 다이빙 시간을 철저히 준수한다면 이러한 위험 부담은 최소화 된다.

헨리의 법칙 Henry's low

헨리의 법칙은 '폐쇄된 압력을 받는 용기에 액체와 기체를 넣고 1 대기압 이상의 압력을 가하면 기체가 액체 속으로 용해된다. 이때 용해되는 기체의 비율은 원래 기체를 구성하고 있는 성분별 부분압의 비율과 같다' 이다. 우리가 마시는 탄산음료를 생각 해보면 헨리의 법칙을 쉽게 이해할 수 있다. 음료에 탄산가스를 인위적으로 용해를 시켜 만드는 것이 탄산음료이다. 탄산음료는 뚜껑을 열어 외부 압력과 같은 1 대기압으로 변화시키면 용해되어 있던 탄산이 거품으로 빠져 나와 위로 올라오는 것을 볼 수 있다. 이때 배출되는 기체의 량은 처음에 용해 되기 전, 기체가 구성하고 있는 성분의 부분압과 동일한 비율로 배출된다.

만약 다이버가 물 속 깊은 수심에서 오랜 시간 다이빙을 한다면 압축된 공기를 많이 마셔 다이버의 혈액 속으로 질소가 과다하게 용해 될 수 있다. 이런 상태에서 다이버가 빠르게 상승을 한다면 탄산음료를 따는 것과 같이 급격한 압력감소가 발생 할 수 있다. 이때 혈액 속에 용해된 질소가 공기방울로 바뀌면서 혈관의 약한 부분을 뚫고 나오는 증상이 나타날 수 있다. 그 결과로 눈동자 모세혈관이나 콧속 혈관이 퍼져 코피가 나는 경우도 있을 수 있다. 그렇기 때문에 정해진 상승속도 이하로(분당 9m) 올라 오는 속도를 조절하여야 한다.

깊은 수심의 다이빙은 혈액속의
기체용해상태를 생각해야 한다.
*** PSDC는 대심도 다이빙를 권장하지 않는다.

감압

다이빙을 즐기면서 가장 조심할 질병은 잠수병이다. 감압병 이라고 불리기도 하는 이 질병은 다이버가 적절한 감압절차를 거치지 않고 상승을 하면 혈관 내에 작은 공기방울이 남아 있는 경우가 발생한다. 이때 남은 공기방울이 신체에 어느 특정부위에 모여 혈관을 막게 되면 주변 조직을 괴사하게 하는 무서운 병이다. 하지만 이 질병의 원인은 명확하며 안전한 다이빙 절차와 안전 정지 같은 감압예방절차를 지킨다면 레저 다이버는 평생 다이빙을 하여도 아무런 문제가 없다. 단, 레저 다이빙의 한계인 수심 30 m 를 초과하는 다이빙을 하지 않는다는 전제조건이 있어야 한다. 다이버가 수심을 깊이 들어가면 갈수록 신체는 높은 압력에 노출된다. 이러한 수압은 1차적으로 호흡하는 폐를 통하여 혈관 속으로 가압된 공기를 공급하게 된다. 또한 신체의 조직 각 부분에는 수압에 직접 영향을 받는 피부표면으로부터 조금씩 다른 직접적인 압력을 받게 된다. 이러한 압력은 우리신체의 세포조직에 직접적인 영향을 줄 수 있기 때문에 안전성이 확인된 수심 30 m 를 레저 다이빙의 한계수심으로 정하고 있는 것이다. 레저 다이빙에서 감압절차는 의외로 매우 간단하다. 원칙적으로 레저 다이빙에서는 무감압 한계시간을 제한하고 이러한 다이빙 한계수심과 한계시간을 지킨다면 당연히 감압이 필요 없다. 그래서 레저 다이빙에서는 5 m 수심에 3 분 대기시간을 안전정지시간이라고 한다(안전정지시간은 감압시간이 아니다). 만약 무감압 한계시간을 초과한 다이빙을 하는 경우, 가지고 있는 컴퓨터가 알려주는 감압 스케줄에 따라 감압을 해야 한다. 감압이 필요한 다이빙을 하는 경우 정확한 다이빙 수심과 다이빙 초과시간을 수중에서 계산하는 것은 거의 불가능하며 이러한 계산은 착용하고 있던 컴퓨터가 정확히 계산을 해준다. 물론 레저다이빙에서는 감압다이빙을 허용하고 있지 않아 한계 수심과 시간을 초과된 범위에 대하여 공표된 감압테이블은 레저다이빙 영역에서는 없다. 수심 50 m 또는 100 m 같은 대심도 다이빙을 원한다면(이러한 영역은 테크니컬다이빙이라 한다) 그에 맞는 감압절차와 테이블을 사용하여야 한다. 우리가 즐기는 레저다이빙은 8000 m 이상의 고산을 등반하는 특수한 고산등반이 아니라 최대 3000 m 고도를 넘지 않는 일반등산을 하는 것과 같다. 국내의 산을 등산 할 때 특별히 가압 챔버나 산소통 같은 특수장비를 가져가지 않는 것처럼 레저 다이빙에서는 이러한 특수영역에 심압다이빙을 시도 하지 않으며 교육 또한 하지 않는다.

Premium Scuba Diving Cadet

시야

다이빙을 하면서 물 속에서 음료수병, 캔 같은 일상적인 물건을 보는 경우 매우 크게 보여지는 어색함에 놀라움을 겪는다. 이는 마스크 렌즈와 눈 사이의 공간이 돋보기 역할을 하여 왜곡된 영상을 보여주기 때문이다. 수중에서는 육상과 대비해서 약 25 % 정도 가깝게 보이며 약 33 % 정도 크게 보인다. 물속에서 어떤 물건을 잡으려고 할 때 손이 닿지 않아 당황하는 경우가 있는데 이는 다이버가 물체와의 거리를 25 % 더 가깝게 인식을 하고 팔을 뻗기 때문이다.

반쯤 물에 잠긴 카메라가 휘어져 보임

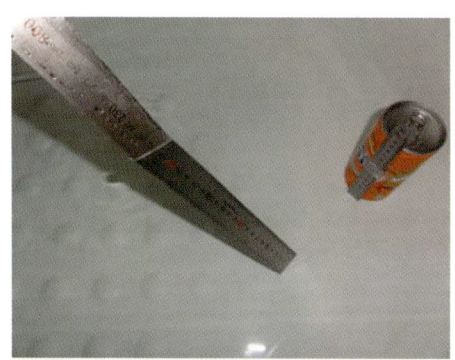

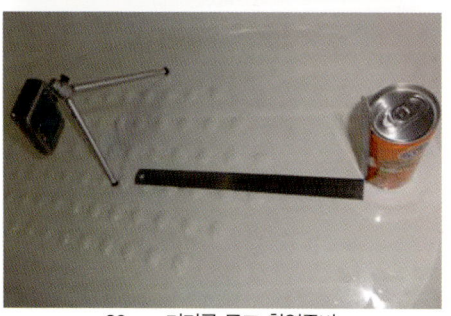

30 cm 거리를 두고 촬영준비

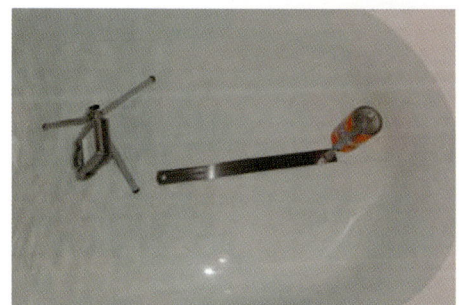

30 cm 거리에서 수중으로 완전히 잠긴 상태

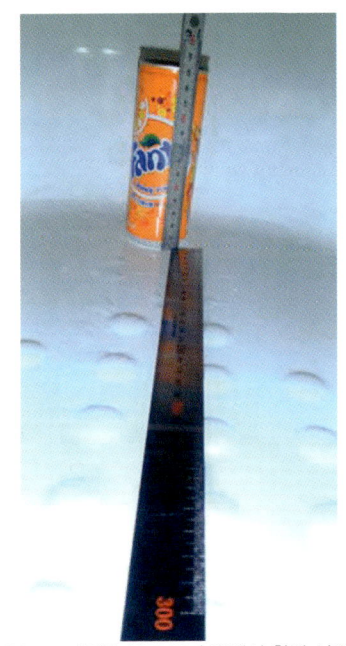
30 cm 거리를 두고 공기 중에서 촬영 사진

30 cm 거리를 두고 수중에서 촬영 사진

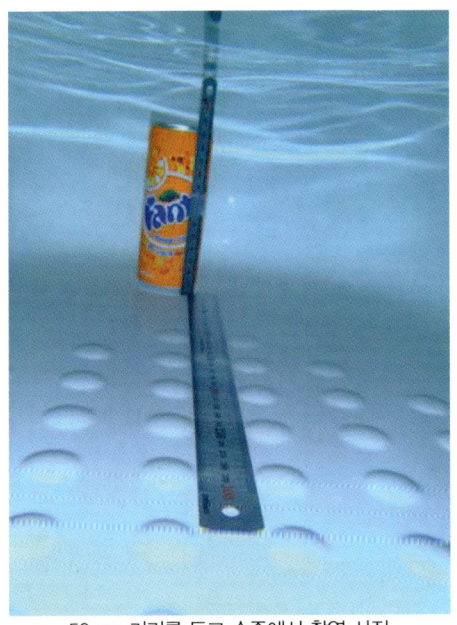
50 cm 거리를 두고 수중에서 촬영 사진

50 cm 거리를 두고 물이 빠진 상태 촬영 사진

Premium Scuba Diving Cadet

색의 변화

자연광으로 촬영된 사진
* 수심 8 m / 2012 년 서귀포 동부방파제

보조광원으로 촬영된 사진
* 수심 8 m / 2012 년 서귀포 동부방파제

사람이 색을 인지하는 것은 물체가 가지고 있는 색깔에 따라 반사되는 광선의 파장이 다르게 보이기 때문이다. 즉, 착용하고 있는 옷이 태양광에서 보이는 색과 실내에 들어와 형광등 빛이나 백열등 밑에서 보이는 색이 다르게 인지 되는 것은 반사되는 파장이 변하는 현상 때문이다. 특히 형광 색을 가진 옷을 입고 특수한 조명에 노출 되면 특별한 색으로 보이는 것을 생각하면 같은 색도 조명에 따라 다르게 보인다는 것을 알 수 있다. 바닷속에서는 수심에 따라 태양빛이 파장의 특정한 순서대로 흡수되어 가시광선이 가지고 있는 모든 색을 반사 시킬 수 없다. 때문에 보이는 생물체가 물 밖에서 보는 것과 다른 색으로 인지 되는 것이다. 수중랜턴을 가지고 있는 경우 물고기나 산호 등을 비춰볼 때 조명이 있는 경우와 없는 경우 너무나 다른 색의 변화를 느낄 수 있다. 그래서 수중사진을 촬영하는 다이버들은 접사로 촬영을 하는 경우 강력한 보조광원을 사용해서 생물체를 촬영한다. 이때 촬영된 결과물을 보면 다이버가 물 속에서 바라보았던 색감과 너무나 다른 변화에 놀라게 된

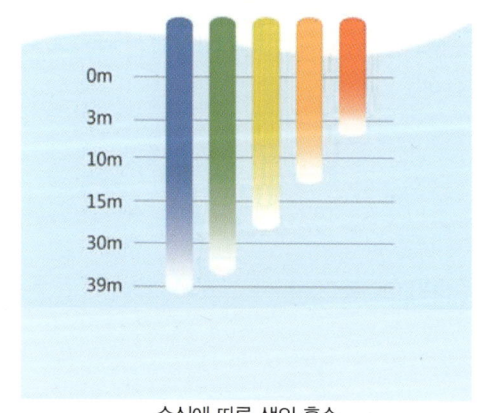
수심에 따른 색의 흡수

다. 맑은 물 속에서의 색이 흡수되는 순서는 앞 그림과 같다.

 바닷속으로 더 내려가면 가장 투과성이 좋은 파란색의 빛도 90 m 정도에서 모두 흡수되고 미세하게 빛이 보이지만 수심 200 m 를 넘어가게 되면 수면에서 내려온 빛은 전혀 남아 있지 않는다. 심해에서는 발광하는 생물체가 가진 빛이 유일한 광원이 된다. 가끔씩 영화에서 보여지는 심해의 영상은 파란색 빛으로 보이는데 다소 몽환적 느낌의 화면을 만들기 위하여 만들어진 영상이다. 실제로 심해잠수정을 타고 심해로 내려가 촬영된 영상을 보면 잠수정의 불빛에 반사된 화면으로 대부분 백색광원을 사용하는 이유로 동굴 속 촬영과 비슷하게 보여진다.

형광색 빛을 내는 말미잘

자연광으로 촬영된 사진
* 수심 5 m / 2012 년 서귀포 문섬

보조광원으로 촬영된 사진
* 수심 5 m / 2012 년 서귀포 문섬

Premium Scuba Diving Cadet

소리

처음 다이빙을 할 때는 경황이 없어 느낄 수 없지만 경험이 지속되면서 여기 저기에서 들리는 소리에 당황스러운 경우가 종종 있다. 특히 필리핀 지역의 경우 수중에서 폭발음이 들려 놀라는 경우도 있는데 다이빙을 끝내고 나와서 현지 가이드에게 물어보면 현지인들이 물고기를 잡기 위해 폭약을 쓰는 경우도 있어 그런 소리가 들리는 것이라는 설명을 듣게 된다. 육상에서는 매우 큰 소리가 아니면 멀리서 소리를 듣기 어렵다. 이는 소리를 전달하는 매질이 공기라서 소리가 매우 빠르게 흡수가 되기 때문이다. 하지만 바닷속에서는 '물' 이라는 매질이 소리를 전달하기 때문에 매우 멀리까지 전달할 수 있어 1~20 km 밖의 폭발음 소리까지 쉽게 들을 수 있는 것이다. 공기 중에서 소리의 전달속도는 약 340 m/s 가 된다. 하지만 물 속에서의 전달속도는 약 1,500 m/s

범고래는 지능이 매우 높다.

로 매우 빠르게 전달이 된다. 우리는 일상에서 소리를 통한 위치 파악을 많이 경험한다. 즉, 보행 중에 자동차가 지나가는 소리나 경적 소리를 듣고 소리 나는 쪽을 바라보며 확인하는 경우가 있다. 이때 소리의 음원 위치를 파악할 수 있는 것은 두 개의 귀에서 들리는 미세한 시간 차이를 감지해서 소리의 음원 위치를 파악하는 것이다. 하지만 물속에서는 소리의 전달 속도가 너무 빨라 양쪽귀로 감지하는 소리의 시간차이를 거의 느낄 수 없어 음원의 위치를 파악할 수 없게 되는 것이다. 이러한 이유로 다이빙을 하면서 소리를 듣고 보트의 위치를 파악하거나 다른 사람을 찾는 것은 매우 어려운 일이 되는 것이다. 그래서 물 속에서는 소리를 통한 의사전달보다 수신호를 통한 의사 전달이 효율적인 방법이 된다.

돌고래는 소리에 매우 민감하며
사람의 소리에 반응을 한다.

Premium Scuba Diving Cadet

里仁 爲美 擇不處仁 焉得知

孔子

07 스킨스쿠버 다이빙 기술

스킨스쿠버 다이빙이라는 말은 스킨 다이빙과 스쿠버 다이빙을 합친 복합의미 단어이다. 즉, 압축공기를 사용하여 물 속에서 호흡을 하면서 활동하는 다이빙인 스쿠버 다이빙과 스노클을 사용하여 물 위에서 유영을 하며 관찰하다 수면 아래로 잠수가 필요할 경우 수면 위에서 호흡한 공기를 머금고 잠수하여 본인의 호흡 한계까지 활동을 하다 올라오는 스킨 다이빙을 말한다. 스킨 다이빙과 스쿠버 다이빙은 많은 부분, 다이빙 기술을 공유하고 있으며 오픈워터 교육 프로그램에서는 스킨 다이빙 30 %, 스쿠버 다이빙 70 % 의 구성을 가지고 교육을 한다.

우가 있다. 이때 각자 개별적으로 스킨 다이빙을 즐기는 경우가 많다. 하지만 스킨스쿠버 다이빙은 안전을 최우선으로 해야 하고 그러한 시스템의 중요 조건은 버디 다이빙이다. 즉, 스킨 다이빙을 즐길 때에도 버디끼리 서로 확인을 하며 한 사람이 수면아래로 잠수할 경우 나머지 한 사람이 위에서 바라보며 만약의 경우 도움을 줄 수 있도록 준비하여야 한다는 것을 의미한다.

스킨 다이빙은 교육이 간단한 편이라 교육을 받고 바로 바다에서 스킨 다이빙을 즐기는 경

스킨 다이빙에서 간혹 발생하는 사고는 **얕은 수심 기절** 이라고 하는 문제가 발생한다. 이는 호흡을 오래 참고 수중 잠수를 시도했던 다이버가 수면위로 상승하면서 짧은 순간 기절을 하는 경우를 말 한다. 이때 같이 다이빙을 하는 버디가 기절한 상태로 수면 위에 올라온 다이버를 안전하게 호흡할 수 있도록 잡아주

어야 익사 사고를 방지할 수 있다. 이러한 사고는 깊은 바다에서 발생하는 것이 아니라, 2~5 m 정도 얕은 수심에서 발생하는 사고이기 때문에 버디의 세심한 관찰이 필요한 이유가 된다.

Premium Scuba Diving Cadet

스킨 다이빙

간단하게 스노클링 이라고 하는 스킨 다이빙은 열대바다에 여행을 가는 경우 한번쯤 경험하는 레저 스포츠다. 간단한 교육을 받고 수면 위에서 유영을 하며 수면아래를 관찰하는 스노클링은 아무나 어렵지 않게 즐길 수 있다. 하지만 수면 아래로 잠수를 하는 스킨 다이빙을 시도 하는 경우 여러 가지의 다이빙기술 습득이 필요하며 다이빙의 기초이론을 습득하고 실습하는 것을 권장한다.

보트를 이용한 스노클링

해안가 스노클링

스킨 장비의 착용

스킨 장비는 스쿠버 장비에서 공기 공급장치를 제외한 장비를 말한다. 마스크, 핀, 슈트, 스노클 등 으로 대표된다. 처음 착용하는 다이버는 정확한 착용 방법과 착용 순서를 습득하여 숙달시켜 두어야 한다. 이때 습득한 기술은 스쿠버 다이빙에서도 계속 사용되는 기초 다이빙 기술이 된다. 다이빙을 즐기면서 상대적으로 스킨 다이빙을 하는 기회는 적을 수 있지만 몸이 한번 습득한 기술은 평생 기억하고 사용되는 기술이기 때문에 실습에 열중하여 습득할 것을 권장한다.

스킨 장비의 착용은 슈트, 마스크, 스노클, 핀 을 순서대로 착용하며 착용 완료 점검은 머리부터 아래로 내려가며 점검을 하면 된다.

척 어려워하는 경우가 대부분이다. 기성품 다이빙 슈트의 경우 특유의 탄성과 재질로 인하여 입기가 무척 어렵다. 입는 방법은 크게 두 가지 방법으로 입는다. 한 가지는 슈트와 몸이 모두 건조한 상태에서 입는 방법이다. 또 한가지는 샤워기를 틀어 물을 슈트 속으로 조금씩 넣어주면서 입는 방법이다.

슈트는 천천히 조심하며 입어야 한다. 급하게 입으려 무조건 힘으로 몸을 밀어 넣으며 슈트를 손으로 당기는 경우 손톱이 뒤집히는 부상을 당할 수 있다. 슈트를 완전히 입고 등뒤에 있는 지퍼까지 올린 경우 다이빙을 들어가기

수족관에서 볼 수 있는 고래상어

준비운동

ㄱ. 슈트

처음 다이빙을 경험 하는 사람에게 입는 방법을 교육하지 않고 슈트를 입으라고 하면 무

Premium Scuba Diving Cadet

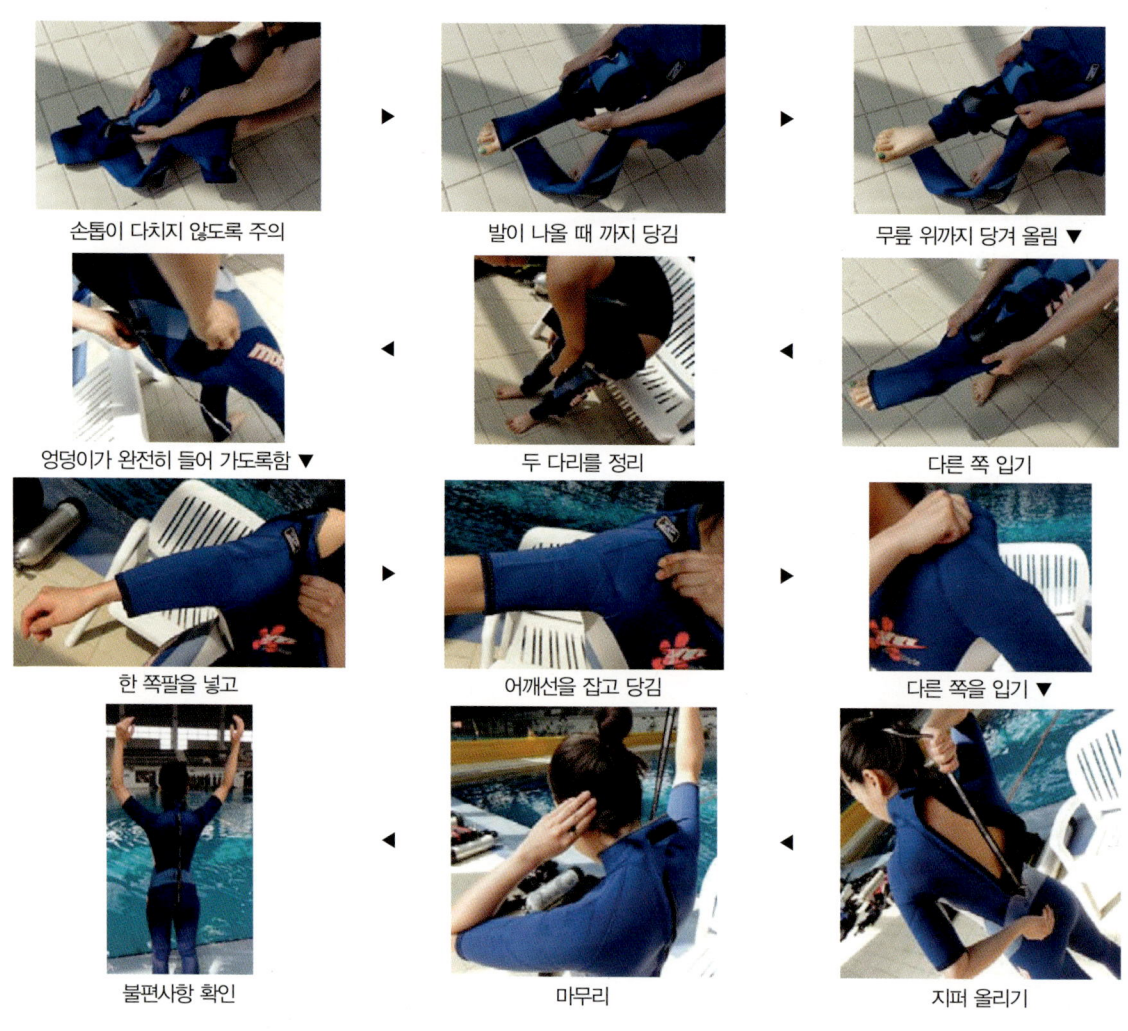

슈트 착용 순서

전까지 슈트 압착으로 인한 심한 답답함을 느낄 수 있기 때문에 적당한 타이밍에 슈트를 입는 것도 요령이 된다(초보 다이버의 슈트 입는 시점은 강사가 지시한다). 드라이 슈트의 경우 물이 들어가지 않는 구조로 만들어져 있다. 슈트 속에 내피를 입고 양말까지 신는 절차가 필요하다. 또한 드라이 슈트를 입고 다이빙을 할 때는 일반 슈트와 다른 부력 조절절차가 필요하기 때문에 별도의 드라이 슈트 다이빙 교육을 받아야 한다(드라이 슈트는 입는 방법 및 조작 방법 교육이 필요하다).

ㄴ. 부츠

다이버는 본인의 발에 정확히 맞는 부츠를 신어야 한다. 맨발로 부츠를 신는 경우에는 발톱이 뒤집어지지 않도록 주의 하여야 한다. 국내 다이빙의 경우 낮은 수온으로 양말을 신고 부츠를 신는 것을 권장한다. 부츠는 착용한 상태에서 슈트의 발목부분이 부츠 위로 덮는 것이 올바른 착용 방법이지만 열대 바다와 같이 따뜻한 다이빙 에서는 부츠를 밖으로 신는 경우도 있으니 본인이 가장 편하게 착용하면 된다.

부츠를 신고
▼

완전히 올려주고
▼

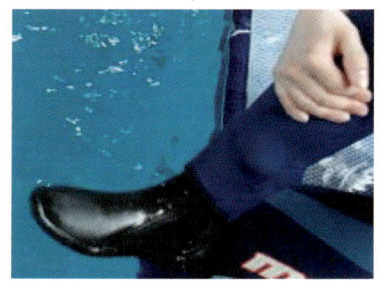

슈트를 위로 덮음

ㄷ. 후드

국내 다이빙의 경우 바다의 수온이 낮은 관계로 후드의 착용이 필수 사항이다(수온이 23℃ 이하는 후드착용이 필수). 후드는 머리카락이 완전히 들어가도록 착용하여야 하며 후드를 쓴 상태에서 후드의 아래 넓은 부분이 슈트 속에 들어 가도록 슈트의 상체지퍼를 요령있게 올려야 한다. 후드를 혼자 착용을 하고 지퍼를 올리는 일은 생각보다 어려운 일이므로 버디의 도움을 받는 것도 좋은 방법이다.

착용의 편리성을 위해 보온 내피에 후드가 연결되어 있는 것도 있다. 열대 다이빙의 경우 후드 착용이 필요 없는 수온이라 후드를 사용하지 않는 경우가 있는데 이런 경우에도 두건, 여름용 버프 등을 사용하는 것이 좋다. 후드는 보온의 역할이 가장 중요하지만 해파리의 촉수 등, 보이지 않는 위험 물질로부터 머리를 보호해주는 역할도 하기 때문에 모든 환경의 다이빙에서 후드 또는 두건을 사용하는 것을 권장한다.

후드를 벌리고
▼

정수리 부분을 먼저
▼

머리카락을 넣고
▼
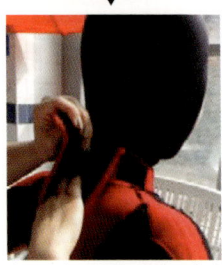
슈트 속으로 넣어 정리

ㄹ. 장갑

 5 mm 이상의 두꺼운 장갑을 착용할 경우 손가락이 잘 들어 가지 않아 불편을 겪는 경우가 많다. 그렇게 두꺼운 장갑은 보온성이 좋지만 물 속에서 두께로 인한 움직임이 편하지 않다. 그렇기 때문에 본인의 손과 크기가 일치

장갑을 벌리고
▼

손가락을 피면서
▼

슈트를 위로 덮음

하는 장갑을 착용하는 것이 중요하다.

새로 구입한 장갑의 경우 사용 전, 물 밖에서 미리 착용하고 인플레이터 버튼을 조작해보는 연습을 하여 불편함을 확인 하여야 한다. 국내 다이빙의 경우 일회용 비닐 장갑을 착용하고 장갑을 착용하면 매우 수월하게 장갑을 착용 할 수 있는 요령도 있다(생각보다 무척 따뜻하다).

ㅁ. 웨이트 벨트

웨이트 벨트를 착용할 때는 적절하게 좌우균형을 맞추어 버클부분이 왼쪽으로 향하게 바닥에 두고 허리를 숙인 상태에서 허리위로 올려주며 착용한다. 허리에 올린 상태에서 벨트를 조여 버클을 잠그고 몸을 일으키며 잘 맞춰야 한다. 6~8 kg 이상의 웨이트가 필요한

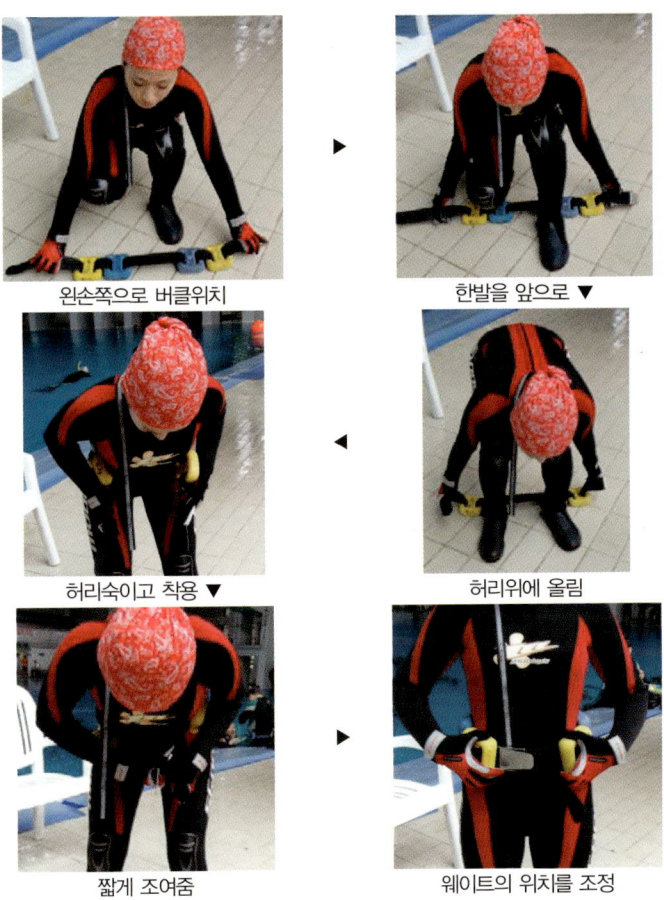

웨이트벨트 착용

다이버의 경우, 착용을 하면서 웨이트의 무게로 허리를 다칠 수 있으니 주의 하여야 한다. 또한 웨이트를 착용할 때는 반드시 장갑을 착용하여 버클에 손이 베이는 상처를 입지 않도록 조심하여야 한다. 웨이트는 착용도 중요하지만 긴급 상황에 웨이트를 버리는 것이 더 중요하다. 그래서 웨이트의 벨트를 쉽게 풀 수 있는 방식으로 착용하여야 한다.

ㅂ. 스노클링 자켓

동남아 열대바다에서 레저 스포츠로 경험하는 스노클링은 구명 쪼끼를 착용하고 스노클링을 즐긴다. 그것은 잠수 다이빙을 하지 않고 수면 위에서 관찰하는 방식으로 스노클링을 하기 때문이다. 하지만 스킨 다이빙에서는 수면 아래 잠수가 필요한 경우가 있으므로 부력을 확보하였다가 부력을 버릴 수 있는 기능이 있는 장비를 착용하여야 한다.

스노클링 자켓

스킨 다이빙에서 스노클링에 적합한 스노클링 자켓을 이용하는 것이 가장 좋은 선택이지만 다이빙 투어에서 별도로 스노클링 자켓을 가지고 가는 경우가 거의 없기 때문에 스쿠버 다이빙에서 사용하는 BC에 공기통을 제거한 상태로 사용하는 방법을 권한다. 수면 위에서는 인플레이터 호스를 통해 공기를 불어 넣어 부력을 확보하고 잠수 할 때는 공기를 배출하여 부력을 제거하고 쉽게 잠수할 수 있도록 작동할 수 있다.

ㅅ. 스노클

스노클은 항상 마스크에 왼쪽으로 부착하여야 한다. 그 이유는 오른쪽으로 호흡기가 넘어오는 공간이기 때문이다. 바다에서 스쿠버 다이빙을 하는 경우 스노클이 걸리적거려 착용하지 않고 다이빙을 하는 경우가 많다. 특별한 예외 상황에서 스쿠버 다이빙을 끝내고 수면으로 올라온 이후 많은 거리를 수면 이동해야 하는 경우가 있을 수 있는데 이때 공기통의 공기를 거의 다 사용한 경우라면 스노클을 사용해서 이동해야 하기 때문에 착용하고 다이빙을 하는 것을 권장한다. 착용이 불편하여 스쿠버 다이빙에 불편함을 느낀다면 감아서 BC에 넣을 수 있는 스노클을 사용하는 것도 요령이다.

스크랩에 걸기
▼
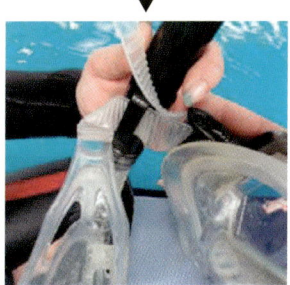
안쪽 스크랩으로 부착
▼

왼쪽부분에 부착사용
스노클 착용

방지액을 바르는 방법과 침을 바르는 방법이 있음)을 하고 사용한다. 마스크의 착용은 얼굴에 부착시키고 스크랩을 당겨 완전히 밀착 하여야 하며 코로 호흡을 살짝 들이 마셔 세는 곳이 있는지 확인하여야 한다. 머리카락이나 콧수염이 마스크 실 부분에 걸린 경우 미세하게 물이 들어올 수 있으니 버디끼리 서로 바라보며 확인을 해주는 것이 좋다.

마스크에 습기는 수시로 제거한다.

o. 마스크

마스크는 사용하기 전에 마스크 안쪽으로 물방울이 생기지 않도록 크린징(마스크 내부에 결로

Premium Scuba Diving Cadet

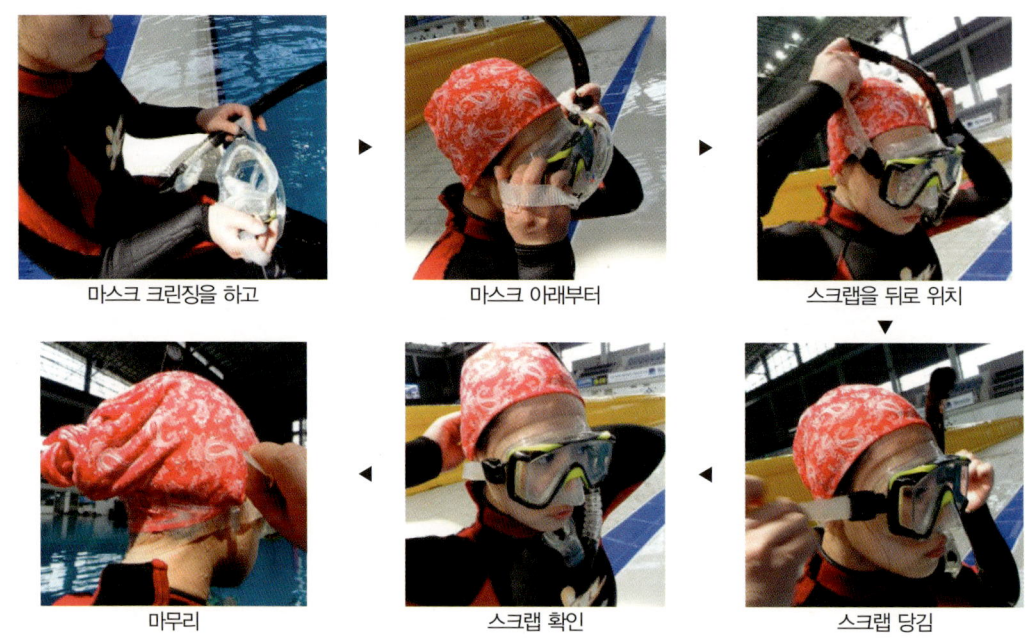

| 마스크 크린징을 하고 | 마스크 아래부터 | 스크랩을 뒤로 위치 |
| 마무리 | 스크랩 확인 | 스크랩 당김 |

마스크 착용

ㅈ. 핀

  핀을 착용할 때에는 버디에게 의지하며 착용하거나 의자에 앉아 착용하는 것이 좋다. 다리를 들어 'ㅁ' 모양으로 만들어 한쪽을 신고 다른 쪽을 신을 때는 다른 손으로 버디를 잡고 착용하는 것이 방법이다.

  파도가 치는 해안가 또는 흔들리는 보트에서 착용하는 것이 어려운 경우 손으로 들고 입수한 후에 물 속에서 착용하는 것도 요령일 수 있다. 하지만 이 경우 입수할 때 핀을 놓치는 경우도 있을 수 있고 입수 직후 착용할 때까지 몸을 제어하기 어려울 수 있으니 권장하는 방법은 아니다. 핀은 종류에 따라 스크랩을 당겨야 하는 것도 있고 스프링으로 구성된 스크랩의 경우, 신기만 하여도 되는 것도 있다.

스크랩 맞춤

▼

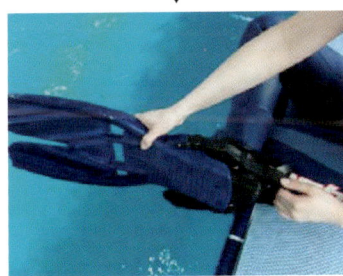

다리를 '4' 모양으로 하고 착용

▼

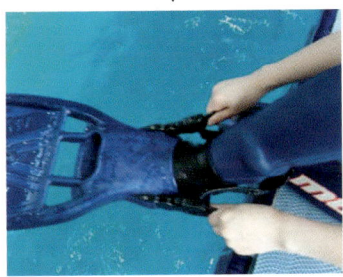

스크랩을 당겨 조여줌

Premium Scuba Diving Cadet

스킨 다이빙 입수

다이빙의 입수방법에는 여러 가지가 있으나 상황에 맞는 입수방법을 선택하는 것이 제일 좋은 선택이다. 초보 다이버인 경우 다이빙 리더의 지시에 따라 적절한 입수 방법을 시도하면 된다.

버디와 같이 입수를 하는 경우 상대적으로 다이빙 기술이 좋은 리더 다이버가 입수지역의 안전 여부를 먼저 확인하고 입수를 한 이후, 버디에게 'OK' 신호를 보내 입수를 유도한다. 모든 다이빙에는 '**어떠한 조건보다 안전이 최우선이다**' 라는 원칙에 따라 장애물, 조류, 다른 다이버와 충돌 등 위험요소를 사전에 확인 하는 것이 매우 중요하다.

다리벌려 입수를 할 때 너무 멀리 뛰지 않는다.

다리벌려 입수

다리벌려 입수는 앞으로 크게 한발짝을 걷는 것 처럼 입수를 한다.

ㄱ. 다리 벌려 입수 step in

가장 많이 사용하는 입수자세로 입수지역의 위치를 확인한 이후 마스크와 호흡기(스노클 포함)를 한 손으로 잡고 다른 손으로는 마스크의 스크랩을 잡은 상태에서(입수 할 때 마스크가 벗겨지는 것을 방지) 약간 넓게 앞으로 한 걸음을 크게 벌려 나아가면서 입수하는 자세이다. 이 자세는 입수 직후 자세가 흐트러지지 않고 바로 몸을 세울 수 있는 장점이 있어 가장 많이 사용된다.

ㄴ. 다리 모아 입수 fin first

다리 벌려 입수를 하는 자세에서 앞으로 도약을 한 이후 즉시 다리를 모아 수면을 핀이 넓게 때리면서 저항을 줄여주며 입수하는 자세이다. 이 자세는 입수를 위해 도약하는 입수 위치(배의 높이)와 수면과의 높이가 1 m 이상 되는 경우 다리 벌려 입수를 시도 할 때 사타구니 부분에 부상을 방지하기 위한 입수 방법이다. 다리 모아 입수는 몸이 일자 모양으로 세워서 입수가 되기 때문에 자세가 눕혀 지는 경우가 자주 발생한다. 입수 이후 다리를 벌려서 균형을 잡아 몸이 돌아가지 않도록 주의한다.

다리모아 입수는 높은곳에서 입수를 할 때 충격을 줄이기 위해 핀에 발 뒤꿈치 부분이 먼저 물에 닿는 방식으로 입수를 한다.

ㄷ. 옆으로 입수 control sited

수영장이나 다이빙보트에서 수면과 매우 가까운 경우(앉아 있을 때 다리부분이 이미 물 속에 들어가

몸을 왼쪽으로 돌림 (호흡기 반대쪽) ▶ 팔을 완전히 집고 밀면서 입수 ▶ 몸이 돌아가지 않도록 주의

Premium Scuba Diving Cadet

입수할 장소를 확인

마스크 스크랩과 호흡기를 잡고
엉덩이가 먼저 수면에 닿게
뒤로 구르며 입수

몸이 360도 회전하지 않도록 주의

있는 경우) 몸을 옆으로 비틀어 주며 앉아 있는 옆자리를 손으로 의지하며, 몸을 물 쪽으로 밀치며 입수하는 방법을 말한다. 몸이 자연스럽게 바로 세워지는 자세를 잡으면서 입수하는 자세가 되기 때문에 매우 쉬운 입수방법이지만 일반적인 다이빙환경에서는 입수지점의 여건이 편하지 않아 사용할 기회가 많지 않은 자세이다.

ㄹ. 뒤로 구르며 입수 back roll

고무 보트처럼 다이빙 보트가 낮은 경우(1 m 내외) 사용하는 입수방법으로 보트의 난간에 올라 앉아 뒤로 구르며 입수하는 방식이다. 입수하기 전에 반드시 입수지점에 안전을 확인하여야 하며 엉덩이를 먼저 수면에 닿게 떨어져 몸이 한 바퀴 돌아가는 것을 방지 하여야 한다. 마스크와 호흡기, 마스크 스크랩을 단단히 잡아 호흡기를 놓치거나 마스크가 벗겨지는 일이 없도록 주의하여야 한다.

스노클 사용

처음 스노클을 이용한 호흡을 시도하는 경우 평소에 잘 사용하지 않는 입을 통한 호흡방법에 어려움을 겪는다. 마스크를 착용한 상태에서 습관적으로 코로 호흡을 들이마시면 마스크 압착이 발생하여 당황하는 경우가 있다. 스킨 다이빙과 스쿠버 다이빙 두 경우 모두, 코를 통한 호흡은 들이 마시는 호흡이 아닌 내쉬는 호흡만 가능하며 그러한 호흡은 마스크 내부에 물을 제거하는 것과 같이 호흡이 아닌 다른 목적을 위하여 하는 행위가 된다.

스노클은 착용시 마스크의 왼쪽에 부착하여 착용하여야 한다. 스쿠버 장비 사용시 호흡기가 오른쪽으로 넘어와 스노클을 오른쪽에 착용한다면 불편함이 생긴다. 스노클은 제품에 따라 물을 빼주는 방법이 조금 달라질 수 있지만 호흡을 내뿜으면서 제거하는 일반적인 방법이 가장 많이 사용된다. 스노클은 제한수역에서 충분히 연습을 하여 스쿠버 다이빙을 할 때, 필요한 경우 편하게 사용할 수 있어야 한다. 스쿠버 다이빙을 하며 스노클이 필요한

호흡을 가다듬고 / 앞을 바라보며 / 고개를 숙이며 몸을 앞으로 펴줌
이동하며 관찰 / 천천히 호흡하며 / 아래를 바라보는 자세

수면에서 사용법

경우는 입수 후 수면이동이 많이 필요한 경우 공기를 절약하기 위해 사용할 수 있고 또 한 가지는 상승을 하고 많은 거리를 수면위로 이동하여 출수를 하여야 할 때이다. 두 경우 모두 공기통에 공기가 충분하다면 호흡기를 사용하는 것이 편리하다.

ㄱ. 수면에서 사용법

스노클을 착용하고 수면에서 물 속을 관찰할 때 아래를 바라보고 누운 자세에서 진행 방향으로 15° 정도의 각도를 바라보며 이동을 하는 것이 최적의 방법이다. 그 경우 스노클의 상부 각도가 수면과 90°를 이루어 물이 역류되는 것을 막아주기 때문이다. 하지만 실제로 스노클을 사용하며 이동을 할 때 고개를 돌리거나 다른 방향을 바라보며 어느 정도의 스노클 각도가 바뀌어도 물이 잘 들어 오지 않는다. 만약 물이 역류되어 스노클로 들어오는 경우 당황해서 물을 먹을 수 있다. 이때는 당황하지 말고 남아 있는 호흡으로 '푸~' 하고 불어내며 물을 빼야 한다. 물론 남아 있는 호흡이 없는 경우 당황하지 말고 살짝 고개를 들어 새로 호흡을 하고 다시 불어서 물을 제거하면 된다. 이러한 배수방법을 **불어서 내뿜기** popping method, 라고 한다.

잠수할때는 혀를 사용해서 물이
역류되는 것을 방지한다.
*** 약간의 공기를 배출하는 것도 방법

ㄴ. 잠수를 할 때 사용법

스노클은 잠수를 할 때 같이 물 속으로 들어가기 때문에 새로운 호흡을 할 수 있도록 공기를 제공해 줄 수 있는 장비가 아니라는 것은 모두 알고 있다. 잠수를 하며 물 속에서 습관적으로 호흡을 들이 마시면 물을 마시게 되는 것은 당연한 결과이다. 그러므로 잠수를 할 때는 잠수를 시도하기 전에 천천히 호흡을 하여 심리적인 안정을 취하고 잠수 직전 약간의 과 호흡을 하여 공기를 머금고 잠수를 한다. 물 속에서 이동을 하면서는 약간씩 공기를 내뿜으며 사용하면 물이 역류되는 것을 방지할 수 있다. 또한 잠수를 끝내고 상승을 하며 수면 위를 바라보면서 남은 공기를 조금씩 배출하면서 올라온다면 깊은 물속에서 작은 공기 방울이 올라오면서 팽창하는 성질에 의하여 자동으로 스노클 내부에 물이 배출되는 현상이 발생한다. 이러한 물빼기 방법을 **자연배수법** expansion method, 이라고 한다. 하지만 일부 물이 남아 있을 수 있기 때문에 한번 더 불어서 물을 제거해 주는 것이 좋다.

핀킥 fins kick

처음으로 핀을 착용하고 입수를 하여 이동하기 위해 핀킥을 하면 맨발수영에 비하여 매우 강력한 추진력을 느낄 수 있다. 핀은 추진력을 극대화 하기 위하여 종류에 따라 특화된 형태로 제작되어 다양하게 판매되고 있다. 핀의 구입을 결정 할 때 본인의 스타일을 생각해서 핀을 구입하여 사용하는 것이 좋다. 핀킥의 방법은 크게 4 가지 방법으로 분류 할 수 있다.

비하는 동작으로 사용된다. 이때 주의 할 점은 무릎이 구부러지며 마치 자전거를 타는 것 같은 회전운동이 되어서는 안 된다. 자유형킥에서 사용하는 근육은 무릎의 굴절을 이용하는 것이 아니라 엉덩이부터 허벅지로 이어지는 근육을 사용하여 천천히 킥을 하는 것이다. 빠른 추진력을 얻을 수 있지만 빠른 근육운동을 한다면 공기소모량이 많아져 스쿠버 다이빙에서는 권장하는 킥이 아니다.

자유형킥은 양발을 교차하면서 한다.

① 개구리킥은 다리를 완전히 벌렸다가

ㄱ. 자유형킥 flutter kick

자유형 수영에서 사용하는 발차기와 거의 동일한 방식으로 발차기를 한다. 킥을 할 때 무릎과 발목을 충분히 펴주어 추진력이 효율적으로 발생할 수 있도록 하여야 한다. 자유형 킥에서 추진력은 아래로 눌러주는 운동에서 90 % 이상 발생하며 위로 올려주는 운동은 발목의 각도가 자연스럽게 접히며 다음 킥을 준

ㄴ. 개구리킥 frog kick

수영의 평형에서 사용하는 킥과 유사하게 킥을 한다. 킥의 방법은 핀을 바로 눕힌 상태에서 다리를 벌려주고 다리를 오므리며 핀의 넓은 면이 박수를 치는 것과 같이 만날 수 있도록 해서 추진력을 얻는 방법이다. 중성부력을 유지한 평행상태의 개구리킥은 부드러운 동작

과 적절한 추진력으로 매우 효율이 좋은 핀킥 중에 한 가지라고 할 수 있다. 하지만 초보자가 하기에 약간 어려운 킥이기 때문에 충분한 연습이 필요하다.

② 발바닥으로 박수를 치는 것 같이 킥을 한다.

ㄷ. 돌핀킥 dolphin kick

돌핀킥은 돌고래가 헤엄을 치는 모습과 같은 방식으로 킥을 하기 때문에 붙여진 이름이다. 허리부터 부드럽게 위아래로 움직이며 몸 전체를 이용해서 추진력을 얻는 방식으로 돌고래의 유영과 같이 멋스러운 움직임을 보일 수 있다. 돌핀킥은 유형하는 모습은 우아하지만 체력대비 효율이 떨어져 수중에서 핀을 한쪽 분실하거나 스크랩이 끊어져 한 쪽 핀으로 이동을 해야 하는 경우에 사용을 한다.

ㄹ. 가위차기킥 scissor kick

오랜 경험을 가진 다이버들이 가장 많이 사용하는 킥의 방식이다. 이는 매우 효율적인 킥 방식으로 처음 배울 때 어려움이 있지만 배워두면 평생 유용하게 사용된다. 가위차기킥은 중성부력을 유지한 평행상태의 모습에서 다리를 모으고 한 쪽은 위로 다른 한 쪽은 아래로 킥을 하며 추진력을 얻는 방식이다. 일반적인

① 가위차기킥은 다리를 벌렸다가

돌핀킥은 다리를 모으고 온몸을 웨이브를 주며 이동한다.

② 다리를 모으고 다시 다른쪽 발로 반복한다.

핀은 아래쪽으로 힘을 줄 때 효율이 높게 제작된 것이 많다. 때문에 가위차기킥을 주로 사용한다면 위아래 양쪽을 모두 사용하기 편리한 제트핀 같은 평평한 형태의 핀을 사용하는 것이 좋다. 킥을 하면서 허리를 약간 틀어 주는 것도 효율을 높이는 방법이다.

가위차기킥에 적절한 핀

스노클링자켓의 사용

스노클링을 즐길 때 수면에서 이동하며 물속을 관찰 하는 경우 특별하게 부력이 필요하다고 생각을 하지 않게 된다. 이는 핀킥을 이용한 움직임이 물위에서 쉽게 떠 있을 수 있도록 많은 도움을 주기 때문이다. 하지만 오랜 시간 스노클링을 즐기는 경우 물 속에서 계속 핀을 차주어야 한다. 그래서 양성부력을 쉽게 확보할 수 있는 스노클링자켓을 사용할 것을 권장한다. 즉, 수면에서 휴식을 취하는 경우나 수면이동을 하는 경우 스노클링자켓에 약간의 공기를 넣어 주는 것으로 많은 체력적인 도움을 받을 수 있다.

해안가 스노클링

스노클링자켓에 부력을 확보하는 방법은 간단하게 입으로 공기를 불어 넣으면 된다. 한번 정도의 호흡으로 적당한 공기를 주입할 수 있다. 또한 잠수를 하기 위해 공기를 빼주는 방법은 간단하다. 자켓에 달려있는 배기 밸브를 당겨주면 쉽게 공기를 뺄 수 있다. 잠수를 할 때는 하강하며 공기를 빼주는 것이 아니라 미리 공기를 빼서 부력을 제거한 이후 잠수를 시도하면 된다. 잠수는 천천히 호흡을 가다듬고 잠수 직전 공기를 크게 마시고(인위적 과호흡) 잠수를 시작하는 것이 좋다. 비행기에서 이륙 직전, 승무원이 시연하는 구명조끼에 공기를 빨리 주입하는 것처럼 스노클링자켓에도 급속 가스충전장치가 있다. 카트리지의 줄을 잡아 당기면 즉각적으로 스노클링자켓에 공기가 들어가기 때문에 빠른 부력확보가 필요한 경우 사용한다. 물론 한번 사용 후에는 카트리지를 교환하여야 한다.

수면잠수 surface diving

 스노클링자켓의 사용방법이 익숙해지면 물 속으로 잠수를 시도한다. 물 속으로 잠수하기 위해서는 먼저 스노클링자켓의 양성부력을 제거하기 위해 공기배출을 해주어야 한다. 스노클링자켓이 아닌 구명조끼를 입고 잠수를 시도하는 경우 절대 잠수를 할 수 없다. 만약 잠수를 시도하려 한다면 구명조끼를 벗고 시도하여야 한다.

 보통체격의 성인남자인 경우 공기를 들이마신 상태에서 폐 속에 남아 있는 공기만으로 충분한 양성부력을 가지게 된다. 그래서 호흡을 충분히 버리지 않는다면 수면아래로 내려가기가 힘든 경우가 많다. 스킨 다이빙에서는 2~3 kg 정도의 웨이트를 착용하고 잠수를 시도하는 것이 좋다. 웨이트를 착용한 경우에는 수면 위에서는 스노클링 자켓에 양성부력을 확보해서 체력이 낭비되지 않도록 하여야 한다. 수면아래로 잠수를 시도하는 방법이 여러 가지가 있지만 그 중에 자주 사용하는 두 가지 방법은 아래와 같다.

잠수함과 다이버

물속에 머리를 완전히 넣는다.

상체를 아래쪽으로 90도 각도로 인사하는 것 같이 아래쪽으로 구부린다.

ㄱ. 머리먼저 입수 $^{head\ first}$

A. 몸을 수평으로 유지한 상태에서 천천히 2~3 회 호흡을 한다.

B. 호흡이 안정된 상태에서 약간의 과 호흡을 한다.

C. 팔은 뻗어서 물속을 향하며 상체를 약간 위로 들었다가, 앞으로 90° 인사를 하는 것과 같이 수면 아래로 머리를 집어 넣는다. 이때 혓바닥으로 스노클에 공기구멍을 막아주면

한쪽다리를 완전히 위로 올린다.
양쪽다리를 올리는 것이 편한 경우
두 다리를 모두 올려도 된다.

핀까지 완전히 물 속에 잠긴 후에
힘차게 핀을 차며 내려간다.

다리를 올린 상태에서 기다리면
중력에 의하여 수중으로 내려간다.

스킨다이빙으로 하강을 할 때는
중력의 힘을 이용해서 핀킥의 횟수를
줄여야 오랫동안 물 속에서 머물 수 있다.

Premium Scuba Diving Cadet

물이 역류되는 것을 줄일 수 있다.

D. 다리와 상체의 각도가 90°를 유지한 상태에서 다리를 하늘 방향으로 완전히 들어준다. 이때 몸이 수면과 직각이 되는 상태로 유지하는 것이 좋다.

E. 몸의 무게와 웨이트의 음성부력으로 자연스럽게 하강을 시작 하는데 핀의 끝부분까지 완전히 물 속으로 들어 올 때까지 기다린다.

F. 발끝을 약간씩 움직여 보면 물에 저항으로 핀의 끝부분이 아직 수면밖에 있는지 물 속으로 완전히 들어 왔는지 느낄 수 있다. 물 속으로 완전히 들어온 다음 힘차게 자유형 킥을 해주며 한번에 하강을 한다.

G. 하강이 시작된 이후 빠르게 킥을 차서 하강하는 것보다 천천히 킥을 해주며 중력에 의하여 하강을 하는 것이 공기 소모를 적게 한다. 그래서 물 속에서 좀더 오래 편안한 움직임을 갖기 위해서는 되도록 이면 천천히 움직여 주는 것이 좋다.

몸이 완전히 물 속으로 들어간 상태에서
팔을 벌리고 킥을 충분히
할 수 있도록 벌린다.

ㄴ. 다리먼저 입수 fin first

A. 다리먼저 입수 방법은 수심이 깊어 잠수 준비를 위해 충분히 내려갈 수 있는 곳에서 사용한다.

B. 몸이 수면 위에서 바로 서 있는 상태에서 시작을 한다.

C. 머리먼저 입수와 같이 호흡을 정비하고 팔을 벌려 수면 아래로 눌러주며 다리를 힘차게 차면 수면위로 몸이 허리 정도까지 나오게 된다. 그 다음 다리를 모르면서 기다리면 중력에 의하여 몸이 완전이 물 속으로 입수하게 된다.

핀킥을 힘차게 하며 팔을 아랫쪽으로
물장구를 쳐주면 몸이 배꼽 정도까지
물 밖으로 나온다.

중력에 의하여 물 밖으로 몸이 나갔던
반동으로 몸이 완전히 물 속으로 잠긴다.

상체를 기울이며 아래쪽으로
킥을 하면서 내려간다.

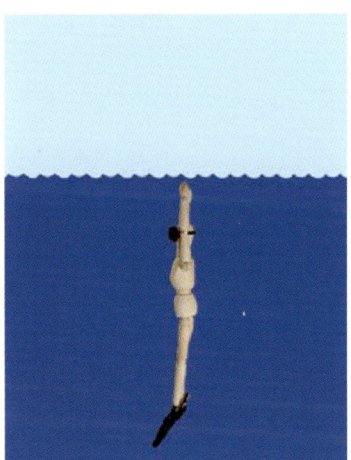

이때 팔을 위쪽으로 힘차게 올려서
몸이 완전히 물 속으로 가라 앉게 만든다.

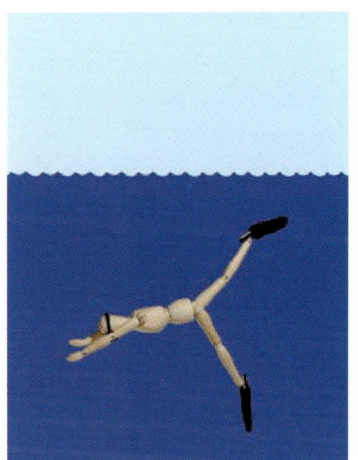

원하는 방향으로 킥을 하며 이동한다.

D. 몸이 완전히 물 속으로 들어간 상태에서 몸에 붙였던 팔을 수면 위로 한번 더 힘차게 올려주면 좀더 완전하게 하강를 하게 된다.

E. 이미 물 속으로 완전히 잠수한 상태가 되기 때문에 그 상태에서 천천히 몸을 앞으로 기울여 잠영을 하면 된다.

Premium Scuba Diving Cadet

압평형 equalized

스노클링을 할 때와 스쿠버 다이빙을 할 때 두 경우 모두 실시해야 하는 다이빙 필수기술이다. 물 속으로 입수해서 하강함에 따라 몸에는 수압이 더해진다. 특히 콧속 같은 몸 속에 있는 빈 공간에 들어 있는 공기가 압력을 받아 수축하면서 주변 조직을 압착시키는 현상이 발생하여 몸에 불편함을 느끼게 된다. 이때 호흡하고 있는 압축공기를 몸 속으로 불어 넣어주는 압평형(이퀄라이징 equalizing) 이라고 하는 간단한 기술로 불편함을 해소 할 수 있다.

ㄱ. 마스크의 압평형

스킨스쿠버에 사용되는 마스크는 일반 수영에서 사용되는 수영 고글과 다르게 코를 덮고 있는 구조로 되어 있다. 그런 구조를 갖는 가장 큰 이유는 마스크에 물이 들어올 경우 코로 공기를 불어 넣어주며 마스크내부 물을 빼주는 행위(마스크 크린징)를 하기 위함이다. 또한 가지 이유는 하강을 하며 받는 외부 압력으로 마스크 내부 공기가 수축되면서 눈동자와 눈 주변 근육을 빨아올려 피 멍이 들게 되는 마스크 압착을 해소하기 위함이다. 이러한 압착을 방기하기 위해서는 하강을 하면서 조금씩 코로 공기를 내쉬는 호흡을 하면 자연스럽게 마스크 내부에 압평형을 이루게 된다. 초

귀가 아프기 전에 압평형을 시도한다.

공기를 마시고

코로 내쉼

코로 공기를 불어넣어 마스크 압평형하기

보자들의 경우 긴장을 하여 마스크 압평형을 하지 않고 급속한 하강으로 눈 주변에 피 멍이 생기는 부상을 입는 경우가 가끔 있다(부상을 입은 모습이 마치 너구리의 모습과 닮은 형태로 나타난다). 그렇게 피부에 생긴 부상은 시간이 지나면 쉽게 빠지지만 눈동자 흰자위에 모세혈관이 터지는 부상은 흉터로 남을 수 있으니 하강을 할 때 반드시 마스크 압평형을 해주어야 한다.

ㄴ. 귀의 압평형

마스크의 압평형은 긴장한 경우 느끼지 못하고 내려가면서 부상을 입는 경우라 다이버가 인지를 못하는 경우가 많다. 하지만 귀의 압평형은 몸이 느끼는 통증으로 압평형을 하지 않고는 내려가기 힘든 형태로 나타난다.

귀의 내부공간은 부비동과 연결된 유스타키오관 $^{Eustachian\ tube}$ 으로 이어져 있으며 입구부분에는 고막으로 외부와 차단되어 있다. 고막은 평소 외부 또는 내부 압력 변화에 노출되는 경우가 매우 드물어 하강함에 따른 내부 압력의 변화로 귀가 압착되는 느낌을 매우 민감하게 느끼게 된다. 이때 코를 손가락으로 잡아 막아주고 폐 속에 공기를 살짝 내뿜어 부비동 내부의 압력을 높여 주어 고막이 밖으로 밀리면서 외부와 압평형이 이루어 질 수 있도록 해야 한다. 귀의 압평형은 귀에 통증을 느끼기 이전에 미리 조금씩 시도를 해야 하며 이미 귀에 통증이 심해진 경우는 코를 막고 공기를 불어 넣어도 잘되지 않는다. 이렇게 압평형이

하강하며 압평형

코를 잡고 압평형

귀의 압평형

Premium Scuba Diving Cadet

되지 않는 경우는 현재의 수심보다 약 1 m 정도 상승을 하여 다시 시도하면 쉽게 압평형을 이룰 수 있다(현재의 수심에서 멈춘 상태에서 호흡을 가다듬고 천천히 다시 시도해보는 방법도 있다). 귀의 압평형이 되지 않는 경우, 통증을 참고 계속 하강을 한다면 고막에 구멍이 뚫어지는 부상을 당할 수 있다. 그런 부상(고막 천공 - 귀가 먹먹하고 소리가 잘 들리지 않음)이 발생하면 귀속 내이부분까지 물이 들어와 다이빙시 균형을 잡기 매우 힘든 상황이 되며 바닷물에 의한 세균감염이 발생할 수 있기 때문에 바로 다이빙을 중지하고 병원치료를 받아야 한다. 초보자의 경우 압평형이 잘되지 않아 어려움을 겪는 경우가 많은데 다이빙 횟수가 증가 할 수록 몸이 적응을 해서 고막이 견뎌내는 압력이 올라가 보다 수월하게 압평형을 할 수 있게 된다.

ㄷ. 부비동 paranasal sinuses 의 압평형

부비동은 귀의 압평형과 연결된 공간이기 때문에 코와 입을 막고 호흡을 내뿜어 귀의 압평형 방식과 동일한 방법으로 문제를 해결 할 수 있다. 즉, 귀의 압평형이 되면 자연스럽게 부비동 압평형이 되는 것이 일반적인 현상이다.

특별한 경우 귀의 압평형이 문제 없이 잘되어 다이빙을 하였지만 안면에 극심한 통증을 나타내며 붉게 발진이 나타나는 다이버들이 가끔 있다. 이러한 경우 다이빙 과정에서 보이지 않는 해파리촉수에 쓸려 같은 증상이 나타나는 경우라 생각을 하고 대수롭지 않게 무시하고 지나는 경우가 많은데 매번 다이빙마다 그런 증상이 나타난다면 부비동 압평형이 안 되는 경우라 의심할 수 있다. 보통사람들의 경우 부비동은 안면에 상하 4 곳에 크게 위치를 하며 서로 연결되어 있어 코와 입을 막고 공기를 내뿜으면 일정하게 내부 압력이 올라가게 된다. 하지만 축농증을 앓은 경우(부비동염)와 선천적 내부구조 이상으로 부비동 공간들이 시로 연결되지 않아 특정한 공간에 공기가 통하지 않는 사람들도 있다. 이런 사람들의 경우 연결되지 않은 공간이 압평형 되지 않아 심한 통증을 유발하여 심한 경우 상악(윗쪽 이)이 흔들리거나 빠지는 경우도 발생할 수 있다. 그런 증상은 20 m 이상의 다이빙을 경험 할 때 많이 나타나며 종합병원에서 정밀 진단을 받아 치료를 하는 것이 다이빙을 계속할 수 있는 방법이다(치료 후 2~3개월 정도 다이빙을 쉬어야 한다).

스쿠버 다이빙

　스쿠버 다이빙은 스킨 다이빙과 다르게 호흡을 위한 공기를 별도의 장비를 통하여 공급받으며 수중활동을 하는 다이빙을 말한다. 지상에서 호스를 통하여 공기를 내려주어 호흡을 하며 다이빙을 하는 경우도 있지만(머구리 라는 표현을 사용함) 레저 다이빙에서는 압축공기를 공기통에 넣어 다이빙을 하는 것을 스쿠버 다이빙이라고 말한다. 스쿠버 다이빙에서 필요한 기술 중 많은 부분은 이미, 스킨 다이빙의 기술과 일치하며 스쿠버 다이빙을 교육 할 때 선행 기술 습득이 된 것으로 가정하고 진행된다. 특히 입수방법이나 마스크, 물 빼기 같은 필수 기술들은 스킨 다이빙에서 충분히 연습을 하고 스쿠버 다이빙을 시작하는 것이 좋다.

Premium Scuba Diving Cadet

스쿠버 다이빙 수영장 실습

스쿠버 다이빙을 처음 배우러 수영장에 갔을 때 절차에 대하여 간단하게 소개한다.

① 장비이동에는 수레를 이용한다.

② 넘어지지 않게 주의한다.

③ 교육생과 강사가 만나서 인사를 나눈다.

④ 교육생은 이용안내서를 읽고 면책동의서에 서명을 한다.

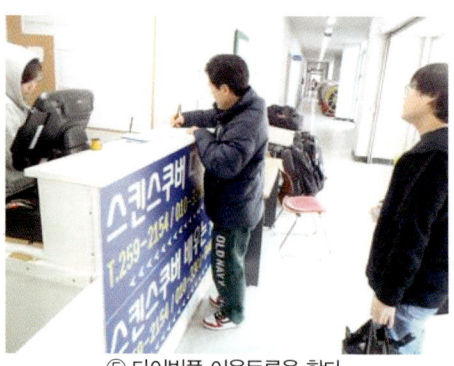
⑤ 다이빙풀 이용등록을 한다.

⑥ 다이빙풀에 입장한다.

⑨ 준비운동을 하고 실습을 시작한다.

⑦ 실습을 시작하기 전 장비를 준비한다.

*** 쉬는 시간에 궁금한 이야기를
나누며 간식을 먹는다.

⑧ 장비를 정리하고 공기통을 받아온다.

Premium Scuba Diving Cadet

스쿠버 장비조립

스쿠버 다이빙은 장비의 스포츠라고 해도 과언이 아니다. 그만큼 장비의 성능 유지를 위한 정확한 사용방법과 관리방법이 중요한 것이다. 처음 장비를 조립하는데 순서도 없이 눈대중만으로 조립하는 경우가 있는데 안전이 직결된 사항인 만큼 항상 순서와 점검을 통해 조립을 하여야 한다. 조립순서는 반드시 아래의 순서에 따른다.

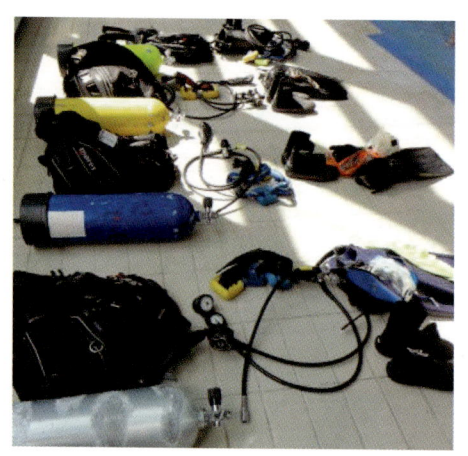

ㄱ. 공기통을 확인

공기통을 배정받아 우선 확인할 것은 공기통 밸브 쪽에 있는 O 링이 잘 있는지, 밸브가 찌그러지지 않았는지 확인한다. O 링은 호흡기와 완전한 연결을 위하여 반드시 필요한 부분으로 O 링이 없거나 연결부위 주변이 찌그러진 경우 연결을 해도 공기가 세어 나온다. 두 번째 확인이 필요한 것은 밸브를 살짝 열어서 공기를 코로 호흡해 보는 것이다. 압축공기는 공기압축장비 air compressor 주변 일반공기를 작은 공기통에 대기압의 200 배 만큼으로 압축을 해서 보관하기 때문에 공기 압축 장비 근처 공기가 오염 되어 있는 경우 압축공기 역시 오염되는 경우가 있을 수 있다. 가장 많이 발생하는 공기오염 문제는 공기 압축 장비의 동력원으로 디젤엔진을 사용하는 경우 매연이 같이 들어가는 경우가 있을 수 있는데 이 경우 일산화탄소 중독과 같은 심각한 문제가 발생할 수 있기 때문에 공기에서 약간의 이상한 냄새가 나는 경우 절대 그 문제가 있을 것으

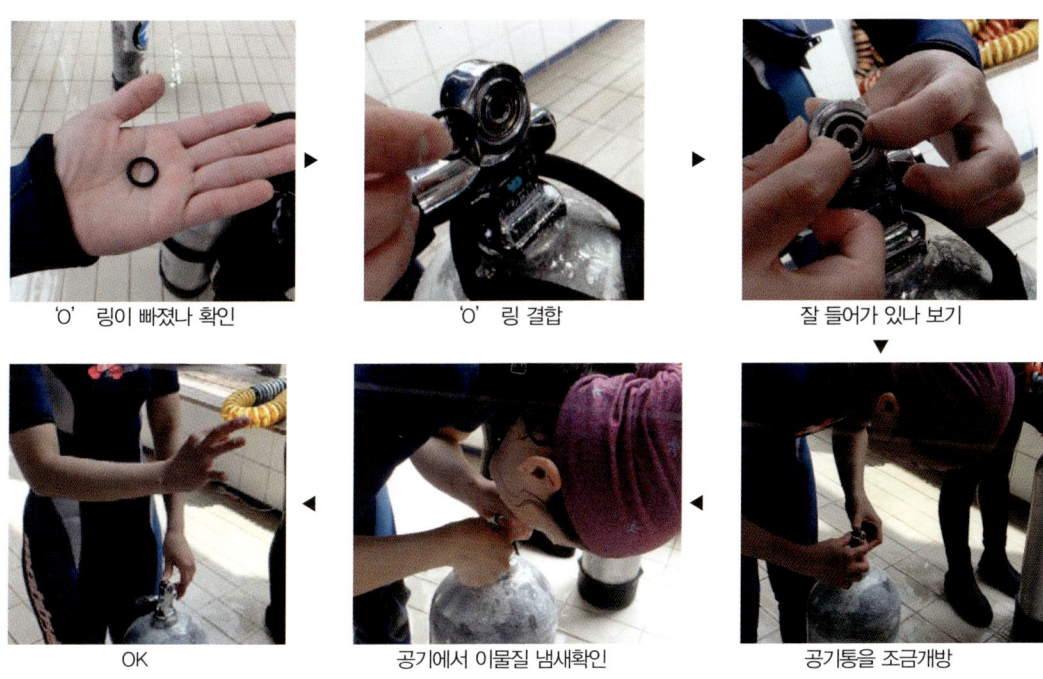

| 'O'링이 빠졌나 확인 | 'O'링 결합 | 잘 들어가 있나 보기 |
| OK | 공기에서 이물질 냄새확인 | 공기통을 조금개방 |

공기통 확인

로 추정되는 공기통을 사용해서는 안 된다(일산화탄소는 무색무취이지만 매연에서 냄새가 난다). 세 번째 확인해야 하는 사항은 공기통을 흔들어 봐서 내부에 이물질이 있는지 확인하는 것이다. 내부에 물이 있는 경우 출렁이는 느낌과 소리를 확인할 수 있으니 이 경우도 반드시 공기통을 교체하여야 한다. 공기통 내부에 물이 있다는 것은 내부가 부식되어 공기가 오염되었다는 의미이기 때문이다. 이러한 문제가 종종 발생 하는 이유는 우리나라 같은 경우 외부 기온이 낮을 때 공기통을 충전하는 경우 공기통 내부와 외부간의 온도차이로 인한 결로현상이 발생하여 이슬이 생기며 이것이 반복되어 약간의 물이 존재하는 것이다(주기적인 공기통 세척과 관리는 다이빙 리조트의 의무사항이다).

ㄴ. 공기통을 BC에 고정

공기통에 BC를 부착하는 방법은 간단하다. BC에 있는 공기통 고정 밴드의 길이를 적절하게 맞추고 공기통의 위쪽부터 넣어 주며 BC를 입었을 경우 어깨에 걸리는 어깨끈(쪼끼형의 경우 어깨선)위치를 공기통이 휘어지는 부분정도에

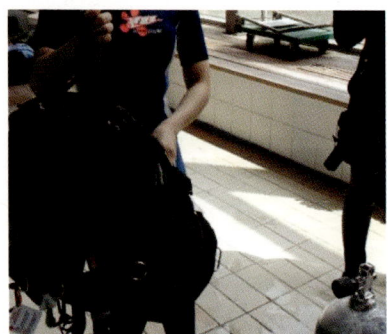
한손으로 BC를 들고 연결밸트 정리

BC의 어깨선과 공기통의 굴곡부분을 맞춤

연결벨트를 조임

손잡이를 공기통밸브에 걸기
(다이빙 종류에 따라 걸지 않는 경우도 있음)

BC 어깨부분을 잡고 빠지는지 확인

항상 눕혀서 정리

공기통을 BC에 결합

맞추면 된다. 고정밴드를 단단히 고정하여 BC의 어깨끈을 들고 살짝 흔들었을 때 공기통이 빠지지 않으면 된다.

처음 BC를 결합할 때 공기통의 밸브가 반대로 돌아가 다시 결합하는 경우가 있는데 BC를 입었을 경우 오른쪽 어깨선과 공기통의 밸브가 같은 방향으로 수평을 이루게 결합을 하면 실수 하지 않는다.

ㄷ. 호흡기를 점검

호흡기의 1단계 요크 밸브에 먼지마개 부분을 풀러 내부에 이물질이나 부식된 곳이 있는지 확인한다. 평소에 장비관리가 잘 되어 있는 경우 문제가 없지만 세척 후 깨끗이 정비가 되지 않은 경우 이물질이나 부식이 되어 있는 경우가 있는데 이때는 반드시 장비 AS를 통하여 완전한 성능을 발휘할 수 있게 하여야 한다. 호흡기는 다이버의 생명에 직결된다는 것을 절대 잊지 말아야 한다. 두 번째는 호흡기를 들어 공기를 호흡해보는 것이다. 공기통에 연결이 되지 않아 당연히 들어 마시는 호흡이 되지 않아야 하지만 내쉬는 호흡은 정상 작동을 하여야 한다. 들어 마시는 호흡이 가늘게 되는 경우 호흡기 내부에 미세한 구멍이 나있는 경우가 많으니 이 경우도 반드시 수리를 해야 한다. 오랜만에 호흡기를 사용할 경우 호흡기가 굳어서 내쉬는 호흡이 되지 않는 경우가 있는데 조금 힘있게 내쉬는 호흡을 하면 풀리는 경우가 많다.

마지막으로 확인할 부분은 호흡기 마우스피스 부분이 정상인지 확인하는 것이다. 간혹 초보자의 경우 물속에서 긴장을 하여 마우스피스를 너무 세게 물어서 끝부분이 떨어질 정도가 되는 경우가 있다. 이런 경우 반드시 교환

먼지마개를 제거 후 1단계내부 이물질을 확인

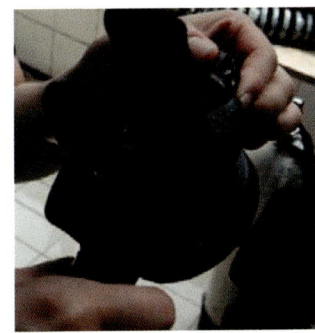

2단계 호흡기 마우스피스 확인

결합전 호흡기 확인

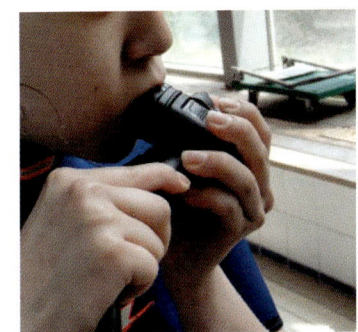

불어서 숨이 내쉬어지는지 확인
(들숨을 쉬어지지 않음)

Premium Scuba Diving Cadet

을 하고 사용하여야 한다. 물 속에서 마우스피스의 조각이 떨어져 잘못 삼키는 경우 기도를 막아 심각한 위험을 초래할 수 도 있다.

ㄹ. 호흡기를 공기통에 결합

호흡기의 점검이 완료된 상태에서 공기통과 결합은 장비마다 약간씩 다를 수 있지만 일반적인 연결방법으로는 다음과 같다.

A. 호흡기 전부를 모두 오른손에 쥔다(여기서 호흡기는 주호흡기와 보조호흡기 모두를 말한다).

B. 나머지 게이지, 인플레이터 연결호스 등을 왼손으로 쥔다.

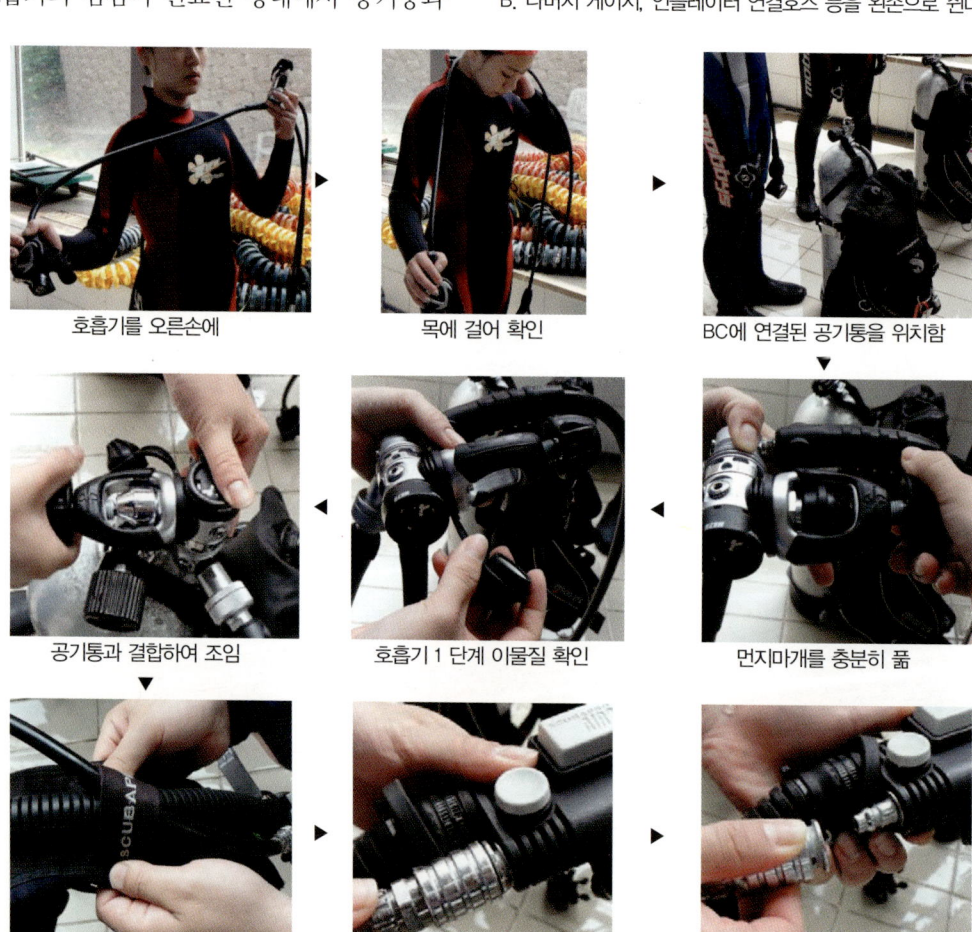

호흡기를 오른손에 / 목에 걸어 확인 / BC에 연결된 공기통을 위치함
공기통과 결합하여 조임 / 호흡기 1단계 이물질 확인 / 먼지마개를 충분히 풂
BC에 호스를 부착하여 정리 / 연결 후 당겨서 확인 / BC 인플레이트 밸브에 연결

호흡기 결합

C. 양손 중간에 1 단계 연결뭉치를 목도리를 하는 것 같이 목뒤로 건다.

D. 공기통과 연결된 BC를 가져다 두 다리 사이에 30 cm 정도 앞에 둔다. 이때 공기통이 다리 쪽에 가깝게 위치 해야 하며 오른손 쪽으로 공기통 밸브가 잡혀야 한다.

E. 목에 걸려 있는 호흡기를 그대로 앞으로 내려 오른쪽에 주 호흡기와 보조 호흡기가 나머지는 왼쪽에 위치한 상태에서 1 단계 연결부위와 공기통의 연결 부위를 결합한다. 결합 후 요크 조임 장치를 조일 때 너무 꽉 잠그지 말고 완전히 잠김이 느껴질 때 그만 잠궈야 한다(꽉 잠긴 경우 장비해체를 할 때 안 풀리는 경우가 있다).

F. 저압호스와 BC에 인플레이터 호스 연결부위를 연결한다. BC의 인플레이터와 연결되는 부분은 BC마다 다를 수 있으니 BC를 바꿔 사용할 때에는 반드시 그 BC와 짝이 맞는 저압호스를 사용하여야 한다

ㅁ. 공기통 밸브를 열어 게이지 확인

공기통을 열어보기 전에 게이지의 바늘이 0'을 표시하고 있는지 확인한다. 정상적으로 작동하는 게이지인 것을 확인한 이후 왼손에 게이지를 들고 오른손으로 천천히 밸브를 몸 쪽으로 돌려 열어본다. 이때 주의 할 점은 게이지를 바라보면서 여는 것이 아니라 게이지를 몸과 반대 방향 쪽으로 사람이 없는 곳을 향한 상태여야 한다. 이는 게이지 불량이 있는 경우 갑작스러운 압력 증가로 게이지가 깨지는 경우가 있을 수 있는데 그 파편이 튀어서 얼굴에 부상을 입을 수도 있기 때문이다(밸브를 열 때 게이지를 BC의 안쪽 등판에 맞대고 여는 것도 좋은 방법이다). 공기통을 열었을 때 게이지가 수영장의 경우 150 bar, 바닷가 리조트의 경우 200 bar 정도가 나오는 것이 일반적인 용량이다.

개방 전 게이지 확인

BC 등판에 대고 안전하게 개방

개방 후 게이지를 확인
*** 호흡기를 사용할 때 게이지 바늘이 흔들리지 말아야 함

공기통 밸브개방 확인

Premium Scuba Diving Cadet

만약 공기통의 압력이 일반기준보다 90 % 수준이 되지 않는다면 공기통을 교체하는 것이 좋다. 공기통 개방 이후에는 호흡기를 들어 호흡을 해보며 호흡에 문제가 없는지, 게이지가 미세하게 움직이는지를 확인한다(게이지가 움직이면 게이지 고장을 의심할 수 있다). 간혹 호흡기에서 공기가 지속적으로 빠르게 분출되는 경우가 있는데 호흡기 입구를 막아주거나 퍼지밸브를 살짝 눌러주면 분출이 멈춘다. 이 경우는 호흡기 고장이 아니고 장비가 처음 작동하면서 발생하는 과다분출 over flow 현상이다(만약 계속 이러한 현상이 발생하면 호흡기 내부에 문제가 있는 것이니 수리를 하여야 한다). 공기통의 개방은 밸브를 왼쪽으로 돌려 더 이상 돌아가지 않을 때까지 완전히 개방 해야 한다. 그 다음에는 반드시 반대 방향으로 반 바퀴 돌려서 약간의 여유를 두어야 한다. 이렇게 하는 이유는 공기통이 개방 되어 있는지, 닫혀 있는지 모를 때 공기통을 앞,뒤로 살짝 돌렸을 때 양쪽으로 모두 움직인 다면 개방되어 있음을 쉽게 확인할 수 있게 하기 위함이다.

ㅂ. BC에 공기를 주입 및 배출

BC에 인플레이터 호스를 들고 공기주입 버튼을 눌러 공기가 정상적으로 주입되는지 확인을 한다. 그 다음에는 어느 정도 공기가 들어가고 나면 배기 버튼이나 BC에 있는 배기 밸브를 열어 공기가 잘 배출되는지 확인을 한다. 공기의 주입도 중요하지만 배기가 잘되는 것 또한 매우 중요하기 때문에 BC의 모든 배기 밸브를 한번씩 확인해보는 것이 필요하다.

ㅅ. 안전한 위치에 놓기

여기까지 모든 과정이 정상적으로 작동을 하면 스쿠버 다이빙을 위한 BC와 공기통 준비가 된 것이다. 보트다이빙을 진행하는 경우 공기통이 결합된 BC를 거치하는 거치대가 되어 있는 경우가 대부분이니 거치대를 확인하여 위치한다. 그렇지 않은 경우 절대 세워 두지 말고 호흡기, 게이지 등을 BC안쪽으로 정리해서 눕혀두어야 한다. 간혹 세워둔 장비가 넘어지면서 다른 다이버에 손 또는 발에 부상을 입히는 경우도 있고 다른 사람의 장비위로 쓰러지며 장비를 파손시키는 경우도 발생할 수 있기 때문이다.

보트에 거치대가 있는
경우 넣어둔다

반드시 눕혀둔다

보트에 고무줄이 있는
경우 고정시킨다

안전한 위치에 거치

스쿠버 장비착용

스쿠버 장비착용에는 여러 가지 방법이 있다. 거치대에 있는 장비를 착용하며 일어나는 방법도 있고 버디의 도움을 받아 착용하는 방법도 있다. 어느 방법을 이용하는 것이 좋을지는 상황에 따라 가장 안전하고 편안한 방법을 사용하는 것이 바람직하다.

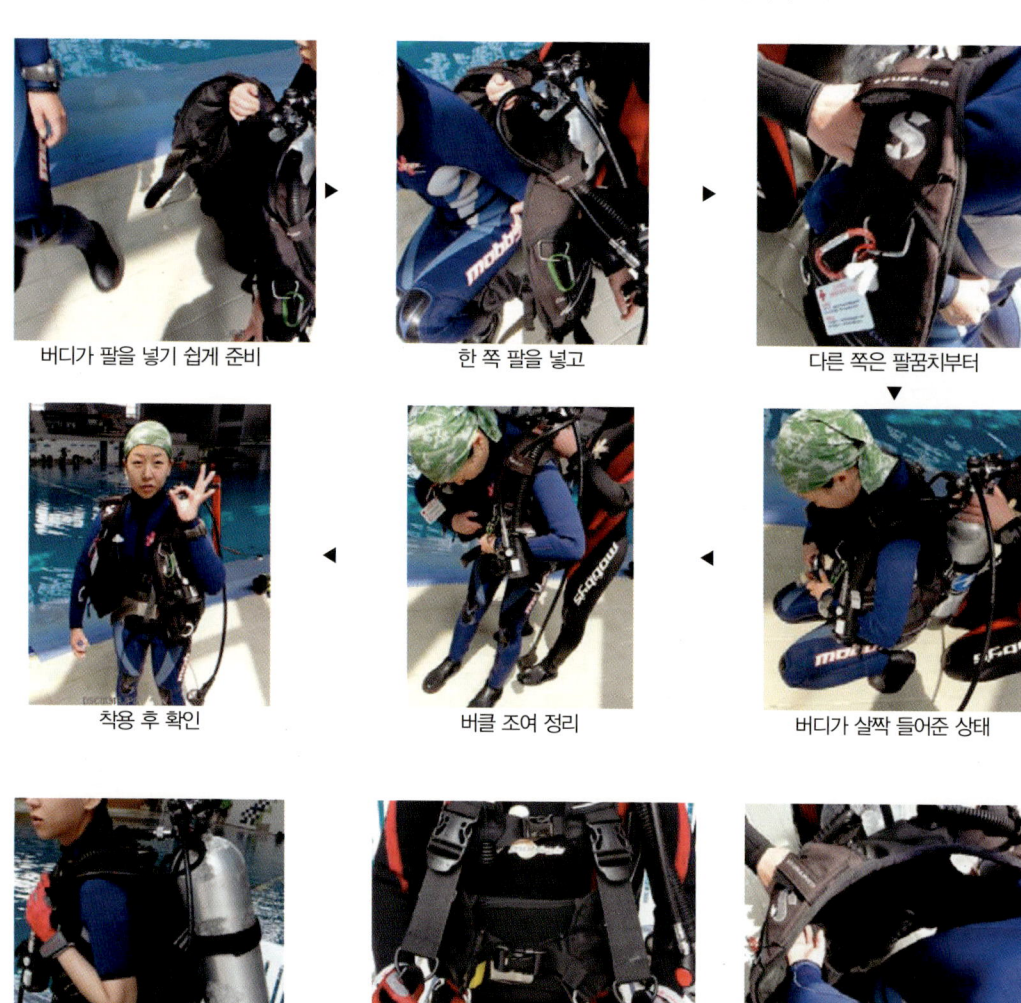

버디가 팔을 넣기 쉽게 준비 / 한 쪽 팔을 넣고 / 다른 쪽은 팔꿈치부터

착용 후 확인 / 버클 조여 정리 / 버디가 살짝 들어준 상태

*** 몸은 약간 앞쪽으로 기울임 / *** 버클형 BC 인 경우 어깨 끈 조임 / *** 팔부터 넣으면 안 됨

버디의 도움을 받아 착용

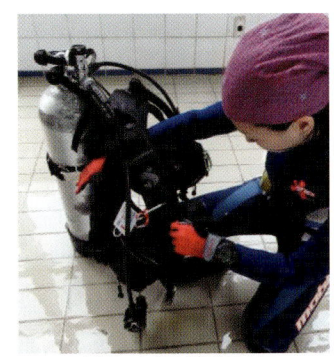
오른쪽 어깨를 완전히 넣고
(왼손잡이는 왼쪽어깨)

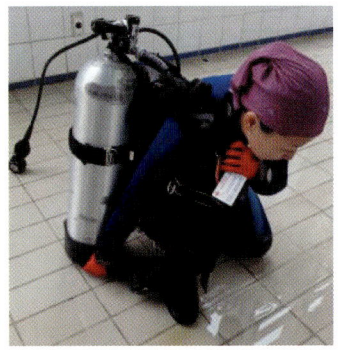
공기통 아래 부분을 받쳐주며 들기

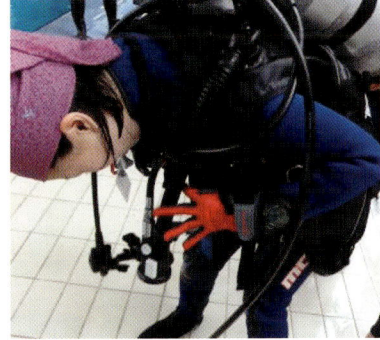
나머지 팔을 팔꿈치부터 넣어 착용함

어깨에 하중이 완전히 걸린 상태에서 일어남

혼자 일어나며 착용

공기통을 부착한 스쿠버 장비는 무게가 상당히 나가기 때문에 들거나 착용을 할 때 무리한 동작을 한다면 관절을 다치는(흔히 삔다고 하는) 부상을 입을 수 있기 때문이다. 특히 BC 웨이트 포켓에 미리 웨이트를 넣어 두어 기본 무게가 10 kg 이상이 되는 상태로 BC를 착용하다가 다치는 경우가 많으니 주의 하여야 한다. 또 한 가지 주의 할 점은 BC 착용 전에 웨이트 벨트를 먼저 착용하는 것이다(BC를 착용한 상태에서 웨이트 벨트를 착용하는 것은 무척 힘이 든다). BC를 완전히 착용한 이후 웨이트 벨트가 쉽게 풀어지는지 다시 한번 확인하여야 한다. BC의 착용할 때 가장 중요한 점은 잘못된 자세에서 척추에 무리를 주지 않도록 주의하는 것이다. 반드시 허리를 바르게 세운 상태에서 BC를 들거나 입어야 한다. 가장 많이 사용되는 착용방법은 다음과 같고 자세한 착용 방법은 다이빙 실습 과정에서 철저히 교육 받아야 한다.

Premium Scuba Diving Cadet

ㄱ. 버디의 도움을 받아 착용하기

 버디는 서 있는 상태에서 허리를 곧게 피고 팔과 어깨 근육을 이용해서 착용하는 다이버의 BC에 공기통 밸브부분을 잡고 살짝 들어준다. 착용할 다이버는 BC를 등진 상태에서 무릎을 꿇고 한쪽 어깨를 집어 넣는다(오른손잡이는 오른쪽, 왼손잡이는 왼쪽). 집어 넣은 쪽 팔을 뻗어 공기통의 아래부분을 잡고 한쪽 어깨와 팔 근육에 힘이 실린 상태에서 천천히 몸을 앞쪽으로 기울인 상태로 일어난다. 이때 버디는 다이버가 쉽게 일어날 수 있도록 뒤에서 살짝 들어주며 균형을 잡아준다. 다 일어난 후에 팔을 넣지 않은 쪽으로 몸을 기울이고 나머지 팔을 집어 넣는다. 팔을 집어 넣을 때는 팔을 완전히 접어 팔꿈치가 먼저 들어가고 양쪽 어깨에 균형 있게 힘이 분산되면 팔을 펴서 앞쪽 어깨 끈을 조절한다. 앞쪽 끈을 조절하는 순서는 어깨 끈을 먼저 조절하고 가슴끈, 벨트 찍찍이(벨크로 첩착포)순으로 조절한다. 모든 조절장치의 조절이 완료되면 살짝 고개를 뒤로 움직여 불편함이 없는지 다시 한번 확인한다.

ㄴ. 앉은 상태에서 혼자 일어나며 착용

 앉은 상태에서 착용하는 방법은 위에 'ㄱ. 버디의 도움을 받아 착용하기'와 거의 동일하며 버디의 도움이 없기 때문에 처음 한쪽 어깨에 걸 때 공기통 밑 부분을 들어간 팔로 잡고 일어나는 부분 만 주의하면 된다. 바닥에 앉은 상태에서 두 팔을 모두 입고 일어서는 시도는 허리에 무리를 줄 수 있기 때문에 하지 않는 것이 좋다. 다이빙을 하면서 매번 강조하는 부분이 사소한 부상이다. 특히 혼자 공기통이 부착된 BC를 무리하게 들다가 다치는 경우가 자주 발생을 하는데 항상 주의해야 한다.

ㄷ. 거치대에 걸린 상태로 착용하기

 가장 편리한 착용 방법 중 한가지로 거치대에 공기통이 고정되어 쉽게 착용할 수 있다. 이때 주의 할 점은 한 쪽팔을 넣고 나머지 팔을 넣을 때 반드시 팔꿈치부터 넣어야 한다는 점이다. 슈트를 입고 추운 날씨에 다이빙하는 경우가 가장 많이 겪을 수 있는 부상이 팔이 뻔다고 하는 내부 근육 염좌이기 때문에 팔이 꺾이지 않도록 주의 하여야 한다. 다이빙은 항상 천천히 그리고 안전하게 움직여 사소한 부상을 입지 않도록 주의 하여야 한다.

ㄹ. 물 속에서 착용하기

 허리에 부상을 입어 물 밖에서 착용하기 어려운 경우와 다이버가 미리 입수를 하고 장비

착용 전 호스 정리

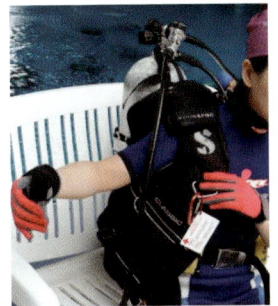
오른팔부터 착용
(왼손잡이는 왼팔)

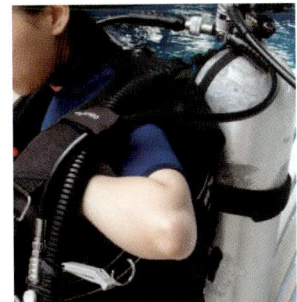
다른쪽은 팔꿈치부터

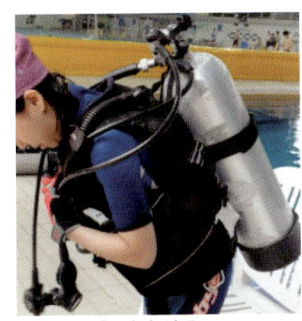
몸을 약간 앞쪽으로

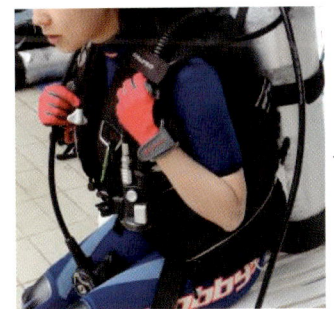
어깨끈을 잡고 일어남

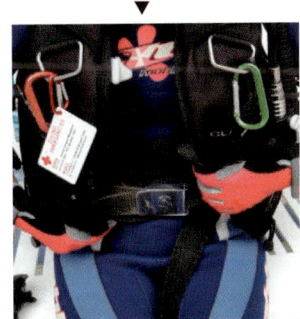
벨트를 배, 가슴 순으로 결합

거치대에 걸린 상태에서 착용

를 전달받아 착용해야 하는 다이빙 환경에서 사용된다. 다이버는 스킨 장비를 착용한 상태에서 스쿠버 장비를 전달받아 물 속에서 착용을 하는데 반드시 BC에 공기가 주입되어 물에 뜰 수 있는 상태로 전달을 받아야 한다. 스쿠버 장비를 전달받은 다음 공기통을 열어 호흡기를 호흡해서 이상이 있는지 다시 한번 확인하고 BC를 착용한다. 공기가 들어가 물에 떠있는 BC의 착용은 펼쳐놓은 BC에 팔을 넣으

① BC에 공기를 넣고 물 위에 띄운 상태에서 팔을 넣을 곳을 확인한다.

Premium Scuba Diving Cadet

② 머리를 수면 밑으로 넣으면서 착용한다.

① BC를 물 위에 띄운 상태에서 장비의 위치를 확인한다.

③ 호흡기를 물고 뒤로 약간 누운 상태에서 나머지 벨트를 확인해서 정리한다.

② 엉덩이로 올라 타면서 팔을 넣는다.

면서 착용하는 방법과 공기통에 올라 앉는 행동을 하며 착용하는 방법이 있는데 두 경우 모두 훈련이 필요한 착용방법으로 수영장에서 충분히 연습을 하고 바다에서 사용하여야 한다(특수한 경우를 제외하고 물 속 BC착용은 권장하지 않는다).

스쿠버 장비점검

스쿠버 장비 착용이 모두 완료되고 다이빙을 시작하기 전에 반드시 확인해야 하는 절차가 바로 스쿠버 장비점검이다. 다이빙 횟수가 거듭되며 능숙하게 되면 쉽게 지나치며 실수 하는 부분이 발생하는데 그런 실수의 대부분은 바로 장비점검의 미흡에서 오는 실수가 된다. 이러한 실수를 하지 않기 위해서는 초보자 때부터 점검 순서를 머리 속에 각인하여 다이빙 입수 전 자연스럽게 점검을 할 수 있도록 해야 한다. 장비점검은 버디점검이 있고 본인점검이 있지만 당연히 본인의 안전책임은 본인에게 있기 때문에 본인의 점검으로 안전을 100 % 신뢰할 수 있는 수준까지 확인되어야 한다. 다이빙을 시작할 때 본인의 점검이 완료되기 이전에는 'OK' (다이빙을 시작해도 좋다는 의미 신호를 다이빙 리더에게 알려주는 행위) 사인을 하지 말아야 한다. 본인이 점검을 완료하기 전에 급하게 입수를 할 경우 본인 스스로 본인의 장비를 신뢰를 할 수 없기 때문이다.

ㄱ. 본인의 장비점검

본인의 장비점검은 머리부터 시작해서 발끝

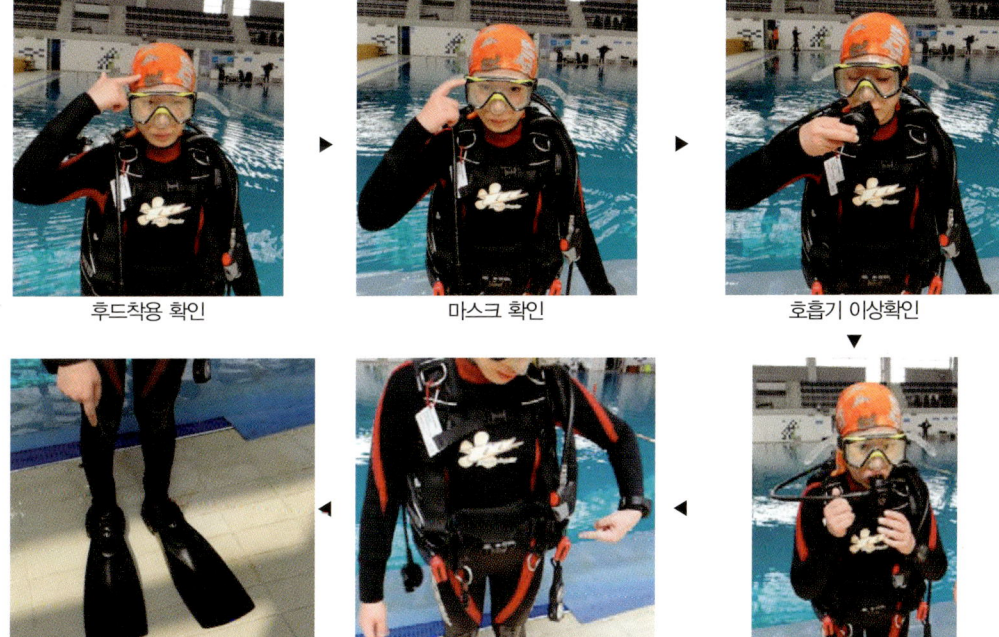

후드착용 확인 ▶ 마스크 확인 ▶ 호흡기 이상확인

핀 확인 ◀ 웨이트 착용확인(포켓사용) ◀ 호흡을 해봐서 정상작동 확인

본인이 장비점검

Premium Scuba Diving

까지 순서대로 확인을 하면서 진행하면 된다.

A. 후드
B. 마스크(스크랩)
C. 호흡기(공기가 나오는지 확인 및 배출시험)
D. BC(공기주입/배출확인)
E. 컴퓨터/게이지확인
F. 웨이트 벨트(탈/착 확인)
G. 핀 착용

순서대로 진행을 하며 모든 장비를 점검한다. 착용을 하지 않고 손으로 들고 들어가는 카메라 등은 입수 이후 보트 스텝으로 부터 전달 받는 것이 좋다(입수할 때 손에 들고 들어가면 분실 또는 장비가 얼굴에 부딪치는 부상 위험이 있음).

ㄴ. 버디의 장비점검

버디끼리 장비점검은 본인의 순서와 동일하게 상대방의 모습을 시각적으로 확인한다. 이때 주의 해서 봐야 하는 부분은 마스크의 밀착착용 부분과 공기통의 개방 여부이다. 마스크를 착용할 때 머리카락이나 후드가 일부 씹혀 있는 경우가 있을 수 있는데 착용한 다이버는 잘 볼 수 없기 때문에 버디가 확인해주는 것이 좋다. 공기통은 반드시 시계 반대방향으로 돌려 완전히 개방을 하여야 하며 완전히 돌아간 이후에 반 바퀴만 반대로 돌려두어야 한다.

마스크에 후드가 겹치지 않게

몸 쪽으로 완전히 돌려서 개방 후 앞으로 반 바퀴 돌려둠

버디가 점검하며 도움주기

후드 착용시 버디점검이 필수

스쿠버 입수

스쿠버 입수는 스킨 다이빙에서 훈련된 모든 입수 방법을 그대로 사용한다. 즉, 스킨 다이빙 훈련을 통한 입수방법을 다양하게 연습을 한 결과를 즉시 스쿠버 입수에서 사용하기 때문에 쉽게 스쿠버 다이빙을 즐길 수 있게 된다. 여기서는 추가적으로 스킨 다이빙과 다르게 스쿠버 다이빙 입수에서 주의 할 점을 중심으로 이야기 하겠다.

ㄱ. 장비의 정상 작동확인

스킨 다이빙과 다르게 스쿠버 다이빙에서는 공기통과 스킨 다이빙에 비해 상대적으로 무거운 웨이트를 착용하는 단점이 있다. 무게의 증가는 몸의 움직임이 불편하게 만들기 때문에 좀더 주의 해서 움직여야 넘어지거나 다른 다이버와 부딪치는 부상을 입지 않는다. 특히 입수를 위해 보트 위에서 이동할 때 어려움을 겪고, 서서 입수 또는 뒤로 굴러 입수 하는 경우 공기통의 무게로 원활한 움직임을 보이지 못하는 경우가 많다.

입수할 때 입을 수 있는 부상으로는 보트에서 서서 입수를 할 때 도약을 적게 해서 공기통이 보트에 부딪쳐 앞으로 넘어지며 수면에 얼굴을 직접적으로 부딪치는 경우가 종종 있다. 이 경우는 약간의 충격으로 본인이 아픔을 겪는데 그리 큰 부상은 아니라 할 수 있다. 더 큰 부상은 입수한 다이버를 확인하지 못하고 근처로 입수를 하면서 서로 충격을 가하여 다치는 경우가 매우 위험하다. 다이버는 입수 전에 압수할 위치를 반드시 확인을 하여 안전한 상태에서 입수를 하여야 한다.

간혹 BC에 다양한 장비를 매달아 입수를 하는 경우나 게이지 등을 붙잡지 않고 입수하는 경우 수면에 장비가 부딪치며 다이버의 얼굴을 가격하는 경우가 있을 수 있는데 이런 경우도 큰 부상을 입을 수 있으니 주의 하여야 한다.

중성부력

ㄴ. 부력유지

보트에서 입수를 하며 바로 수중으로 하강을 시도하는 다이빙을 할 수도 있지만 대부분의 경우 수면에서 대기를 하며 버디와 다이빙 그룹을 기다려 같이 입수 한다. 다이버는 입수를 하기 전에 BC에 공기를 어느 정도 주입을 해서 입수 직후 수면에서 떠 있을 수 있어야 한다. 하지만 BC에 공기를 너무 많이 주입하는

입수 전 해안가의 방향을 확인하고 입수한다.

줄을 잡지 않은 상태에서 중성부력을 연습

A. 입수지점의 조류의 세기에 따른 주의

다이빙 그룹이 2 명 이상일 경우 입수에 어느 정도 시차가 발생할 수 있다. 그 때 조류가 많이 있는 경우는 먼저 입수해 수면에 떠 있는 다이버가 흘러가 서로 만날 수 없는 경우도 발생 할 수 있다. 조류가 있는 대부분의 경우 하강줄을 내려 두는 경우가 많은데 입수를 하고 바로 킥을 힘차게 해서 하강줄을 잡고 대기하는 것이 좋다. 인원이 많아

경우 행동이 불편하고 입수 시 BC가 벗어지려고 하는 불편을 겪을 수 있으니 적절하게 공기를 주입하여야 한다.

ㄷ. 입수환경

스쿠버 다이빙을 위해 입수를 할 때 바다 환경(파도의 높이, 조류의 흐름 등)을 가장 먼저 고려해야 한다. 이러한 고려는 다이빙 리더와 보트의 선장이 주로 의논을 해서 결정하는데 다이버들의 레벨과 기술 수준 등을 생각해서 결정한다. 다이빙의 진행이 결정되고 입수를 할 때 가장 주의할 점은 크게 두 가지 정도 볼 수 있다.

① 해안가에서 다이빙을 준비

② 걸어서 일정한 깊이까지 이동

④ 산호초 끝부분에 물길이 있어
입수 후 그 쪽을 따라 앞 바다로 나감

하강줄에 많은 사람이 대기할 수 없는 경우 다이빙 리더는 미리 다이빙 그룹에 공지를 해서 입수를 하여 개별적으로 하강 줄을 잡고 4~5 m 정도 하강을 해서 대기하여야 한다. 조류가 있는 상태에서의 다이빙은 다이빙 그룹간의 의사소통과 다이빙 계획이 확실히 안내되어 계획된 다이빙을 진행하여야 한다. 물론 초보자가 있는 경우는 조류 다이빙을 시도하지 않는 것이 좋다.

⑤ 중성부력을 유지 바닥에 닿지 않게 이동

③ 일정 깊이에서 마스크와 핀을 착용

B. 시야불량 등 환경적 제약

국내다이빙의 경우 서지의 영향으로 수면근처 시야가 나쁘게 나오는 경우가 많이 있다. 이런 경우 계획 없이 입수를 하는 경우 다이빙 그룹간 버디를 만나지 못해 다이빙을 할 수 없는 경우가 종종 있다. 이런 경우에도 하강 줄을 내려두는 경우가 대부분이기 때문에 입수 후 하강 줄로 이동을 하여, 소규모 그룹일 경우 같이 하강을 하고 중규모 그룹일

Premium Scuba Diving

경우 개별적으로 하강을 해서 바닥에서 만나 서로를 확인하는 것이 좋다. 하강 줄이 없는 경우는 서로 손을 잡고 동시에 하강을 하는 것도 방법이 된다. 스쿠버 다이빙 입수는 다이빙을 진행한다는 의미를 뜻하기 때문에 매우 중요한 행동이다. 다이빙 진행에 관한 책임과 권한은 다이빙 리더에게 있지만 최종적인 안전에 관한 책임은 다이버 본인에게 있기 때문에 완전한 준비상태의 마음가짐을 갖추고 다이빙을 시작하여야 한다.

스쿠버 하강

안전하게 입수를 하고 다이빙활동을 하기 위해 제일 처음 시작하는 행동이 하강이다. 하강은 초보자들이 가장 많이 어려워하는 부분이기도 하다. 수면에서 모두의 안전과 준비상태를 확인하고 다이빙리더의 하강신호와 함께 동시에 하강을 하는 경우가 일반적이다. 하강을 하는 방법 중에 가장 많이 사용되는 두 가지 방법은 다음과 같다.

② 어느 정도 수중으로 들어오면 몸을 앞으로 숙인다.

ㄱ. 자유하강

자유하강은 웨이트의 무게로 발생하는 중력의 힘을 이용하는 하강으로 가장 많이 사용되

① BC에 공기를 배출한다.

는 방법이다. 몸을 바로 세운 상태에서 BC의 인플레이터 호스를 하늘 위쪽으로 높이 들고 공기배출 버튼을 누르면 BC 속에 공기가 배출된다. 이때 호흡을 천천히 그리고 깊게 내쉬어 준다. 그러면 자연스럽게 물 속으로 들어가며

하강이 시작된다. 몸이 완전히 물 속으로 들어가게 되면 천천히 머리를 아래쪽으로 향하며 수평자세에서 좀더 아래쪽으로 기울인 상태를 만들어준다. 그 자세에서 BC 뒷부분에 있는

③ 바닥을 확인하며 하강한다.

배기밸브를(일반적으로 오른쪽 엉덩이부분 바로 위 BC 끝부분에 있음) 당겨주어 남아 있는 BC속 공기를 완전히 배출해준다. 그러면 중력에 의하여

Premium Scuba Diving

④ 바닥에서 만나는 경우 버디를 기다린다.

신체가 완전히 입수되었는지 확인한다.

자연스럽게 하강을 하게 된다. 그 이후 아래쪽으로 바라보며 버디 또는 다이빙 리더의 공기방울을 확인하며 따라 내려가면 된다. 자유하강은 충분한 웨이트 무게로 음성부력이 많을수록 쉽게 하강할 수 있다. 자유하강에 필요한 웨이트 무게는 입고 있는 슈트의 두께, 건조상태에 따라 다를 수 있으니 처음에는 필요보다 약간 초과된 무게를 사용하는 것이 좋다. 추후 경험이 계속될수록 적은 웨이트로 자유하강을 쉽게 할 수 있게 된다. 자유하강이 쉽게 되지 않아 시간을 지체해서 다이빙그룹을 잃을 수 있는 경우 head first 입수 방법을 이용한 인위적인 긴급 입수를 시도하는 것도 방법이다.

하강줄을 잡지 않고 줄을 보며 하강한다.

ㄴ. 하강줄을 이용한 하강

초보자의 경우 긴장감이 높아 하강을 기다리

압평형은 미리, 미리 한다.

① 입수를 해서 하강줄로 이동을 한다

는 수면에서 과 호흡을 하는 경우가 생기는데 이렇게 과 호흡된 공기는 자유하강을 어렵게 만든다. 그 이유는 물 속으로 들어가는 두려움에 몸이 산소를 더 확보하려는 행동으로 자연스러운 현상이다.

② 하강줄을 확인하고 BC에 공기를 완전히 배출한다.

충분한 웨이트를 착용하고도 자유하강이 어려운 경우 많은 스트레스를 받기 때문에 초보자에게는 하강줄을 이용한 하강을 권장한다. 하강줄을 이용한 하강은 매우 쉽다. 우선 하강

줄을 잡은 상태에서 BC의 인플레이트 호스를 위쪽으로 하고 배기버튼을 눌러 공기를 완전

③ 하강줄을 당기지 말고 따라 내려간다.

히 빼준다. 그 다음 하강줄을 잡고 천천히 잡아 당기면서 하강을 하면 된다. BC의 공기가 완전히 배출되어야 쉽게 잡아당기면서 내려갈 수 있으니 반드시 공기배출을 확인하여야 한다. 하강은 다이빙 그룹이 동시에 실시하여 수중에서 쉽게 만날 수 있어야 한다. 이퀄라이징

④ 압평형을 해주면서 일행을 확인하며 하강을 한다.

은 하강하며 귀가 아프기 전에 미리 하여야

Premium Scuba Diving

한다. 귀가 아프기 시작한 이후에는 이퀄라이징이 더 이상 되지 않는 경우가 많기 때문에 그때는 현재 수심에서 잠시 머물렀다가 1~2m 정도 위로 올라가 다시 한번 시도를 해보는 것이 좋다. 이퀄라이징이 되지 않은 상태에서 하강을 계속하면 고막에 작은 구멍이 생기는 부상을 입을 수 있는데 이때는 다이빙을 더 진행하지 말고 반드시 병원치료를 받아야 한다(고막 천공은 1~2 주 치료기간이 필요하다).

다이빙 리더는 반드시 하강을 하고 나서 만나는 수심을 미리 정해 팀원에게 공지해주어야 한다. 특히 wall 다이빙(수심이 깊은 지역에 수중벽을 따라 이동을 하는 다이빙)의 경우 계획된 수심 아래로 내려가는 위험을 겪을 수 있기 때문이다. 다이버는 원하는 수심에 도착한 경우 BC에 공기를 살짝 넣어주어 더 이상 하강하지 않도록 중성부력을 맞추어야 한다. 이때 공기의 주입은 조금씩 여러 번 나누어 넣어주고 너무 많이 넣은 경우 다시 배출을 하여 중성부력을 유지할 수 있도록 노력하여야 한다. 버디와 같이 하강을 할 때 버디가 도움을 원하는 경우를 제외하고 강압적으로 아래로 당겨 내리는 행동을 하여서는 안 된다. 다이버가 준비되지 않은 상태에서 압착을 받는 경우 패닉 상태를 맞아 위험할 수 있기 때문이다. 사전에 의논한 다이빙 계획에 따라 천천히 그리고 안전하게 하강을 하는 것이 가장 중요하다. 하강을 완료하고 다이빙그룹을 만나 수중활동을 시작하기 전에 다시 한번 본인의 BC와 웨이트 등을 확인하여야 한다. 수심이 깊어져 몸이 받는 수압으로 BC와 웨이트가 헐거워져 풀어질 수 있기 때문이다.

마스크 사용

사람의 눈은 눈앞에 공기가 있어야 초점을 맞출 수 있다. 그렇기 때문에 물 속에서 사물을 확인하기 위해서는 눈앞에 공기를 보관할 수 있는 다이빙 마스크가 필요하다. 그 공간 또한 수심에 변화로 압력의 변화가 발생하여 압평형을 해주어야 한다. 이때의 압평형은 매우 쉽다. 가끔씩 주기적으로 코로 공기를 배출해주면 된다. 임 귀와 부비동의 압평형을 이룬 공기를 배출하기 때문에 자연스럽게 마스크 내부의 압평형도 이루어 지는 것이다.

마스크 내부 공간은 신체의 체온이 유지된 호흡공기로 인해 온도가 높게 유지되는데 다이빙을 즐기는 수온은 상대적으로 낮기 때문에 마스크에 이슬이 생겨 시야를 방해하게 된다. 이런 문제를 해결하기 위해서는 이슬 방지제를 사용하는 것이 좋다(근래에는 바다 환경을 위해 사람의 침을 이용하는 것을 권장하고 있다). 마스크 크린징을 위한 조치는 마스크가 마른 상태에서 침을 이용해 넓게 바르고 물로 살짝 헹궈주면 된다. 그렇게 준비를 하고 입수를 해서 다이빙 활동을 할 때 약간씩 물이 마스크 안쪽으로 들어오는 경우가 있는데 이때 들어온 물을 아래쪽을 바라보며 좌우로 흔들어 이슬을 제거하고 마스크 물빼기 방법을 이용해 간단히 배출해주면 된다(마스크 크린징을 위해 인위적으로 마스크에 물을 유입시키는 경우, 얼굴은 앞쪽을 바라보고 마스크의 윗부분을 살짝 들어주며 물을 유입시킨다. 마스크의 아래쪽을 드는 경우 코로 물이 들어와 물을 먹을 수 있으니 주의 하여야 한다).

Premium Scuba Diving

마스크 물빼기

 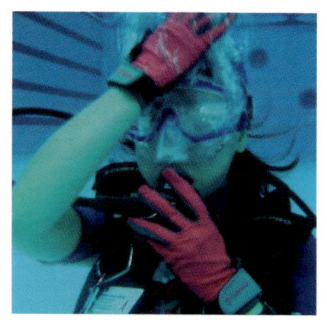 

마스크 위 쪽을 살짝 벌려　　　마스크의 위 쪽을 누르고　　　물이 완전히 빠졌는지 확인
물을 어느 정도 주입　　　　　코로 숨을 내쉼

마스크 물빼기 연습

 마스크 물빼기는 매우 중요한 다이빙 필수 기술이다. 우선 머리를 앞쪽으로 바라보며 약간 위쪽을 바라본다. 그 다음 한 손으로 마스크의 위쪽을 살짝 눌러준다. 그 상태에서 늘이 마신 숨을 코로 내뱉는다. 그렇게 되면 공기가 위로 향하는 성질에 따라 마스크 위 쪽으로 모이고 물은 아래쪽으로 내려가며 마스크 밖으로 배출되게 된다. 그 이후 눈을 한번 질끈 감았다가 뜨면 편안한 시야를 확보할 수 있다. 이러한 방법은 수영장 등 제한 수역에서 충분히 연습해서 바다환경에서 자연스럽게 사용할 수 있도록 해야 한다.

호흡기 사용 및 찾기

수중에서 호흡을 하기 위해 가장 중요한 장비인 호흡기 2 단계의 사용방법에 대한 설명이다. 호흡기는 본인의 입에 정확히 맞는 제품을 사용하는 것이 좋으므로 변형이 가능한 마우스 피스를 사용하여 구강구조에 맞추는 것이 좋다. 기성제품을 사용할 경우 마우스 피스 부분을 너무 꽉 물지 말고 가볍게 물어서 편안한 상태로 사용하면 된다. 호흡기는 200 bar 정도의 공기통 압력을 숨을 쉬기 좋은 10 bar 이하의 압력으로 낮춰서 공기를 배출하기 때문에 가볍게 들이 쉬는 호흡으로 자연스럽게 호흡할 수 있다. 호흡기는 공기통에 공기가 남아 있는데 공기가 배출되지 않는 고장은 구조적으로 발생할 수 없다. 그렇기 때문에 매우 신뢰할 수 있는 장비가 된다.

호흡기를 물고 장비를 완전히 벗는다

들이쉰 호흡을 그대로 내쉬면 호흡기 아래 배출구로 쉽게 배출되지만 간혹 호흡기와 입 사이로 물이 약간 들어올 수 있다. 이때는 다시 한번 내쉬는 숨을 통해 배출할 수 있지만 잘 배출이 되지 않는 경우 호흡기 중간에 있

다시 장비를 입으며 자신감을 기른다.

는 퍼지밸브를 눌러 인위적인 공기 배출을 시켜 입안에 물을 모두 제거 할 수 있다. 호흡기를 사용하는데 또 한 가지 가장 중요한 부분이 있는데 그 부분은 호흡기를 물 속에서 놓쳤을 경우 다시 찾아 무는 방법이다. 이 방법은 다이빙에 필수 기술요소인 마스크 물빼기와 함께 가장 중요한 기본 기술이기도 하다. 호흡기를 찾는 방법은 아래와 같이 두 가지 방법이 가장 많이 사용된다. 수영장 등 제한수역에서 충분히 연습하여 바다 환경에서 무리 없이 사용할 수 있어야 한다.

호흡기는 항상 오른쪽에 게이지 같은 나머지 장비는 항상 왼쪽으로 부착해서 사용하는 것이 장비구성의 원칙이다. 아래는 이에 따른 찾는 방법이다.

ㄱ. 팔돌려 찾기

A. 몸을 약간 오른쪽으로 기울인다.

B. 오른쪽 팔을 오른쪽 엉덩이 부분까지 아래로 내린다.

C. 오른팔로 본인의 등을 만지려는 과장된 동작으로 크게 원을 돌려 앞으로 향하게 뻗는다.

D. 그렇게 오른팔을 돌려주면 대부분의 경우 호흡기가 오른쪽 팔 중간에 걸려있다.

E. 왼손으로 마스크 오른쪽부터 어깨, 팔 순서대로 내려오며 호흡기의 호스를 찾는다.

F. 찾은 호스를 입에 물고 퍼지밸브를 한번 살짝 눌러 물을 제거하고 천천히 호흡을 한다.

호흡기를 찾을 때를 포함 숨을 멈추면 안 됨 (수심 변화시 부상위험)

몸을 오른쪽으로 기울임

팔을 엉덩이를 스치며 크게 돌려줌

정상호흡 확인

호흡기를 물며 퍼지 밸브를 살짝 눌러 물을 제거 후 호흡

왼팔로 마스크 옆부터 내려오며 호스를 찾음

팔돌려 호흡기 찾기

ㄴ. 밸브부터 찾기

A. 몸을 바로 세운 상태에서 공기통의 아래 부분을 왼손으로 살짝 들어 준다.

B. 오른손을 위로 올려 공기통의 밸브 부분과 호흡기 뭉치(1단계)를 확인한다.

C. 오른손에 잡히는 가까운 쪽 호스를 천천히 당겨 본다. 급할 경우 잡히는 모든 호스를 당겨도 되지만 게이지 등 왼쪽으로 넘어가 있는 호스는 잘 당겨 지지 않으므로 쉽게 당겨지는 호스만 잡으면 된다

D. 호흡기가 확인되면 입에 물고 퍼지밸브를 한 번 누르고 사용 하면 된다.

조금씩 내쉬는 호흡을 해주면서 행동을 하여야 한다. 호흡기는 본인의 공기통부터 연결되어 분명히 팔을 뻗을 수 있는 범위 내에 위치하고 있으니 당황하지 말고 찾으면 쉽게 찾을 수 있다. 입 속 이물질을 확인하기 위해 일부러 호흡기를 뱉어 확인이 필요한 경우 반드시 오른손으로 잡은 상태에서 확인하는 것이 좋다.

호흡기를 찾는 경우 긴장을 해서 호흡을 멈추는 경우가 있는데 그 경우 본인도 모르는 사이에 폐 속에 공기가 부풀어 오르며 상승을 시작하게 되는 경우가 있다. 그러므로 호흡기를 찾는 동안에는 반드시 입을 살짝 오므리고

왼손으로 공기통 아래 부분을 위쪽으로 들어줌

오른손을 위로 올려 호흡기 1 단계를 확인하고 호스를 당김

호흡기를 확인하고 물을 제거하고 정상호흡

밸브부터 호흡기 찾기

스쿠버이동 및 중성부력

머리를 위쪽 방향으로 해서 이동을
하면 음성부력이 일부 상쇄됨

중성부력을 이용 줄타기를 하는 다이버

중성부력은 다이버가 원하는 수심에서 뜨지도 않고 가라앉지도 않는 상태로 있을 수 있는 상태를 말한다. 산호초가 많은 지역에서 산호초를 만지지 않고 바로 위에 떠있는 상태에서 관찰 하기 위해서는 어느 정도의 중성부력이 되어야 한다. 그렇기 때문에 중성부력은 다이빙 활동을 하는데 가장 중요한 핵심 기술이면서 초보자와 상급자가 구분되는 척도이기도

중성부력이 맞은 상태에서는
수평으로 이동

하다. 중성부력은 하강을 멈추고 BC에 공기를 약간 넣은 상태에서 호흡을 깊게 들이 쉬면 위로 떠오르고 깊게 내쉬면 아래로 가라앉는 상태가 중성부력을 맞춘 상태라고 할 수 있다. 즉, BC의 공기를 적당히 넣고 빼냄으로 중성부력을 맞출 수 있으며 미세한 차이는 호흡을 통해서 조절할 수 있다.

중성부력이 맞은 상태에서는 이동을 하면서 호흡하는 호흡으로 약간씩 상승 또는 하강을 경험할 수 있는데 다이빙 경험이 늘수록 이러한 상승, 하강의 요요 현상은 점점 사라지게 된다. 수중활동을 하면서 이동은 여러 가지 핀 킥을 사용해서 이동을 하면 된다. 초보자의 경우 가장 사용하기 편리한 자유형 킥을 가장 많이 이용하지만 되도록이면 여러 가지 킥을 섞어서 사용하는 것을 권장한다. 이러한 이유는

① 바닥에 붙어서 중성부력 연습한다.

수중에서 한가지 동작을 계속 반복적으로 하게 되면 근육의 피로도에 따라 쥐가 오는 경우가 발생하기 때문이다. 만약 수중에서 쥐가 오는 경우 핀의 끝부분을 잡고 앞으로 당겨주고 다시 무릎을 구부려 뒤로 당겨주면 쉽게 풀 수 있다.

② 호흡을 크게 들이 마시면 상승이 된다.

초보자의 경우 중성부력을 완전히 맞추기 어렵기 때문에 약간의 음성부력인 상태를 유지하며 이동하며 몸을 수평자세가 아닌 약간 위쪽으로 하고 자유형 킥을 사용하면 음성부력과 상승력이 상쇄되어 같은 수심을 유지할 수 있다. 하지만 너무 빠른 킥으로 상승력을 높여 혼자 상승하지 않도록 주의 하여야 한다.

③ 어느 정도 호흡이 가득 찬 상태가 되면 계속 떠오른다.

수중에서는 본인의 게이지를 자주 확인하여 본인의 현재 수심과 남아있는 공기통의 잔압을 확인하여야 한다. 또한 다이빙 리더의 지시에 따라 이동을 하며 같은 그룹과 떨어지지 않도록 하여야 한다. 만약 다이빙 그룹과 헤어

④ 살짝 호흡을 내쉬며 중성부력을 연습한다.

Premium Scuba Diving

졌을 경우 그룹내 상대적 초급자는 그 자리에서 대기를 하고 상급자가 이동을 하면서 찾아야 한다. 5 분에서 10 분 정도 찾아도 못 만날 경우 다이빙을 중지하고 각자 상승을 해서 서로의 안전을 확인하여야 한다. 다이빙 리더는 만약 헤어졌을 경우에 대비하여 미리 상승계획을 공지하여 수중에서 계속 서로를 찾아 헤매는 일을 막아야 한다.

 다이빙 활동을 할 때 초급자는 다이빙 리더에게 본인의 상태를 주기적으로 알려야 한다. 다이빙 리더의 OK 질문에 성의 있게 답을 하여야 하며 본인의 공기 잔압을 100 bar, 70 bar 남았을 때 다이빙 리더에게 알려 상승을 준비하여야 한다.

수신호

OK

OK

팔을 천천히 아래로

팔을 천천히 위로

천천히 행동하라

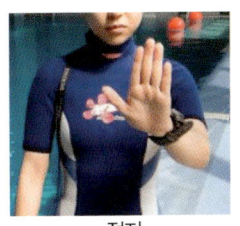
정지

멈추고 기다려라

손바닥을 입으로

손을 입에서 멀리하며

천천히 호흡해라

물 속에서 급하게 의사소통을 하려 할 때 본인도 모르게 소리를 지르는 경우가 있다. 하지만 상대방 다이버는 전혀 알아 듣지 못하고 다른 일을 하는 모습이 매우 답답하게 느껴지기도 한다.

우리의 목소리는 공기를 통하여 전달되고 물 속에서 호흡기를 물고 소리치는 경우 본인의 목소리가 물에 99 % 이상 흡수되어 전혀 소리가 전달되지 않는다. 이런 간단한 과학상식을 알게 된다면 물 속에서 소리를 지르는 행동은 매우 실없는 행동이었다는 것을 알 수 있다.

물 속에서 들려오는 소리를 듣고 방향을 파악하려 할 때 도대체 어디서 들려오는지 알 수 없음에 당황스러울 때도 있다. 그것은 우리가 소리를 듣고 위치를 파악하는 절차를 알게 되면 이해되는 상황이 된다. 우리는 두 개의 귀를 통하여 소리를 듣게 되고 양쪽 귀로 들려오는 소리의 시간 차이를 통하여 위치를 파악하는 감각기관을 가지고 있다. 예를 들어 F1 경기장에서 질주하는 차량의 굉음을 들을 때 멀리서 들려오다 본인 앞을 쏜살같이 통과해서 멀어져 가는 상황을 생각해본다면 쉽게 이해할 수 있다. 즉, 멀리 있는 경우 왼쪽으로 들리는 소리가 오른쪽 귀보다 빨리 들리게 되고 멀어져 갈 경우 오른쪽 귀로 들리는 소리

Premium Scuba Diving Cadet

목 부분에서 앞으로
공기가 떨어졌다

목 부분에서 뒤로

한 'ㄱ,ㄴ,ㄷ..' 등 자음과 모음의 표현방식이 있는데 이것을 익혀두면 매우 편리하게 물 속에서 사용할 수 있다(청각 장애우가 사용하는 수화).

가 더 빨리 들리게 된다. 일반 성인남자의 경우 그 시간차는 약 0.0008823 초 정도가 되는데 그 차이로 음원의 위치를 파악하게 되는 것이다. 그런데 물 속에서의 경우 물 속에서 전달되는 소리의 속도는 약 1,500 m/s (담수는 약 1400 m/s) 정도 되는데 이는 대기상태 보다 약 4 배정도 빠르다. 그래서 물속에서 전달되는 소리의 시간차이는 약 0.0001866 초 정도가 되어 도저히 시간 차이를 인지할 수 없는 정도가 된다. 그렇기 때문에 대부분의 다이버가 물 속에서 들리는 소리의 방향을 파악할 수 없게 되는 것이다. 이러한 이유로 소리를 통한 의사전달은 불가능하여 물 속에서는 사용하기 쉬운 수신호를 개발하여 이용하게 된다. 일반적인 의미로 수신호가 사용되어 세계 어느 곳에서도 통용된다. 물론 지역적으로 약간의 차이는 있을 수 있지만 거의 매우 비슷한 움직임으로 의사 전달을 하게 된다. 우리나라의 경우 한글의 과학적인 우수성으로 간단

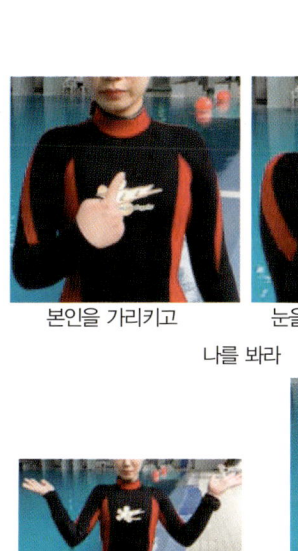

본인을 가리키고 / 눈을 두 손가락으로 표시
나를 봐라

가리키는 곳 / 눈을 표시
저곳을 봐라

모르겠다

무릎 꿇고 기다려라

가리키는 방향으로

배(보트)

상승하자

하강하자

손을 잡아라

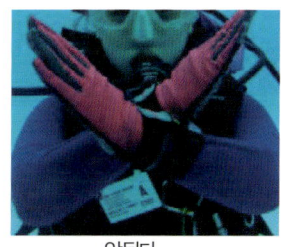

안된다

손을 좌우로 가로지름
현재의 수심을 유지하라

천천히 좌우로 반복

검지 손가락을 세워서
어디?

좌우로 한 두 번 움직임

귀

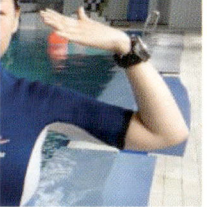

손을 앞뒤로 뒤집는다.
아프다

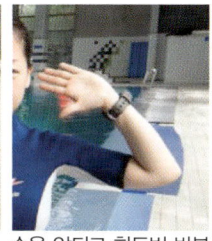

손을 앞뒤로 한두번 반복

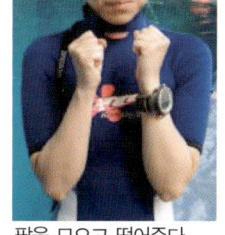

팔을 모으고 떨어준다
춥다

Premium Scuba Diving Cadet

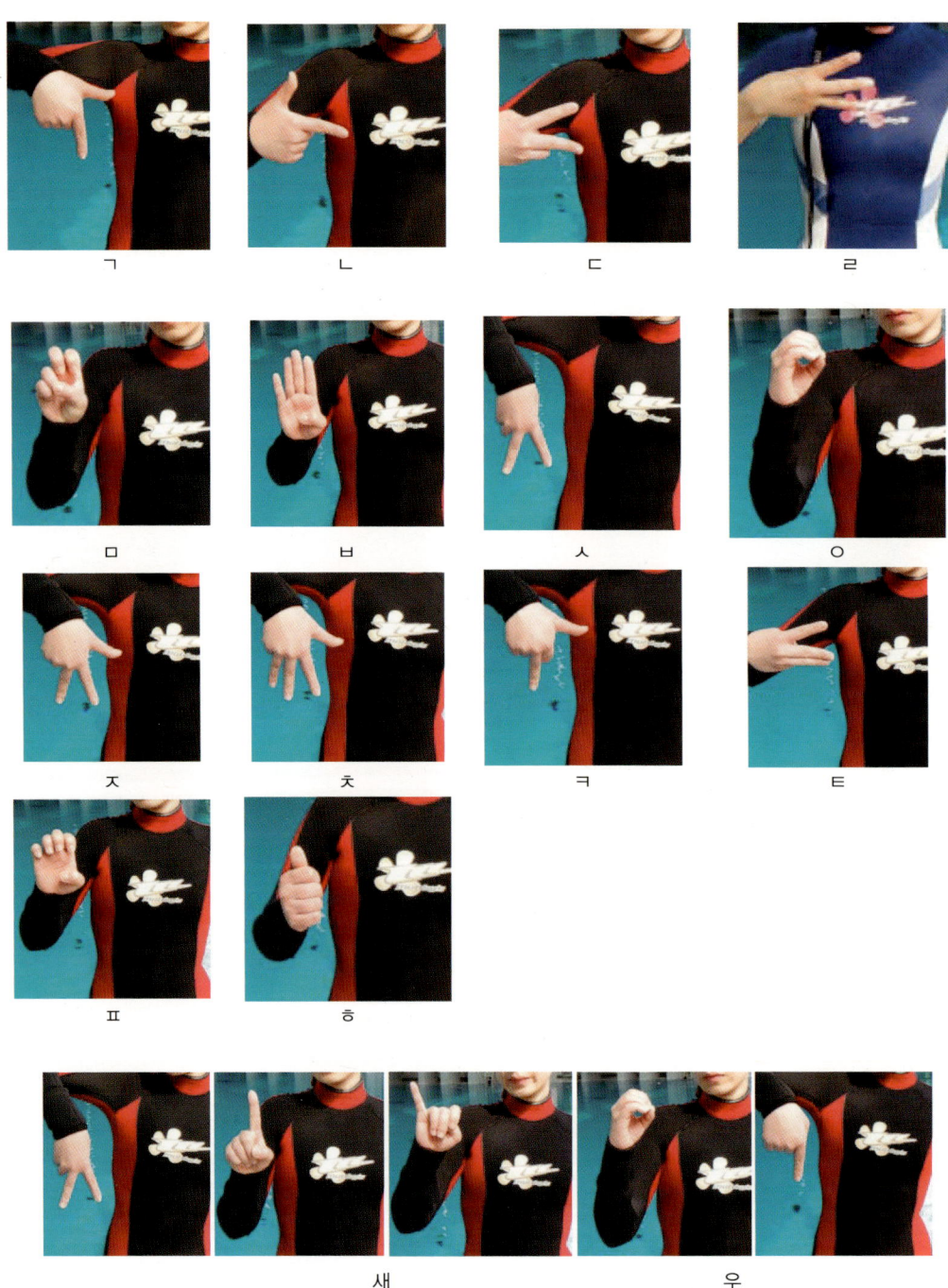

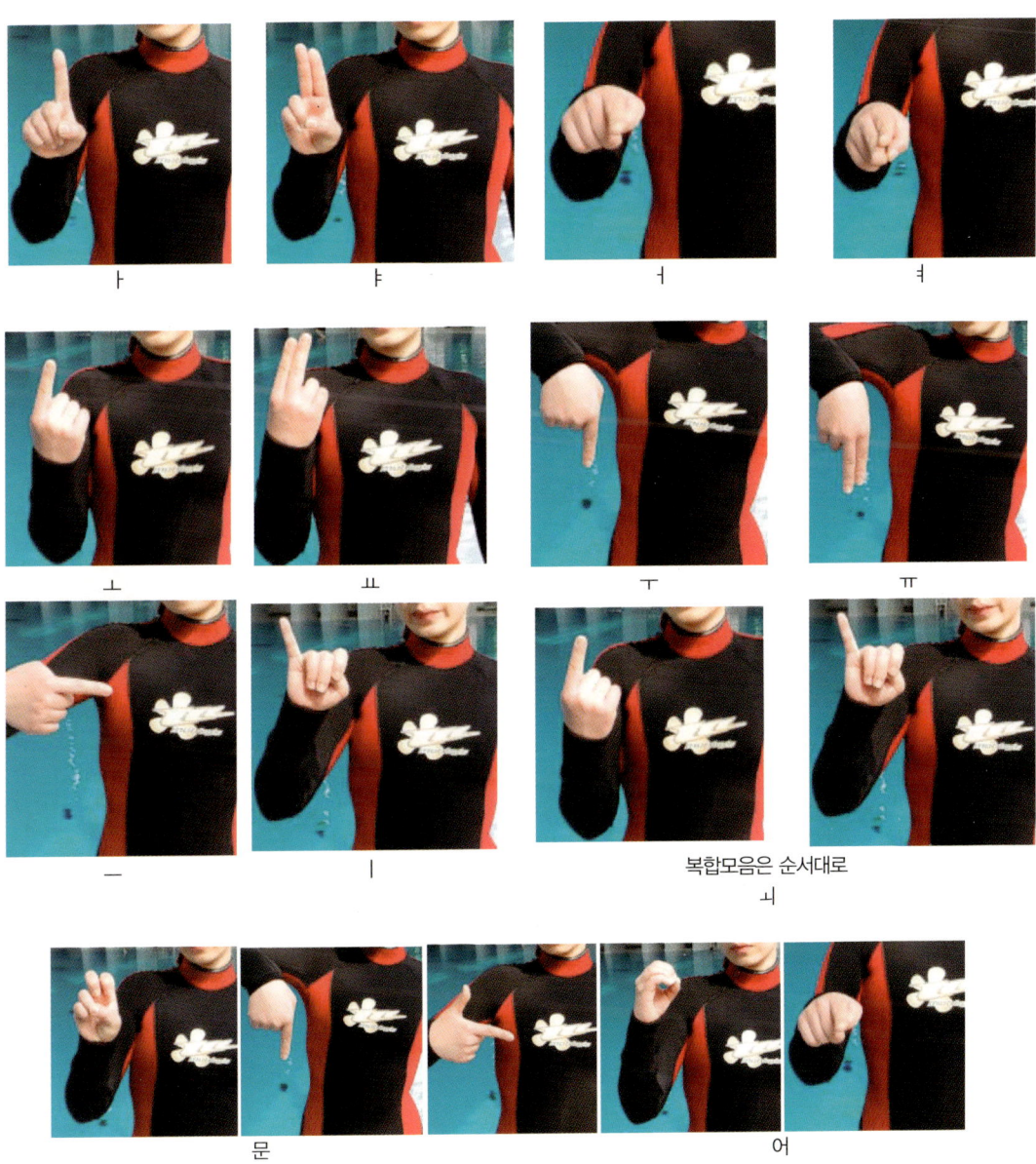

스쿠버상승

 스쿠버 다이빙 과정 중에 가장 중요한 과정이 상승 과정이다. 모든 다이빙 활동을 끝내고 상승을 시작하여 안전하게 다이빙보트에 승선하기까지 규정된 룰에 따라 천천히 그리고 안전하게 상승을 진행해야 한다. 레크리에이션 다이빙은 감압과정이 필요 없는 한계에서 다이빙 활동을 할 것을 권장하기 때문에 스쿠버 상승과정에 5 m 정도 수심에서 3 분 정도 머무르는 것은 '안전 정지' 라고 하는 행동이 된다. 이 과정을 수행하였다고 해서 잠수병의 모든 위험 요소가 제거 되었다고 보는 것은 무리가 있다. 그렇기 때문에 항상 레크리에이션 다이빙 한계(30 m) 내에서 다이빙 활동을 진행하여 몸에 무리가 오지 않도록 주의 하여야 한다. 스쿠버 다이빙 상승은 아래와 같은 순서로 진행하는 것이 좋다.

A. 다이빙리더(강사)의 신호와 함께 상승을 준비한다.

수심과 다이빙 시간을 확인한다.

B. 상승을 위한 라인이 있는 경우 상승 라인으로 이동한다.
 상승 라인이 없는 경우 다이빙 리더는 SMB(수면 표시 부의)를 수면으로 올려 다이버의 상승을 알리고 상승 라인을 확보한다.

5 m 안전 정지 라인을 잡고 안전 정지

수심 5 m에 안전 정지 라인이 내려와 있다.

C. 상승을 하면서 BC에 남아 있는 공기를 조절한다.
 BC에 공기가 남아 있는 경우 점점 부풀어 양성부력이 과하게 발생할 수 있으니 적절하게 배출을 하며 조절을 한다. 초보자의 경우 BC에 남아 있는 공기를 모두 제거하고 상승 라인을 잡고 핀 킥을 천천히 하면서 올라가는 것도 좋다

수중 5 m 안전정지

D. 속도가 분당 9 m 를 넘지 않도록 주의하며 천천히 상승을 한다.

분당 9 m 의 상승속도는 다이버가 컴퓨터를 착용하고 있는 경우 컴퓨터에서 경고 메시지 또는 알람 소리를 주기 때문에 쉽게 확인 할 수 있다. 만약 컴퓨터가 없는 경우 본인이 배출한 공기 방울 중에 완두콩 크기 정도의 공기방울이 올라가는 속도 보다 느리게 상승하면 적절하게 맞는다. 이러

출수용 사다리가 설치된 다이빙 보트

한 속도의 유지가 필요한 이유는 다이빙을 하면서 다이버의 혈액 속에 과포화 상태로 녹아 들어가 있을 수 있는 공기방울이 호흡을 통하여 적절하게 배출 될 수 있도록 하기 위해 계산된 적절한 상승속도이다. 즉, 분당 9 m 보다 빠르게 상승을 할 경우 호흡을 통해 배출되지 못한 공기방울이 콧속 모세혈관이나 눈동자 흰자위에 혈관 등으로 터질 수 있기 때문에(코피 또는 충혈) 반드시 상승속도를 지켜야 한다.

안전 정지 바를 이용하면 매우 편리하다.

E. 수심이 5 m 에 이르면 그 수심에서 3 분 이상의 안전 정지 시간을 갖는다.

3 분 이란 시간을 확인하는 방법은 미리 세팅된 다이빙 컴퓨터에서 자동으로 안전정지 과정이 작동하며 시간을 알려 준다(컴퓨터가 없는 경우 애국가를 4 절까지 속으로 불러보는 것도 좋은 방법이다. 약 3 분의 시간이 소요됨). 만약 감압이 필요한 한계 이상의 다이빙을 한 경우 컴퓨터가 정확한 감압시간을 알려줄 것이며 공기가 허락 하는 한 최대한 감압시간을 물 속에서 보내고 출수 하여야 한다. 안전 정지를 위한 수심이 5 m 인 것은 우리 몸이 적절한 수압을 받

으며 호흡을 통해 잔류공기(질소)를 가장 잘 배출하는 수심으로 오랜 기간 연구로 확인된 결과다. 하지만 반드시 정확히 5 m 를 맞추기 위해 스트레스를 받을 필요는 없다. 수면에 서지(골이 깊은 너울로 수심이 급격히 변하여 5 m 를 유지하기 어렵다)가 있어 수심변동이 있는 경우 1 m 정도 좀 더 깊은 수심에서 안전정지를 해도 무방하다. 단, 이 경우는 감압이 필요한 다이빙이 아닌 레크리에이션 한계 다이빙을 했다는 가정이 전제 되어야 한다.

F. 안전 정지를 할 때 초보자의 경우 BC의 공기를 모두 배출하고 상승줄을 붙잡고 있을 것을 권장한다.
 다이빙 활동을 통해 많은 공기를 사용한 경우, 공기통이 양성 부력을 가지게 되고 BC속에 남아 있는 공기가 부풀어 양성부력이 증가하면 본인도 모르는 사이에 수면으로 급 상승을 할 수 있는 위험이 있기 때문이다.

G. 안전 정지를 끝내고 상승을 할 때 다이빙 리더는 수면 위로 공기 방울을 크게 올려 마지막 상승을 시도하고 있음을 보트 스탭에게 알려준다. 마지막 상승을 할 때 다이버는 수면 위를 바라보며 천천히 상승을 한다. 이때 근처에서 나는 소리를 주의 깊게 들어 지나가는 보트 등에 피해를 입지 않도록 주의 하여야 한다.

H. 수면위로 안전하게 상승을 하였으면 즉시 BC에 인플레이터 버튼을 눌러 공기를 주입하고 양성부력을 확보한다.

스쿠버 수면대기

상승을 끝내고 수면에 올라와 보트에 오르기까지 어느 정도의 시간이 필요한데 안전을 위해 주의를 게을리 하면 안 된다. 수면에서는 버디 또는 다이빙리더를 확인하면서 가까운 곳으로 모여 같이 있도록 노력해야 한다. 조류가 있어 흐르는 경우 다이빙 리더가 제일 앞쪽에 위치하고 나머지 다이버가 차례대로 앞 사람의 공기통 밸브를 잡고 기다린다. 이때 다이빙 리더는 SMB(소시지)를 앞으로 들고 픽업 오는 보트를 바라보며 기다리면 된다. 주의 할 점은 마스크를 벗거나 호흡기를 버리는 행동이다. 바다 환경에서는 갑작스러운 파도로 물이 덮칠 수 있기 때문에 마스크와 호흡기는 보트 위로 올라와 안전이 확인 되기 전까지 절대 벗으면 안 된다. 아래 항목은 수면 대기 중에 지켜야 하는 중요한 사항이다.

호흡기를 오른손에 들고 수면대기 한다.

ㄱ. 양성부력을 확보한다.

수면으로 상승을 한 이후에는 BC에 공기를 주입하여 양성부력을 충분히 확보하고 있어야 한다. 바다에서는 어느 정도의 파도는 항상 있기 때문에 물 속으로 다시 몸이 들어가는 상황이 있을 수 있다. 간혹 장비의 이상이나 공기가 완전히 떨어져 BC에 공기를 주입하지 못하는 경우가 있을 수 있는데 이런 경우를 대비해서 BC의 공기배출 버튼을 누르고 입으로 공기를 주입하는 연습을 미리 해두어야 한다. 수면에서 양성부력이 부족해 계속 핀 킥을 해야 하는 상황은 다이버를 무척 피곤하고 스트레스 받게 한다. 만약 양성부력을 확보하기 힘든 상황이 된다면 과감하게 웨이트를 풀러 바다에 버려야 한다. 웨이트는 소모품으로 버릴 수 도 있고 그 가격에 해당하는 비용을 리조트에 지불하는 것이 본인의 안전을 위협하는 것보다 현명한 선택이 되기 때문이다.

ㄴ. 마스크를 벗으면 안 된다.

다이빙을 끝내고 즐거운 마음에 마스크를 벗고 수면 위에서 풍경을 바라보거나 버디와 대화를 나누는 다이버가 종종 있다. 하지만 이런 행동은 매우 위험한 행동으로 절대 해서는 안 되는 행동 중 '0 순위' 로 뽑을 수 있는 행동이다. 마스크를 착용하지 않은 상태에서 갑자기 큰 파도가 덮치게 되면 시야를 빼앗겨 마스크를 분실하거나 호흡기를 놓치는 상황이 올 수도 있다. 이런 상황에 침착하게 대처하면 되지만 당황을 하여 물을 많이 먹거나 보트에 부딪치면 또 다른 큰 부상으로 이어질 수 있기 때문이다(실제로 기록된 다이빙 사고 중에 마스크를 벗고 보트에 오르다가 파도에 휩쓸려 다시 떨어진 다이버가 양성부력까지 없어 그대로 바닷속으로 가라앉아 사망한 사고도 있었다). 마스크와 호흡기는 다이빙을 끝내고 보트 위 같이 안전이 확보된 위치에서 벗는 것이 절대적인 원칙임을 다시 한번 강조한다.

사진을 찍기 위해 대기중에도 호흡기를 한 손에 들고 있어야 한다.

ㄷ. 호흡기는 반드시 입에 물고 있는다.
수면 위에 올라와 방금 전 황홀한 다이빙 경험을 빨리 말하고 싶어 호흡기를 뱉고 대화를 시도하는 경우가 많다. 이런 욕구는 본인도 모르는 사이에 나타나는 현상이지만 평소에 간단한 연습과 습관을 들인다면 대화도 나눌 수 있고 위험도 또한 충분히 줄일 수 있다. 호흡기를 물고 있어야 하는 것은 'ㄴ. 마스크를 벗으면 안 된다'에서와 같이 파도가 덮치는 위험 상황 때문이다. 그렇기 때문에 만약 호흡기를 뱉고 이야기를 나누어야 한다면 반드시 양성부력이 충분히 확보된 상태에서 오른쪽 손으로 호흡기를 들고 대화를 하고 다시 호흡기를 무는 행동을 해야 한다. 수면에서는 들이쉬는 호흡을 빠르게 하고 내쉬는 호흡을 느리게 해서 들이쉬는 호흡을 하는 과정에서 갑작스런 파도가 덮치더라도 물을 먹지 않도록 대비하여야 한다.

ㄹ. 출수 시작을 위한 준비를 한다.
여러 명이 다이빙을 할 경우 다이빙 리더의 지시에 따라 출수 순서를 지켜야 한다. 바다에서 수면대기를 하면 대부분 조류를 따라 흐르는 경우가 많다. 그렇기 때문에 모여서 보트를 기다리고 보트가 다가오면 흩어져 미리 정해진 순서대로(다이빙 등급이 낮은 사람부터 출수) 보트로 접근을 하고 출수하면 된다. 다이빙 상황에서는 판단과 결정이 필요한 경우 다이빙 등급이 높은 사람의 결정을 우선으로 따르는 것이 좋다. 즉, 출수 순서를 정하는 것과 같은 소소한 결정도 다이빙 리더나 최고 등급자가 미리 정해주는 것이 좋은 습관이 된다.

Premium Scuba Diving Cadet

출수

스노클이나 스쿠버 다이빙이나 두 경우 모두 활동을 끝내고 안전하게 출수하는 것이 가장 중요하다. 모든 다이빙에 첫 번째 원칙은 안전이라는 점을 다시 한번 상기하길 바라며 출수 절차에 대한 몇 가지 안전수칙을 이야기 하겠다.

경우나 보트가 가까이 와서 픽업을 하는 두 경우 모두, 수면 위에서 보트를 바라보며 보트

물위에 스텝이 BC를 완전히 잡은 이후 BC를 벗는다.

쪽으로 접근하는 방향을 미리 준비하고 있어야 한다. 보트로 접근을 하여 보트 주변에 출수를 돕는 부의와 줄을 내려준 경우 그것을 잡고 사다리 쪽으로 이동을 하고 사다리가 없

보트에 접근할 때 사다리를 확실히 잡는다.

ㄱ. 보트 출수

활동을 마치고 출수를 위해 보트로 접근을 하는 경우 시선은 항상 보트 쪽으로 향하고 있어야 한다. 보트로 향하여 이동을 해야 하는

사다리를 정확히 잡는다.

는 고무보트의 경우 옆 선에 있는 줄을 잡아 출수 준비를 해야 한다. 보트에 도착하면 보트 스탭이 도움을 주는 경우가 대부분인데 제일 먼저 웨이트를 풀어서 올려주고 그 다음에 핀

스텝에 도움을 받아 올라온다.
*** BC을 물 속에서 벗는 경우 핀은 나중에 벗는다.

웨이트를 벗어 손잡이 반대쪽으로 올려준다.

을 벗어 주고 사다리를 통해서 올라오면 된다 (핀을 신고 올라갈 수 있는 구조를 가진 사다리가 있는 경우도 있음). 이때 가장 중요한 것은 마스크를 절대 벗지 않는 것이다. 이는 실수로 물 속으로 다시 빠지는 경우 시야를 잃어 아무것도 볼 수

없어 큰 부상을 입는 것을 방지하기 위함이다. 또한 출수를 완료하여 안전이 확보될 때까지 호흡기를 입에 물고 있어야 하는 것도 중요한

마스크와 호흡기는 완전히
올라올 때까지 착용하고 있는다.

조치이다. BC에 무게가 부담되어 체력적으로 어려움이 있는 경우 BC를 물 속에서 벗고 출수 하는 경우가 있는데 이 경우에는 반드시 BC속에 공기를 미리 넣어 두어 BC를 벗고 전달하는 과정에서 놓쳤을 경우 물 속으로 가

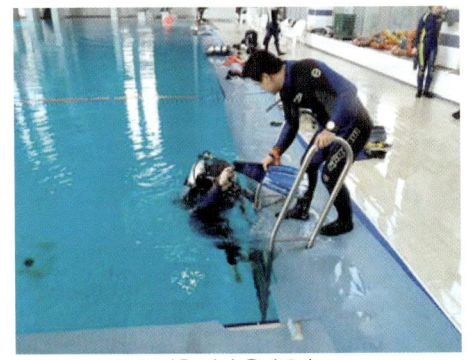

핀을 벗어 올려준다.

Premium Scuba Diving Cadet

라앉지 않도록 해야 한다.

ㄴ. 해변 출수

 해변 출수에 주의 할 점은 수면위로 올라 온 이후, 파도 상태와 출수 위치를 반드시 확인 하여야 하는 점이다. 생각보다 큰 파도에 휩쓸려 부상을 입는 경우가 많기 때문에 파도가 크게 발생하는 곳으로는 출수를 시도해서는 안 된다. 또한 출수하는 해변에 암반 등 위험 요소를 충분히 관찰하여 주의 하여야 한다. 해변으로 출수할 때는 몸을 일으킬 수 있는 위치까지 충분히 헤엄을 쳐서 나와야 하며 우선 핀을 벗고 천천히 허리를 세우고 다리를 구부렸다가 피면서 허벅지근육을 활용해서 일어나야 한나. 물속에서 이완된 척추 뼈외 근육에 갑작스러운 하중이 걸리는 경우 허리가 삔다고 하는(근육염좌) 부상을 입을 수 있어 매우 주의 하여야 한다(물 속에서는 거의 무게를 느끼지 않기 때문에 출수 후 일어 날 때 BC와 공기통으로부터 엄청난 하중을 느낀다). 또한 주변에 산호초 같은 날카로운 물체에 다칠 수 도 있으니 다이빙 장갑은 항상 착용하여야 한다.

해안가 출수 시 주의사항
*** 출수한 다음 수면 밖으로 일어 날 때 허리에 무리가 가지 않도록 주의 하여 일어난다.

드라이슈트의 사용

드라이슈트는 일반 슈트와 달리 내부에 공기가 들어가 내부 온도를 유지시키는 방식으로 제작 되어있다. 내부에 물이 전혀 유입되지 않기 때문에 매우 쾌적하게 다이빙을 할 수 있으며 추위를 거의 느끼지 않아 여름에도 수온이 높이 올라가지 않는 우리나라 동해안 다이빙에 매우 적합한 장비라고 볼 수 있다. 하지만 드라이 슈트의 가격이 비싸고 별도의 사용 교육을 받아야 사용할 수 있는 부담감이 있다. 아래에서는 드라이 슈트를 사용해 다이빙을 하는 방법을 간단히 소개를 하지만 반드시 전문강사에게 적절한 교육을 받고 바다에서 사용할 것을 권장한다.

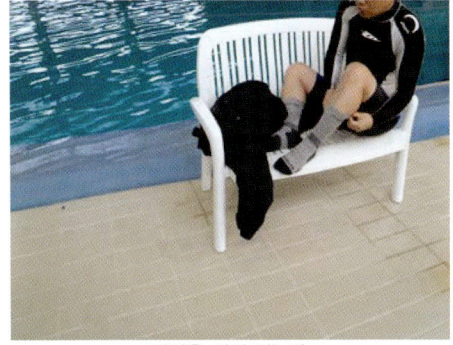
양말을 먼저 신는다.

양말이 나오도록 내피를 입는다.

내피를 꺼낸다.

팔부분을 넣고 지퍼를 올려 완전히 입는다.

Premium Scuba Diving Cadet

불편한지 확인한다.

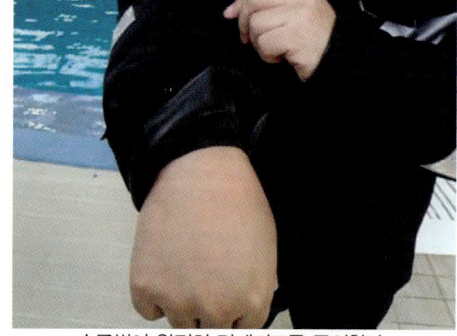
손목씰이 완전히 밀폐되도록 주의한다.

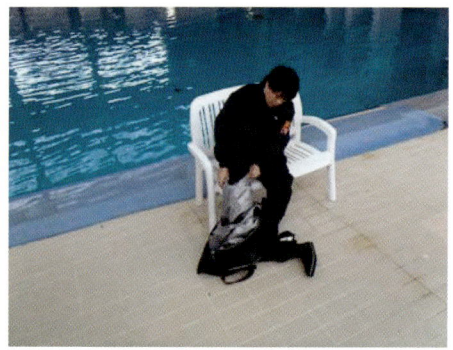
한쪽 다리부터 천천히 입는다.

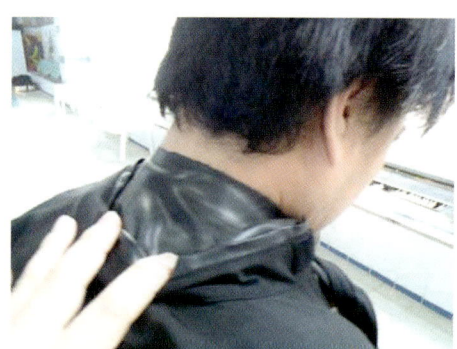
목씰에 머리카락이 들어가지 않도록 주의한다.

허리까지 올리고 멜빵을 걸어 외피가 흘러내리지 않도록 한다.

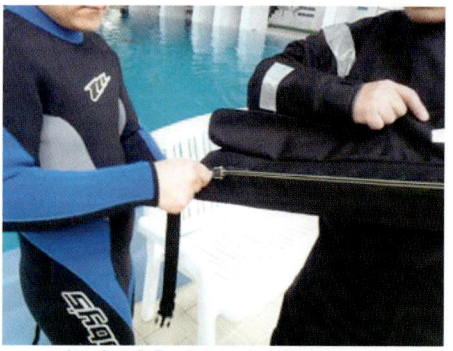
버디의 도움을 받아 지퍼를 완전히 잠그고 밀폐상황을 반드시 확인한다.

불편한지 다시 한번 확인한다.

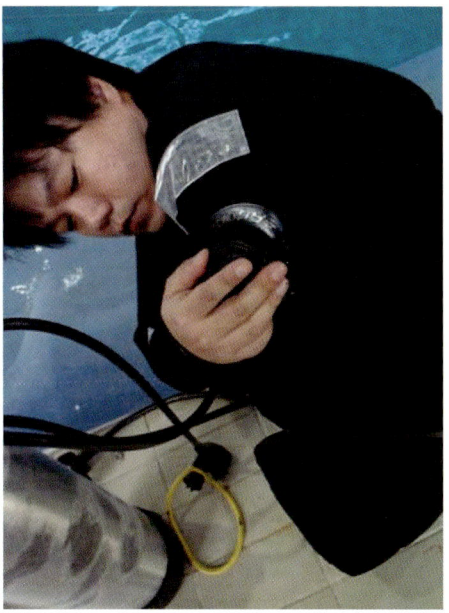

쪼그려 앉으며 내부공기가 덤프밸브로 잘빠져 나가는지 확인한다. 이때 밸브를 열고 닫고를 반복하며 확인한다.

쪼그려 앉으면서 목씰을 살짝들어 공기가 빠져 나오는 것을 확인한다.

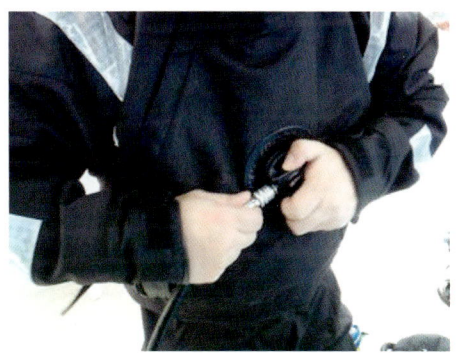

드라이슈트에 저압호스를 연결한다.

Premium Scuba Diving Cadet

내부로 공기를 주입하며 공기가 새는 곳을 확인한다

수면에 입수해서 물에 잘 뜨는지 확인한다.

쪼그려 앉으며 덤프밸브를 눌러주며 목씰을 살짝 열어 내부공기를 배출한다.

몸을 뒤집어 수면 위에서 안정적으로 떠있을 수 있도록 연습한다.

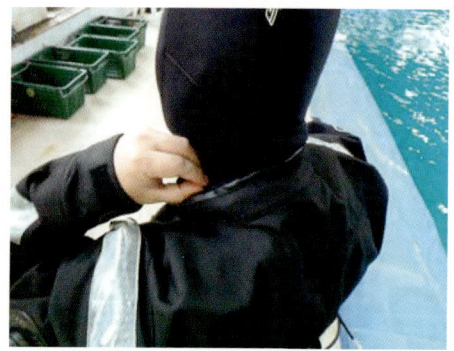

목씰 위로 후드가 완전히 덮도록 확인하며 후드를 착용한다.

덤프밸브를 눌러 슈트에 남아 있는 공기를 배출한다.

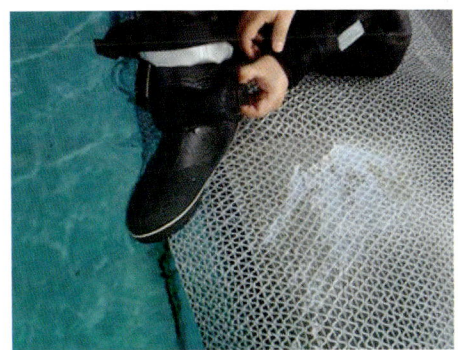
발목에 납벨트를 착용한다.

1m 정도 줄을 잡고 하강했다가 올라온다.

웨이트 벨트를 착용한다.

수면에서 이동연습을 한다.

하강줄을 붙잡고 웨이트가 적절한지 확인한다.

몸을 완전히 세운상태에서 입수를 한다.

Premium Scuba Diving Cadet

완전히 몸이 물 속으로 들어간 이후 수평자세로 이동을 한다.

상승하기 전 덤프밸브를 열어주어 급상승이 되지 않도록 주의 한다.

중성부력을 유지할 수 있도록 슈트내부에 공기를 조절한다.

수평자세로 이동을 하며 앞으로 나간다.

Premium Scuba Diving Cadet

Show me the stone that the builders rejected, that is the keystone.

Jesus

08 스킨스쿠버 다이빙 안전

스킨스쿠버 다이빙을 즐기는데 '왜? 귀찮고 번거롭게 교육과정을 이수 해야 하며 교육완료 후 다이빙 라이선스를 획득해야 하는가?' 라는 의문을 가지고 있는 사람들이 많다. 이런 과정과 절차를 거쳐야 하는 이유는 바로 안전 때문이다. 스쿠버 다이빙은 레저를 즐기면서 정해진 원칙과 규칙을 지키지 않으면 본인의 생명뿐만 아니라 타인의 생명까지 위험하게 할 수 있는 잠재적 위험이 있는 레저 스포츠 이기 때문이다. 그렇기 때문에 스킨스쿠버 다이빙에서 가장 중요하다고 할 수 있는 부분은 당연히 안전이다. 다른 어떤 요소보다 중요한 것이 안전이며 이러한 안전을 지키기 위해서는 반드시 학습하여 알고 있어야 하는 지식정보가 있다. 또한 기술적으로 반드시 수행할 수 있어야 하는 신체적 능력을 확보해야 안전을 보장할 수 있다.

이 장에서는 안전을 위하여 우리가 알고 있어야 하는 다이빙 관련지식을 중심으로 배우게 된다. 다이버는 본인의 안전과 타인의 안전을 위하여 기술적인 연습을 충분히 하여 다이빙 활동 중 발생할 수 있는 위험에 대처할 수 있는 능력을 갖추어야 한다. 이러한 연습은 다이빙 교육과정에서 제한수역 실습으로 충분히 수행할 수 있으며 반복적인 연습으로 어렵지 않게 몸으로 익힐 수 있는 것이 대부분이다. 다이빙은 확보된 안전 범위에서 즐기는 것이지 위험한 상황을 극복하며 쾌감을 느끼는 스포츠가 아니라는 점을 다시 한번 상기해야 한다. 다이빙을 즐기는 다이버의 안전을 위해 규정하고 있는 추가적인 제한 조건이 있는데 그 점은 성장기에 있는 청소년의 다이빙 경험이다. 청소년이라 하더라도 일정한 교육을 받으면 기술적으로 문제없이 다이빙을 즐길 수 있기 때문에 다이빙을 제한 없이 할 수 있게 허용하는 일부 단체도 있다. 하지만 PSDC 에서는 성장기의 청소년에게 깊은 수심의 다이빙을 권장하지 않는다. 아직까지 정확한 임상실험은 없었지만 청소년기 잘못된 자세로 말초신경 부위 끝부분이 있는 성장판이 닫혀 더 이상 성장을 하지 못하는 '성장장애' 같은 위험성이 있기 때문이다. 즉, 깊은 수심에서 다이빙을 하는 경우 과도한 압력으로 성상판이 일부 손상되는 위험성을 내포하고 있기 때문에 PSDC 에서는 원칙적으로 성장기 청소년의 다이빙 활동을 권장하지 않는다. 단, 5 m 이내의 수역에서는 제한적으로 다이빙 경험을 허락하기도 한다. 하지만 어떠한 경우에도 1대기압 이상의 압력을 받는 10 m 이상의 수심을 초과하여 내려가는 것을 금지하고 있다.

신체와 수심

 우리의 신체는 수심의 변화에 따른 수압변화를 매우 적절하게 적응하면서 수중활동을 할 수 있게 만들어져 있다. 과연 인간이 버틸 수 있는 한계수심을 얼마나 될까? 2013 년 현재까지 스쿠버 다이빙을 통하여 가장 깊은 수심으로 잠수한 기록은 2005 년 '누노 고메스Nuno Gomes' 가 홍해에서 잠수한 318.25 m 를 최고 기록으로 인정하고 있다. 이러한 수심에서 압력은 지상에서 경험하는 대기압에 비하여 30 배 이상의 압력으로 쉽게 설명을 해서 농구공 크기의 공기주머니를 가지고 325 m 수심으로 내려가면 그 크기가 완두콩보다 작게 만들어 지는 압력이라고 상상하면 된다. 이런 수압을 견딜 수 있었던 것은 우리 몸의 70 % 이상이 액체로 되어 있어 압력의 전이현상(압력이 통과 되는 현상)으로 수압을 견딜 수 있었다. 나머지 공기가 들어가는 공간은 압평형을 통하여 외부 압력과 같은 압력으로 맞추어 주는 과정을 통하여 깊은 수심 다이빙을 할 수 있게 해주 었다. 하지만 우리가 즐기는 레크리에이션 다이빙은 다이빙 한계수심을 30 m 로 정확히 규정하고 있으며 이러한 수심은 신체에 큰 무리를 주지 않은 범위내의 압력이 작용하는 수심이기 때문에 30 m 를 한계수심으로 정하고 있다. 아래에서는 우리 몸이 수심의 변화에 따라 어떻게 적응 하는지 알 수 있다.

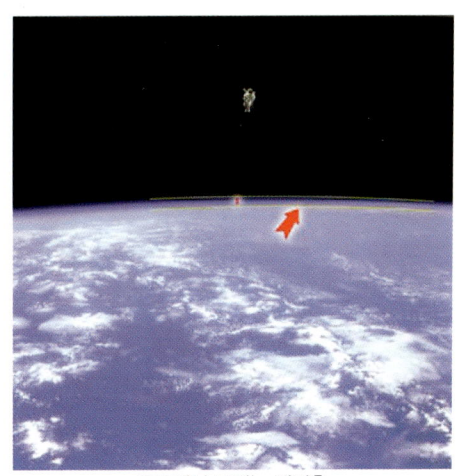
우주에서 보이는 대기층

ㄱ. 수심에 따른 압력변화

 우리가 지상에서 받고 있는 공기의 압력을 1 대기압(atm atmosphere) 이라고 한다. 이러한 대기압은 우주공간부터 해수면까지 공기가 눌러주는 무게를 뜻하며 약 1.01325 kg / cm^2 정도의 압력을 말한다. 스쿠버 다이빙에서는 주로

Premium Scuba Diving Cadet

bar $^{\text{dynes per square centimeter}}$ 라고 하는 단위를 사용하는데 1 bar 는 약 0.98692 atm 정도 하기 때문에 1 대기압과 1 bar 를 비슷한 단위로 계산하여도 오차범위 내에 있다고 할 수 있다. 수심이 깊어지면서 추가적으로 증가하는 압력의 변화를 bar 단위를 사용해서 표시하면 다음과 같다.

수심 미터	기압	환경압 psi/bar	용기의 부피	기체의 일도
0/0	1	14.7/1	1	1x
33/10	2	29.4/2	1/2	2x
66/20	3	44.1/3	1/3	3x
99/30	4	58.8/4	1/4	4x

수심에 따른 압력변화

위에 표에서 기술된 psi 는 pounds per square inch 로 영미권에서 사용되는 압력의 단위이다. 1 bar 는 약 14.5037744 psi 정도인데 공기통의 압력 게이지를 국내 및 아시아권은 bar 를 사용하고 영미권은 psi 를 사용하고 있다. 다이빙 투어를 갈 때 본인의 장비와 게이지를 가지고 가는 경우는 별 문제가 없지만 현지에서 장비를 렌탈하는 경우 psi 로 표시된 게이지를 사용하게 된다. 정확한 계산을 해보면 되지만 아래와 같이 간단히 대입을 하면 쉽게 연산하여 사용할 수 있다.

3,000 psi 가 200 bar 정도이기 때문에 100 bar 는 1,500 psi 정도가 된다. 다이빙의 상승을 시작하는 70 bar 는 1,015 psi 정도가 되니 1,000 psi 가 남으면 상승을 시작 해야 한다.

압평형을 해주면서 하강

ㄴ. 압평형 ^{equalized}

수심이 깊어 지면서 몸이 받는 수압이 우리 몸을 변화시키려고 하는 성질이 있다. 이때 우리 몸이 구성되어 있는 부분 중에 액체와 고체로 되어 있는 부분은 압력을 전이시켜 압력에 따른 변형이 거의 없다. 하지만 기체가 들어 있는 부분은 압력에 따라 부피가 줄어들며

쪼그라드는 현상이 발생한다. 우리 몸에 공기가 들어가 있는 대표적인 공간은 얼굴내부 공간인 사이너스 ^{sinus} 와 고막 안쪽에 귀 부분, 그리고 폐가 있다. 이중에 폐 부분은 지속적으로 호흡을 하기 때문에 호흡하는 공기가 이미

코를 잡고 코로 숨을 내쉬는 것처럼
천천히 불어주면 귀에 압력이
외부 압력과 같아지며 압평형을 이룸
*** 무리해서 힘을 주면 고막이 파열될 수 도 있음

압력에 따라 변화된 상태이기 때문에 압력의 균형을 맞추는 압평형이 필요 없다. 나머지 부분인 사이너스와 귀 부분은 인위적으로 공기를 불어 넣어 주어야 하며 이러한 조치를 압평형 이라고 한다. 얼굴에 서로 연결되어 있는 내부공간이 잘 통하는 사람은 압평형이 매우 수월하게 되며 선천적으로 공기통로가 작은 사람이나 감기, 축농증 등 질환으로 내부공간 연결이 막혀있는 경우 압평형이 어려워 매우

불편한 경우가 있다. 다이빙 경험이 지속되어도 계속 압평형에 어려움이 있는 경우 병원에서 부비동 관련 정밀진단을 받아 보는 것이 좋다. 하강시 압평형은 귀에 통증이 생기기 전부터 조금 조금씩 시도해야 하며 통증이 발생한 경우 해당 수심에서 약간의 시간을 가지고 있다가 다시 시도해 보거나 1 m 정도 상승하여 시도하면 문제없이 압평형을 할 수 있다. 통증이 있는 상태에서 무리한 압평형 시도는 고막에 구멍이 뚫리는 부상을 입을 수 있으니 주의 하여야 한다.

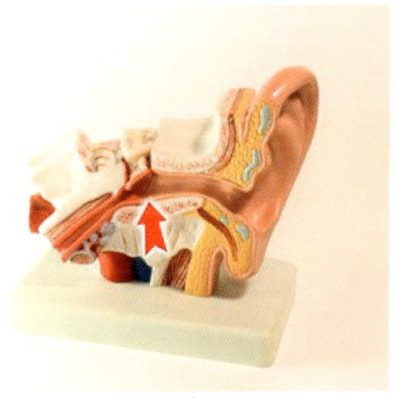

고막

ㄷ. 귀

수중에서는 귀 속으로 물이 들어오는데 이때 귀 속의 내부 공기가 압평형이 되어 있지 않은 경우 매우 심한 압착을 느낄 수 있다. 처음 5 m 이상의 수심으로 들어가는 초보자의 경우

갑작스러운 통증으로 '귀에 이상이 생기나?'라는 두려움을 우선 갖게 된다. 하지만 우리 몸은 수압의 변화에 매우 빠르게 적응을 하며 압평형 같은 약간의 조치를 한다면 수압을 느끼지 못할 정도로 편안하게 된다. 귀의 압평형은 턱의 움직임이나 침을 삼키는 행동으로 자연스럽게 이루어 지는 경우가 많은데 초보 다이버들은 긴장된 상태에서 다이빙을 하는

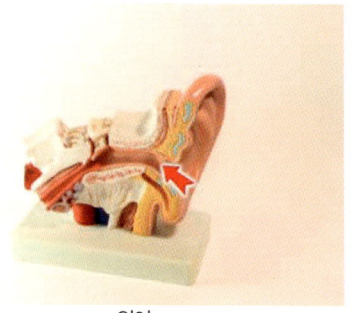

외이

경우가 많기 때문에 쉽게 압평형을 할 수 없는 경우가 많다. 이때 코를 살짝 잡고 호흡한 공기를 코로 내쉬는 행동을 하면 얼굴 내부공간에 압력이 높아지면서 유스타키오관 $^{Eustachian\ tube}$ 을 통하여 귀의 고막 부분까지 공기가 전달되어 압평형을 이룰 수 있다. 하강을 하며 처음 수압이 높아지는 4~6 m 범위에서 귀에 압착이 시작되는 경우가 많으니 미리 압평형을 시도 해 주는 것이 좋다.

귀에 많이 오는 부상은 압평형을 못하고 빠르게 하강을 하면서 고막이 파손되는 부상이 있으며 이때는 귀가 잘 들리지 않거나 '삐~' 소리 같은 이명현상이 발생하며 즉시 병원을

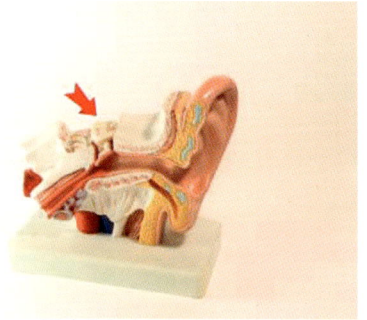

청력기관 및 균형기관

찾아 치료를 받아야 한다. 고막의 파손부상은 1~2 개월 정도 치료기간이 필요한데 다이빙 현장에서 이상을 느낀 다음, 귀에 면봉이나 솜 같은 이물질을 넣어 2 차 감염이 발생하면 더 큰 병으로 발전될 수 있다. 다이빙 이후에는 귀에 물이 들어 간 것 같다고 생각하며 귀를 후비는 행동은 절대 해서는 안 된다.

ㄹ. 사이너스 ^{sinus}

사이너스 공간은 보통 사람의 경우 서로 연결이 되어 있어 호흡을 통하여 자연스럽게 압평형이 된다. 하지만 선천적으로 연결되어 있지 않은 사람과 감기, 축농증 같은 질환으로 연결이 일시 막힌 경우는 내부 압력을 변화시

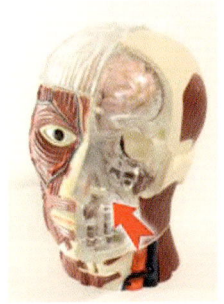 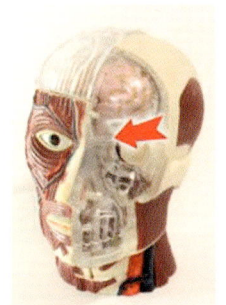 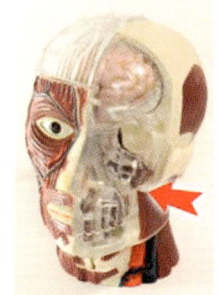

사이너스 공간(부비동)

킬 수 없어 매우 불편함을 느낄 수 있다. 다이빙을 끝내고 올라 왔을 때 얼굴의 일부가 붉게 부어있거나 치아 뿌리 쪽이 아픈 경우, 이마와 눈 밑 같은 얼굴 일부 부분이 매우 아픈 경우는 사이너스 폐쇄에 따른 통증으로 의심할 수 있다. 일시적인 증상이 나타나는 경우에는 다이빙을 진행 하여도 무방하지만 2~3 회 연속으로 이상을 느끼는 경우 반드시 병원에서 정밀진단을 받아 치료를 하는 것이 좋다. 이러한 치료는 대부분 부비동 내부 염증 제거 치료를 하여 사이너스 공간이 서로 연결될 수 있도록 해주는데 비교적 간단한 수술을 통하여 처치할 수 있다. 사이너스가 막혀있는 상태에서 계속된 통증을 참고 다이빙을 지속한다면 매우 심한 고통을 느끼게 된다. 우리 몸의 이상을 신호로 알려주는 것이 바로 통증이기 때문에 본인의 몸 상태를 본인이 신중하게 살펴 부상을 입지 않도록 주의 하여야 한다.

ㅁ. 폐

프리다이빙 free diving 이라고 하는 스쿠버 다이빙과는 다른 해양스포츠가 있다. 수면에서 깊은 호흡을 하고 한 번의 호흡으로 깊은 수심까지 내려가 그 기록을 경쟁하는 스포츠다. 이때 다이버는 수면에서 공기를 폐 속에 머금고 들어가기 때문에 그 공기가 수압에 의하여 찌그러지고 폐 또한 매우 작게 줄어든다. 하지만 다시 수면으로 올라오면서 처음의 크기와 동일하게 복원이 되기 때문에 별문제 없이 다이빙을 할 수 있다. 이러한 현상은 스킨 다이빙이라고 하는 스노클을 이용 수면호흡 잠수에도 동일하게 나타난다. 이 경우 레저 다이버들이 즐기는 10 m 내외의 스킨 다이빙 영역에서는 많은 횟수의 반복 잠수를 하더라도 신체에 별문제가 없다. 제주도에서 직업적으로 해산물을 채집하는 해녀들에게 잠수병이 없는 것은 이러한 이유 때문이다.

폐는 혈액 속에 신선한 산소를 공급하고 이산화탄소를 배출하여 생명유지의 가장 기본이 되는 활동을 하는 장기이다. 폐 속에는 크고 작은 혈관들이 무수히 많게 뒤엉켜있는데 혈관은 폐포 라는 작은 공기주머니를 감싸고 있고 여기서 모세혈관이 가스교환을 이루어 낸다. 다이빙을 할 때 깊은 수심에서 공기를 마시게 되면 혈액 속으로 수면 위에서 호흡할 때 보다 많은 가스교환이 발생하는데 이러한 이유는 6 장에서 설명한 달톤의 부분압 법칙과 보일의 법칙에서 예측된 현상 때문이다. 이런 현상은 잠수병, 기흉 같은 부상을 초래할 수 있는 위험성을 가지고 있기 때문에 규정에 따른 다이빙 절차를 지켜야 하는 이유가 된다. 다이빙을 하면서 신체적으로 가장 많이 운동이 되는 부분 중에 한 곳이 폐라고 할 수 있다. 우리가 즐기는 운동 중에 폐를 집중적으로 운동하게 해주는 운동은 거의 없다. 다이빙의 경우 상대적으로 높은 압력을 가지고 있는 공기를 호흡하면서 폐의 폐포까지 자극을 주어 보다 튼튼하게 만들어 주는 효과를 보인다. 이런 효과는 오랜 기간 흡연을 한 이력이 있는 다이버에게 극명하게 보여진다. 흡연자는 폐포 사이 깊숙이 붙어 고착된 니코틴 같은 담배 유해 물질이 다이빙 과정을 통해 떨어져

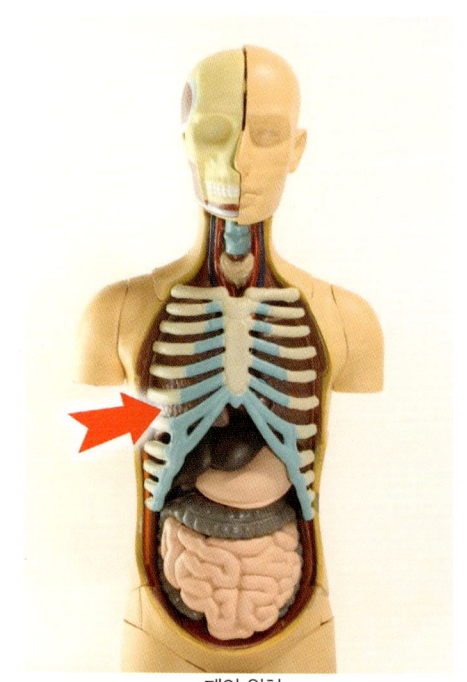

폐의 위치

나와 다이빙을 끝내고 나왔을 때 마스크의 코 아랫 부분에 노란 이 물질로 배출되는 경우를 종종 보인다. 물론 다이빙을 계속하면서 완전이 폐 속이 청소가 된다는 것은 과장된 기대일 수 있지만 어느 정도 효과가 확실히 있다는 것은 보편적인 정설이다. 폐의 건강을 위해서는 당연히 금연이 최선의 방법이라는 것은 누구나 알고 있다.

ㅂ. 근육과 뼈

우리 몸의 구성이 약 70 % 의 액체와 29 %

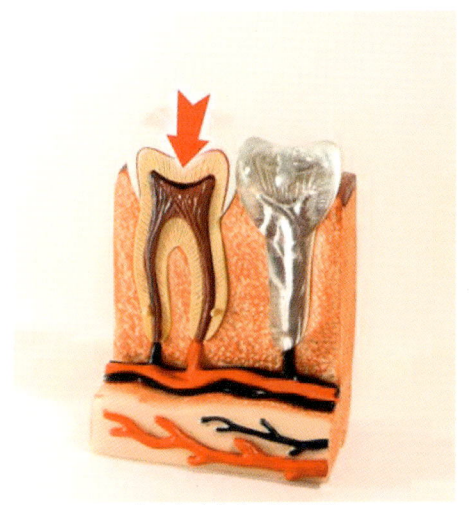

충치에 가해지는 압력변화
*** 치아 속 빈 공간에 깊은 수심에서 유입된
공기가 원활히 배출되지 못하는 경우
이가 솟는 느낌을 받을 수 있음

고체, 1 % 의 기체공간으로 구성되어 있다. 그 중에 많은 부분을 차지하고 있는 것이 근육과 뼈라 할 수 있다. 우리가 움직임을 할 수 있도록 해주는 운동에너지를 발생 시키는 근육은 약 600 여 개의 골격근들로 이루어져 있고 대략 체중의 40 % 정도를 차지하고 있다. 다이빙을 할 때 근육은 매우 훌륭하게 기능을 다 한다. 이동하기 위해 핀을 움직일 때 가장 많이 사용되는 허벅지 근육은 가장 중요한 근육이다.

근육은 자유형 킥과 같이 반복적 움직임을 할 때 운동성 경련(쥐가 나는 것)이 생길 수 있다. 다이빙을 시작하기 전에 충분이 몸에 근육을 풀어 다이빙 과정에서 쥐가 나지 않도록 조심하여야 한다. 또한 다이빙 이동 과정에서는 자유형 킥과 같은 한 가지 킥을 반복적으로 사용하기 보다는 가위차기 킥 같은 다양한 킥을 섞어서 사용하는 것이 쥐가 나는 것을 방지할 수 있다.

다이빙을 즐기면서 뼈에 부상을 입는 경우는 극히 드물다. 하지만 흔히 말하는 **'관절을 삐는 것'** 같은 염좌는 종종 발생할 수 있다. 이러한 부상은 가장 큰 원인으로는 잘못된 자세에서 무리한 힘을 주어 발생하는 경우가 대부분이다. 특히 다이빙을 하는 과정 중간이나 다이빙을 종료 하고 나서 근육이 뭉치거나 이완되어 있는 경우, 평소와 같은 몸 상태라 생각을 하고 관절에 힘을 주면 삐는 부상을 입을 수 있다. 근육의 부상은 뼈가 골절되는 부상은 아니지만 팔목, 어깨, 허리 등 장비를 착용하고 벗는 과정과 보트에 오르고 내리는 과정에서 다치는 경우가 많으니 매우 주의 하여 무리한 하중이 걸리지 않도록 천천히 조심스러운 동작으로 행동해야 한다.

ㅅ. 심혈관

심혈관의 건강은 신체의 말단까지 신선한 산소를 포함한 혈액을 원활히 공급하여 근육의 상태를 좋게 하고 각종 장기의 컨디션까지 좋게 해주는 매우 중요한 역할을 하고 있다. 순환계가 전달한 산소는 우리 몸의 연료로 사용되며 이 과정에서 이산화탄소를 노폐물로 생성하여 호흡으로 배출된다.

 심혈관의 상태가 좋은 사람은 폐가 공급하는 산소를 몸의 말초 부분까지 쉽게 전달하기 때문에 폐가 매우 효율적인 활동으로 신체상태를 유지할 수 있게 한다. 건강한 심혈관을 가지게 되면 다이빙을 할 때 공기의 소모량이 줄어드는 현상을 경험 할 수 있다. 때문에 평소에 달리기 같은 유산소 운동을 병행 한다면 다이빙에 매우 도움이 된다. 심혈관 상태가 좋지 않고 혈관에 콜레스테롤 같은 이물질이 혈액의 흐름을 방해 할 경우 보다 신체는 빠른 심장 박동을 필요로 하고 호흡 또한 과다하게 필요하게 된다. 이렇게 심혈관의 건강이 좋지 않은 다이버는 낮은 수온의 바다환경이나 깊은 수심의 다이빙은 피하는 것이 좋다.

다이빙과 호흡

수중에서의 호흡은 공기통에서 배출된 공기가 호흡기 1 단계에서 호흡이 가능한 10 bar 정도의 압력으로 배출된 공기를 흡입하게 된다. 하지만 수심의 변화에 따라 호흡기 2 단계에서 호흡하는 공기는 주변에 압력과 동일한 압력의 공기압상태로 호흡을 하게 된다. 즉, 수면 위에서 2 단계 호흡기로 호흡을 하면 10 bar 의 공기를 호흡하는 것이 아니라 1 대기압(atm) 과 같은 압력의 공기를 호흡하며 수심이 깊어지는 경우 변하는 수압과 동일한 압력으로 공기압이 변한 공기를 호흡하게 되는 것이다. 약 10 m 수심의 경우 약 2 bar 정도의 압축공기를 호흡하며 10 m 정도 더 깊어지면서 1 bar 정도의 추가적인 압력을 받는 공기를 호흡하게 된다. 이러한 압력의 변화는 다이빙 부상과 밀접한 연관이 있으니 수심의 변화를 예의 주의하여야 한다.

ㄱ. 호흡과 폐

호흡을 하는 것은 폐가 우리 몸에 적절한 산소를 공급하는 일을 하는 것이다. 폐는 목과 연결되어 있는 기관지 부분과 폐포 라고 하는 가스교환이 발생하는 기관, 그리고 매우 많은 모세혈관으로 이루어져 있다. 우리가 자연스럽게 호흡이 되는 것은 몸 속에 산소가 부족하여 자율신경이 호흡을 지시하는 것이 아니

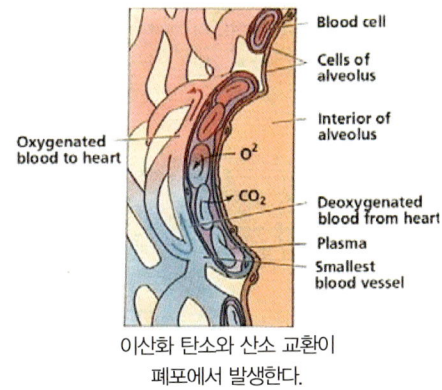

이산화 탄소와 산소 교환이 폐포에서 발생한다.

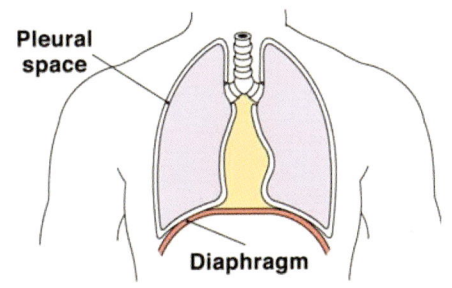

At rest, diaphragm is relaxed
횡경막이 폐의 바로 아래 있다.
*** 출처 : Hinsdale Township High School District 86

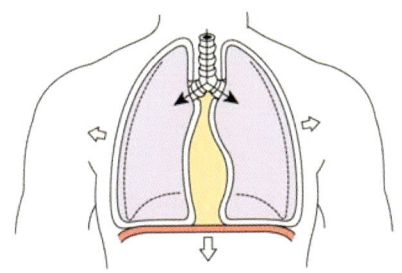

Diaphragm contracts, thoracic volume increases.
횡경막이 내려가면 폐의 내부 공간이 생기면서 공기를 흡입한다.

라 이산화탄소 즉, CO_2 가 축적되면 뇌에 있는 호흡을 관장하는 곳을 자극해서 횡경막 근육을 아래로 당겨 폐의 내부공간(흉곽)을 넓혀 외부공기를 빨아드리게 하는 것이다. 공기가 들어오고 횡경막이 원위치로 돌아오면 다시 공간이 좁아지면서 공기를 배출하는 과정을 반복한다.

여러 개의 공기통과 트라이믹스를
사용한 대심도 다이빙
*** 다이버의 관절 보호를 위해 스쿠터를 이용한다.

공기가 폐 속으로 들어와 가스교환이 발생하면 혈액이 몸 속을 순환하면서 세포들에게 신선한 산소를 공급하고 세포가 노폐물로 배출한 이산화탄소를 혈액에 녹여 내보낸다. 이러한 노폐물이 심장의 순환운동을 통해 다시 폐로 돌아와 새로운 가스교환을 반복적으로 발생시키는 것이다. 이때 호흡하는 공기 중에 가장 중요한 성분은 산소 – O_2 이며 산소가 많이 공급되면 될 수록 세포는 보다 활발하게 활동한다. 생명유지에 가장 중요한 성분인 산소는 일반 대기 중에는 약 21 % 정도 이고 나머지 대부분은 질소가 차지한다. 질소는 비활성 기체로 우리 몸에서 사용하지 않고 인체에 무해한 기체이지만 다이빙을 할 때 깊은 수심에서 압력을 받아 쉽게 혈액 속으로 녹아 들어가는 성질이 있다. 물론 호흡을 통해 쉽게 녹아 들어간 것 같이 쉽게 배출이 되지만 혈액의 순환주기 약 30 초의 2 배정도인 1 분 정도의 시간이 필요하게 된다. 그러한 이유로 여러 가지 변수를 고려하여 계산을 한 결과 분당 9 m의 속도 이하로 상승을 하는 것이 안전 하다는 것이 증명 되었다.

질소가 혈액에 녹아 들어가 문제를 발생시키는 것을 줄이기 위하여 질소 대신에 또 다른 비활성 기체인 헬륨 – helium 을 사용하는 다이빙을 하는 경우도 있다. 이러한 다이빙은 특수 다이빙의 영역이며 그것을 트라이믹스 다이빙 trimix diving 이라 한다. 레크리에이션 다이빙한계를 넘는 30 m 이상의 수심을 잠수해야 하는 경우 트라이믹스 공기통을 사용할 것을 권장하고 있다.

 수심이 깊어지면서 호흡하는 공기의 압력도 같이 비례해서 증가하게 되는데 수면에서는 1 대기압의 공기를 흡입하지만 10 m 에서는 2 대기압의 공기를 20 m 에서는 3 대기압의 공기를 흡입하게 된다. 이는 10 m 에서 호흡하는 것이 수면에서 호흡하는 것보다 2 배의 공기를 더 흡입하게 되며 20 m 수심의 경우 수면보다 3 배의 공기를 더 흡입하는 결과를 보여준다. 이러한 결과는 산소, 질소 등 호흡하는 공기 속에 포함된 각각의 기체의 부분압이 높아지면서 수면보다 더 많은 량의 기체가 혈액 속으로 용해될 수 있음을 말한다. 그렇기 때문에 다이버는 수심에 따른 변화를 항상 주의 깊게 살펴야 한다. 또한 같은 량의 공기통을 사용하여도 수심이 낮은 경우와 깊은 경우, 확실히 깊은 쪽에서 더 많은 공기소모량이 나타나는데 그것은 압력의 변화에 따른 결과라 할 수 있다.

ㄴ. 호흡조절

 다이빙을 하면서 갑자기 호흡이 빨라지고 쉽게 숨을 쉴 수 없다면 스트레스로 인한 요인이 가장 크다고 볼 수 있다. 긴장을 하거나 겁을 먹는 경우 본인도 모르는 사이 그런 현상이 발생하는데 초보 다이버에게 쉽게 발생할 수 있는 모습이다. 이런 상황을 이겨내기 위해서는 평소에 마인드 컨트롤 mind control 을 해서 불안감을 극복하는 것이 좋다. 마인드 컨트롤 방법에는 다른 다이버들이 촬영한 다이빙 동영상이나 해양 다큐 등을 시청하는 것도 한가지 방법이 될 수 있다. 만약 건강한 다이버가 수중에서 호흡이 어렵다면 아래와 같은 절차를 통해 이겨낼 수 있다.

A. 멈춘다.

 더 이상 행동을 하지 말고 일단 모든 활동을 멈춘다.

B. 생각하며 호흡한다.

 천천히 그리고 깊게 호흡을 잘하고 있는지 생각을 하면서 호흡한다. 천천히 호흡을 하며 어느 정도 안정이 된 호흡상태가 되었다면 어떠한 이유로 호흡이 빨라졌는지 생각을 해본다.

C. 다음 행동을 생각하고 안전하게 실행한다.

 방금 전 상황을 다시 생각해서 안전 했는지 판단한다. 그 다음 행동을 계획하고 안전에 문제가 있는지 없는지 판단하여 안전하다고 생각이 되면 행동한다.

 호흡이 빨라지고 어려워지는 이유는 심리적

인 요인에서 오는 경우가 많다. 슈트가 너무 작아 불편함을 느끼는 경우나 시야가 안 좋아 다른 다이버를 잘 볼 수 없는 경우 등 다양한 불편사항이 다이버의 호흡을 어렵게 만든다. 하지만 이런 느낌들은 다이빙 경험이 많아 질수록 두려움이 없어지고 편안함이 생겨 원활한 호흡조절을 할 수 있게 되니 너무 걱정하지 않아도 된다.

그만큼 공기소모량을 많게 하는 것을 의미하기 때문에 수중에서는 천천히 그리고 깊게 호흡을 하는 것이 좋다. 천천히 그리고 깊게 호흡하기 위해서는 빠르게 움직이는 행동을 줄여야 한다. 수중에서 활동은 언제나 부드럽고 천천히 움직이는 것이 최선이기 때문에 모든 움직임은 영화 속 슬로우 모션 slow motion 같은 움직임이 가장 좋다. 이러한 움직임은 호흡을 빠르게 할 필요가 없기 때문에 매우 부드럽게

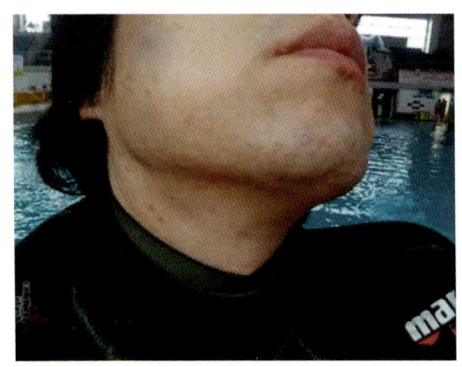

슈트 크기가 작은 경우
목 부분이 불편해서
호흡에 무리를 주는 경우도 있다.

① 천천히 들이쉬고

호흡할 수 있다.

ㄷ. 수중에서 호흡

우리는 평소에 호흡을 거의 무의식적으로 한다. 하지만 수중에서의 호흡은 육상 보다 의식적으로 호흡을 하여야 한다. 운동을 급하게 할 경우 신체는 보다 많은 산소를 원하게 되기 때문에 본인도 모르는 사이에 호흡이 빨라지게 된다. 수중에서 호흡을 빨리 한다는 것은

수중에서는 호흡을 절대 멈춰서는 안 된다. 수중에서 호흡을 멈추게 되면 폐 속에 남아 있는 공기가 수압의 변화에 그대로 노출이 되며 수심이 변하는 경우 줄어들거나 팽창하여 최악의 경우 폐에 구멍이 나는 심각한 부상을 입을 수 있기 때문이다. 그러한 이유로 수중에서는 지속적으로 호흡을 해야 하며 만약 호흡

기가 입에서 분리되어 호흡기를 찾아야 하는 짧은 시간이 발생하더라도 조금씩 호흡을 배출하는 행동을 하여야 한다.

② 천천히 내쉰다.

ㄹ. 수면 위에서 호흡(중간 휴식시간)

질소는 인체 내에서 산소처럼 사용되는 기체가 아니기 때문에 혈액을 통해 용해된 질소는 공기 내 분포인 79 % 정도와 비슷한 비율로 세포 내에 존재를 하게 된다. 수중에서 호흡을 하면서 1 기압 이상의 압력이 있는 공기를 호흡하게 되어 포화된 질소가 혈액 속에 남게 되는데 이러한 질소의 수치를 잔류질소시간이라고 한다(거의 대부분 량은 수중에서 호흡을 통해 배출이 되지만 약간의 질소는 몸 속에 남게 된다). 이렇게 남은 질소는 수면에서 호흡을 하면 자연스럽게 배출되어 공기 중 질소의 기초 분포 수치인 79 % 까지 감소하여야 하는데 그 소요시간은 일반적으로 12 시간 이상의 시간이 필요하다(다이빙 이후 비행기 탑승금지시간). 잔류질소는 반복다이빙 할 때 변수가 될 수 있다. 그래서 반복다이빙을 하는 경우 수면 위에서 호흡을 신

간단한 다과를 즐긴다.

경 써야 한다. 우리가 반복다이빙을 할 때 가장 중요하게 검토하는 부분이 바로 혈액 내 잔류질소의 추정치를 감소시키기 위한 노력이다. 요즘처럼 다이빙 컴퓨터가 잘되어 있고 다이빙테이블이 제시하는 한계 내에서 다이빙을 진행하는 경우에도 다이버의 건강에 도움이 되는 행동이 있다면 수면 위에서 휴식을 취하면서 하는 것이 좋다. 수면에서 쉴 때 가장 좋은 방법은 100 % 산소를 흡입하는 것이다. 하지만 여건이 허락하지 않는 경우가 대부분이고 비용 또한 비싸다. 그 다음 방법은 고른 호흡을 깊게 그리고 안정적으로 하는 것이다. 물론 신선한 공기를 숨 쉴 수 있는 뱃머리 같은 곳에서 바람을 맞으며 하는 것이 좋다. 간혹

신선한 공기를 마시며 휴식을 취한다.

최대한 호흡을 들이 마시고 내쉬는 과정을 중간, 중간 해주는 것은 더욱 좋다. 이러한 수면 위 호흡은 혈액 내 녹아 들어 남아 있을 수 있는 잔류질소를 빠른 시간 내에 배출될 수 있도록 도움을 주며 반복된 다이빙으로 잠수병에 노출되는 위험도를 줄여준다.

다이빙과 부상

다이빙을 한다는 사실을 주변사람들에게 이야기 하였을 때 많은 사람들이 위험하지 않는지 물어보는 경우가 대부분이다. 다이빙을 잘못하여 입는 부상은 다른 레저 스포츠를 즐길 때 경험할 수 있는 부상과 다른 양상으로 부상이 발생하기 때문에 어떻게 보면 당연한 질문이고 위험하다고 답하는 것이 맞을 수 있다. 다이빙을 잘못하여 심각한 부상을 입는 경우 최악의 경우 생명을 잃을 수 도 있기 때문에 더더욱 부상에 관한 지식을 습득하여 예방할 수 있어야 한다. 다이빙에서는 압축공기를 수심이 깊은 곳에서 호흡하기 때문에 생길 수 있는 잠수병(감압병)이라고 하는 부상을 가장 위험한 부상으로 보고 있다. 이러한 부상은 바로 증상이 나타나는 즉시적인 부상보다 숨어 있던 질소방울이 신체의 어느 한 곳에 모여 발병하는 형태로 나타난다. 이런 부상은 치료보다 예방이 중요하다. 다이빙 한계 수심 내에서 다이빙을 하고 다이빙 절차에 맞는 상승과 하강을 하여야 한다. 이런 다이빙 절차를 정확히 지키는 경우에도 100 % 안전하다고 장담할 수 없는 부분이 있다. 이런 위험요인에는 다음과 같은 추가적인 사항을 들 수 있다.

비만

상용하는 약

음주

피로

아물지 않은 상처

너무 어린 나이 또는 활동이 어려운 많은 나이

이러한 요인들은 어떤 운동을 하더라도 감안해야 하는 부상요인으로 특히 음주, 피로와 같은 일시적인 요인은 다이빙에 치명적인 문제를 발생시킬 수 있기 때문에 본인의 몸 상태를 항상 주의 하여 관리 해야 한다. 다음에서 보여지는 도표는 일본 경시청에 신고된 다이빙 사고 건수를 통계 낸 것이다.

이 자료에서 볼 수 있는 것은 많은 사고가 2~30 대 에서 집중되고 있는 것을 알 수 있다. 물론 전체 사고 건수에 대비해서 생존자가 많은 것은 체력적인 부분이 크게 작용한다고

웨이트 벨트를 맨손으로 풀다가
손을 다치는 경우가 많다.

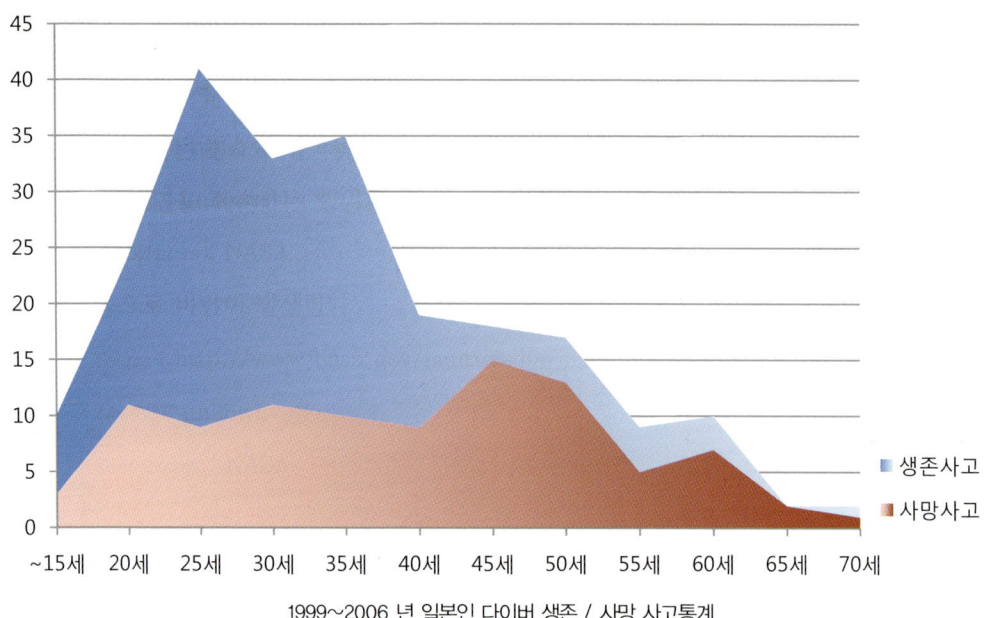
1999~2006 년 일본인 다이버 생존 / 사망 사고통계

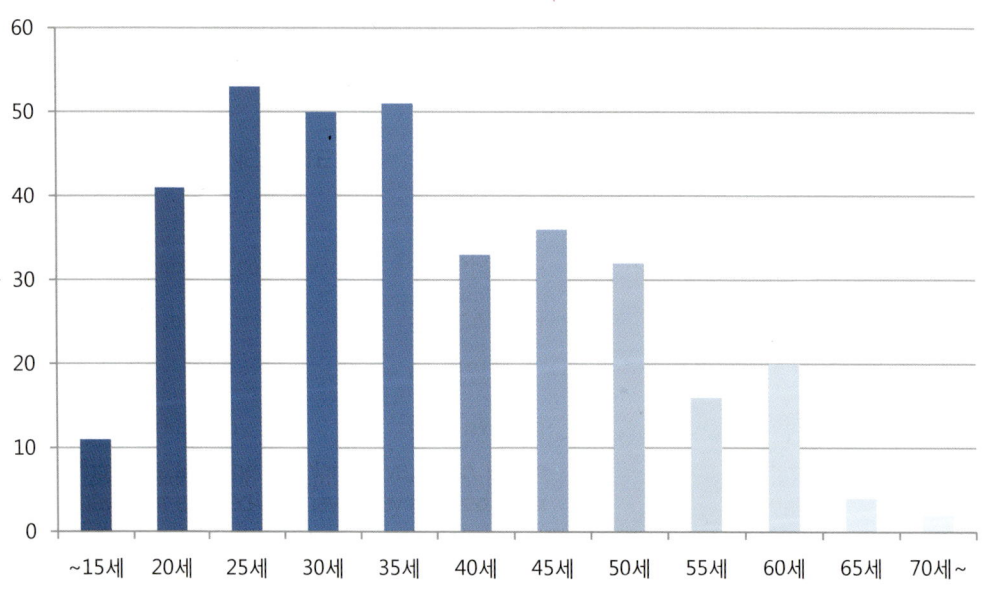
1999~2006 년 일본인 다이버 전체사고통계
*** 출처 : ダイビング セーフティ ブック / 中田 誠 / 太田出版 / 2008

볼 수 있지만 그것은 큰 의미가 있지는 않다. 즉, 신고된 다이빙 사고의 크기로 볼 때 심각한 사고 후유 장애를 겪을 수 있는 일들이 많은 관계로 전체적인 다이빙 사고 건수를 살펴보는 것이 중요하다. 다이빙 사고는 사망과 같이 매우 치명적으로 발생할 수 있는데 다이빙 인구 분포를 보면 60 % 이상을 차지하는 40대 이후 중장년층 다이버 사고자 보다 상대적으로 젊은 2~30 대 젊은 층에서 많이 발생한다는 것을 보면 젊은 다이버들은 사고예방에 얼마나 주의를 다해야 하는지 명심해야 한다는 것을 알 수 있다. 다이빙은 보고 즐기는 것이 목적이지만 가장 중요한 것은 안전이고, **'안전보다 중요한 것은 없다'** 는 점을 다시 한 번 강조한다.

ㄱ. 질소마취

 질소마취라는 증상은 우리 신체가 마취를 당하는 경우 느낄 수 있는 몽롱함과 무기력한 움직임을 물 속에서 겪을 수 있기 때문에 마취라는 표현을 사용한나. 질소가 1 대기압을 넘는 포화된 상태로 호흡을 통하여 혈액 속으로 용해되면서 발생할 수 있는 증상으로 수심이 깊어지면서 포화도가 증상을 보이는 특정한 수심에서 발생하며 질소마취가 발생한 이후 계속 하강을 한다면 더욱 더 증상이 심해진다. 증상은 대부분의 경우 술에 취하는 것과 같이 발생을 하는데 장비의 조작에 어려움을 겪는 경우도 있고 갑작스러운 졸음으로 깜빡 졸기도 하며 본인에 의사와 상관없는 이상 행동을 하기도 한다. 증상이 발생하는 수심은 사람마다 차이가 있지만 30 m 이하 낮은 수심에서는 잘 나타나지 않는다. 30 m 를 초과하는 다이빙을 하는 경우 일부 다이버들이 질소마취를 경험하게 된다(사람에 따라서는 20 m 에서 질소마취가 나타나는 경우도 있다).

 질소마취에 걸렸을 때 가장 많이 나타나는 증상으로는 게이지를 읽지 못하거나 방향감각이 없어져 어떤 행동을 해야 하는지 모르는 경우가 많다. 정작 질소마취에 걸린 다이버는 질소마취를 자각할 수 없는 경우가 많은데 질소마취가 발생한 경우, 간단한 사칙연산을 못하는 경우가 많다. 본인의 상태가 이상하다고 느낄 때 머리 속으로 4 + 7 같은 간단한 숫자 계산을 해보았을 때 답이 생각나지 않는다면 질소마취증상이 나타나기 시작했다고 보는 것이 맞다. 질소마취의 경우 승상이 발생하고, 이후 잘못된 판단으로 이상행동을 한다면 심각한 문제가 발생할 수 있다. 하지만 질소마취에 걸린 것 만으로는 크게 위험하지 않다. 이상현상이 발생한 수심에서 낮은 수심으로 4~5 m 정도만 상승하더라도 질소마취는 언제 그랬는지 모르게 사라진다. 즉, 특별한 치료를 필요로 하는 것이 아니라 자연스러운 상승으로 마취가 풀리는 것이라고 보면 된다. 이는 술에 취했다가 술을 깨는 현상과 비슷한 경험일 수 있다. 경험이 많은 다이버가 깊은 수심 다이빙을 하는 경우 약간의 질소마취 상태를 극복하고 다이빙을 지속할 수 있게 되는 것은, 술에 취하는 것과 같은 반복적인 자극을 극복하는 과정과 매우 유사하다.

질소마취의 증상은 사람마다 편차가 매우 심해 어떤 다이버는 전혀 질소마취를 느끼지 못하는 경우도 있고 어떤 다이버는 17 m 의 낮은 수심에서 질소마취를 경험하기도 한다. 이는 술에 강한 사람과 약한 사람이 있는 것과 같은 원리다. 레크리에이션 다이빙 한계를 넘는 다이빙을 하는 경우 질소마취에 노출이 되어 잘못된 판단이나 행동으로 심각한 상황이 올 수 있기 때문에 'Deep Diving' 이라는 별도의 교육과정을 통하여 깊은 수심에서 어떻게 적응하고 행동해야 하는지 안전한 교육을 받고 30 m 이상의 수심에 도전을 하는 것이 올바른 선택이다. 30 m 에서 40 m 수역은 잠깐의 실수로 내려갈 수 있는 수심이다. 이러한 수심에 대한 교육과 사전준비가 되지 않으면 심각한 부상을 입을 수 있으니 절대 주의를 요한다.

ㄴ. 에어엘보리즘 aeroembolism

에어엘보리즘(공기색전증) 은 다이빙 시간과 수심에 밀접한 관련이 있다. 수심이 깊어지면서 발생하는 압력의 영향은 보일의 법칙에서 배운 것처럼 압력에 비례해서 기체의 부피를 축소시킨다. 이러한 현상은 수심이 낮아지며 압력이 줄어드는 반대의 과정에도 그대로 적용이 되는데 수영장 바닥에서 공기방울을 올릴 경우 수면으로 올라갈 수록 공기방울이 커지다가 어느 정도의 크기에 이르면 서로 분리되면서 분리된 공기방울이 다시 커지는 현상이 발생한다. 즉, 다이버가 수심 깊은 곳에서 공기호흡을 하여 폐 속에 공기를 가둔 상태에서 상승을 하게 된다면(숨을 멈추고) 폐 속의 공기는 팽창을 하면서 말 그대로 폐가 터지는 현상이 발생하게 된다(물론 이런 부상은 의도적으로 숨을 참고 상승하지 않는 이상 거의 발생하지 않는다). 만약 다이버가 호흡을 참고 상승을 한다면 에어엘보리즘이 발생할 수 있는데 이것은 병원에서 수액주사를 맞을 때 중간에 생긴 공기방울이 혈관 속으로 들어가는 현상과 같은 경우라고 할 수 있는데(수액주사는 안전장치가 잘되어 있어 수액이 다 들어가도 공기가 들어가는 경우는 거의 없음) 혈관 속에 작은 공기방울로 흘러 다니던 공기방울이 상승을 하면서 혈관굵기 정도로 커진 상태로 심장이나 뇌로 흘러 들어가 혈관을 일부 막게 되면 뇌졸증 또는 협심증 과 비슷한 증상이 급격하게 나타날 수 있다. 긴급상승을 통해 수면으로 급하게 올라온 다이버가 의식을 잃고 코피를 흘리는 경우, 에어엘보리즘을 예상해 볼 수 있다. 이 때는 즉시 병원으로 후송을 해서 치료를 받아야 하는 심각한 상황이다. 또 다른 증상으로는 팔다리가 심각하게 저리거나 갑자기 앞이 안보이고 소리가 들리지 않는다면 짧은 시간 내에 의식불명이 될 수 있으니 지체 없이 병원으로 후송해야 한다.

이런 부상을 방지하는 원칙은 의외로 매우 간단하다. 그냥 평소대로 호흡을 하면 된다. 급상승이 필요한 최악의 상황에도 기도를 열고 숨을 내쉬면서 긴급 상승을 한다면 폐가 파열되는 심각한 부상은 방지할 수 있다. 그러므로 다이버에게 일상적인 호흡을 지속하는 것은 매우 중요한 원칙이라 할 수 있다. 간혹 약간의 경험 있는 다이버가 물 속에서 다이빙 시간을 늘리기 위하여 호흡을 중간, 중간 멈추는 기술을 자랑하기도 하는데 이는 매우 위험

한 행동이라 할 수 있다. 무리하게 다이빙 시간을 늘리기 보다 충분한 휴식 이후, 한 번 더 다이빙을 하는 것이 안전한 선택이다.

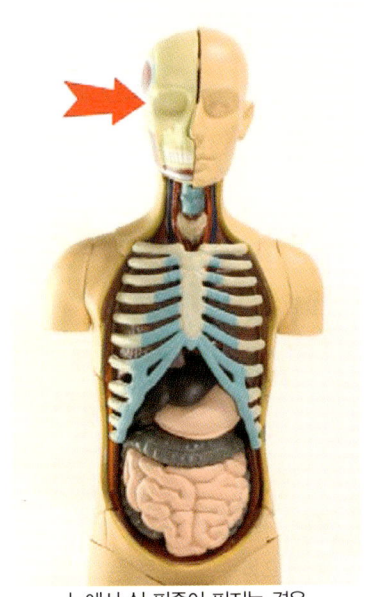

눈에서 실 피줄이 퍼지는 경우

ㄷ. 기종 emphysema

기종(종격동, 피하 기종) 은 신체 내부 장기에 구멍이 나는 현상을 말한다. 다이버가 숨을 참고 급 상승을 하게 되어 폐가 파열된다면 발생하는 증상이다. 파열된 폐에서 나온 공기덩어리가 폐와 심장, 폐와 기관지 사이 공간(종격동)에 위치해서 과 팽창을 하는 경우를 종격동 기종이라 한다.

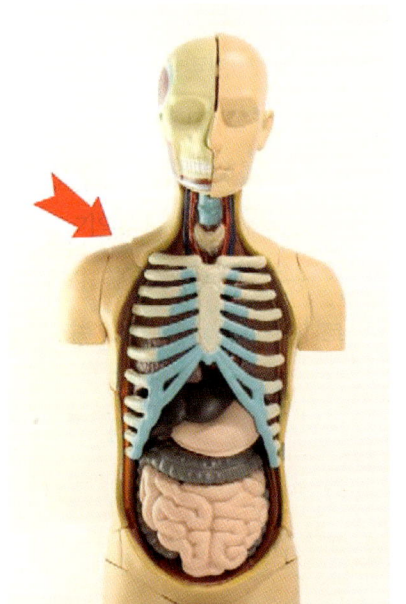
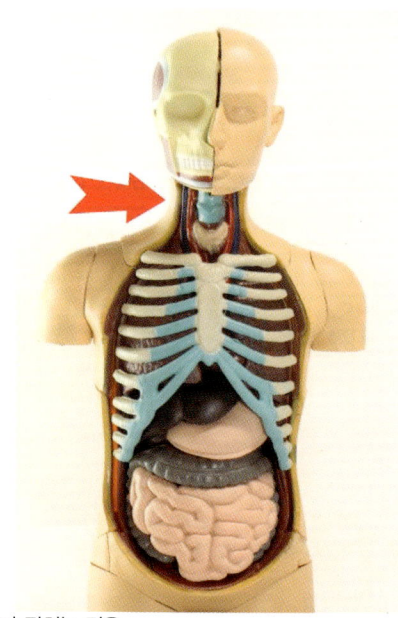

어깨나 목 부위에 공기가 잡히는 경우

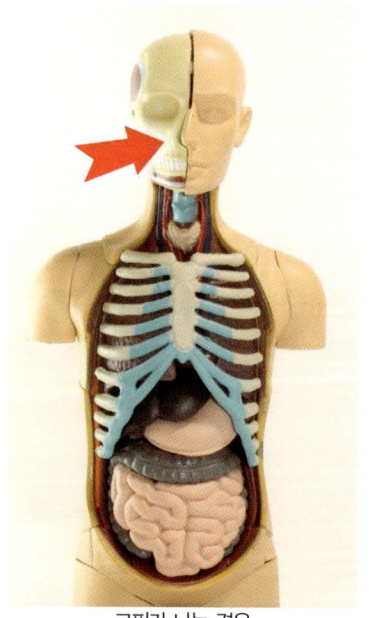

코피가 나는 경우

팽창된 공기덩어리가 기관지 사이를 이동하여 피부 아래까지 이동을 해서 부풀어 오르는 것을 피하 기종이라 한다. 이때는 내부 장기가 눌려 심각한 통증과 장기의 기능장애를 유발하며 호흡곤란과 함께 쇼크를 동반하는 경우가 많다. 이 때는 빠른 병원 후송으로 공기를 제거해주는 치료를 받아야 한다. 기종의 부상 원인은 분명하다. 그것은 다이버가 숨을 참고 급상승을 시도하기 때문이다. 다이버는 한계 상승속도인 1 분당 9 m 의 속도를 넘지 않게 상승을 한다. 또한 **'어떠한 경우에도 호흡을 멈추지 않는다'** 라는 원칙을 반드시 지키도록 해야 한다.

ㄹ. 기흉 pneumothorax

기흉은 파열된 폐에서 나온 공기가 폐와 늑막 사이 공간에 위치하면서 발생하는 부상인데 그 증상은 숨이 갑갑하고 매우 숨쉬기 어려운 증상이다(깊은 호흡을 할 수 없고 짧은 호흡만 반복적으로 하게 된다). 이때 바로 공기를 제거해주지 않으면 폐가 눌려 반대쪽 폐가 더 파열되는 심각한 상황을 맞을 수 도 있게 된다. 병원으로 후송을 할 경우 다이빙 이후 발생한 증상이라는 것을 의료진에게 반드시 알려 빠른 조치를 할 수 있도록 도움을 주는 것도 잊지 말아야 한다. 기흉은 마르고 키가 큰 사람들에게 일상 생활에서도 특별한 원인 없이 많이 발생할 수 있는 질병이기 때문에 의료진의 빠른 판단과 조치를 위하여 다이버에게 발생한 이상 증상과 사고 상황을 의료진에게 알려 주는 것이 치료에 도움이 된다.

ㅁ. 잠수병 diver's disease

잠수병은 직업 다이버에게 많이 발생하는 일종의 직업병으로 장시간 깊은 수심에 노출된 상태에서 호흡을 하면 육상에서 보다 많은 질소를 호흡하게 되고 초과 호흡된 질소는 혈액 내에 녹아서 액체형태로 흘러 다니게 된다. 이

개봉 전 용해된 상태   개봉   탄산이 분출   거품으로 넘침

탄산음료를 따름   탄산이 분출됨   공기중으로 분산   컵 내부에 방울로 맺힘

용해된 탄산이 낮아진 대기 압력에 분출되는 과정(용해된 질소도 같은 과정처럼 분출될 수 있음)

러한 질소는 천천히 상승을 할 경우 혈액의 순환 속도에 따라 자연스럽게 호흡을 통하여 배출되게 된다. 하지만 다이버가 빠른 속도록 상승을 하게 되면 혈액 속에 들어있던 질소가 갑자기 기체형태로 바뀌면서 인체의 여러 부분에서 터지는 현상이 발생한다. 이런 현상은 우리가 탄산음료를 따기 전에 기포가 보이지 않다가 탄산음료 뚜껑을 열어 압력이 갑자기 낮아지면 기포가 올라오는 현상과 동일한 현상이라 생각하면 이해하기 쉽다.

다이버에게 발생하는 잠수병에 대한 연구는 많은 인명의 손실과도 연결된다. 1960 년대 군사적 목적으로 훈련하던 미 해군 다이버들이 알 수 없는 질병 발병퇴역을 하게 되었다. 미 해군은 이 질병에 대책마련을 위해 많은 연구를 하였고 감압병이라는 진단과 함께 감압병을 예방할 수 있는 매뉴얼이 작성되었다. 이에 따라 미 해군 잠수 테이블 같은 감압병 예방을 위한 획기적인 과학적 진보가 탄생하였다. 수심에 따라 흡수되는 질소의 량을 계산하고 신체 세포가 순환을 통하여 배출되는 시간 등을 엄격히 계산하여 안전한 배출 알고리즘을 찾아 냈으며 이러한 알고리즘은 다이빙 컴퓨터에 계산 공식으로 활용되어 많은 다이버의 안전에 기여하고 있다.

A. 증상

질소의 기포가 어느 곳에서 발생하는지에 따라 다양한 증상이 나타난다. 기포가 특정한 부위에서 항상 발생한다면 보다 쉽게 잠수병이라고 확진 할 수 있지만 몸 속 어디에서나 기포가 발생 할 수 있다는 가정이 있기 때문에 쉽게 단정할 수 없다. 피부에서 발생하면 발진이 나타나고 뇌혈관에서 발생하면 현기증, 근육마비, 시력상실 같은 현상이 발생한다. 관절 같은 부위에서 발생하면 매우 아픈 통증이 발생하는데 이러한 증상들은 대부분 다이빙을 끝내고 12 시간 내에 발생을 한다. 즉, 12 시간의 시간이 지나면 호흡을 통하여 잔류질소가 대부분 배출이 되기 때문에 잠수병의 위험에서 벗어났다고 보는 것이다. 하지만 12 시간 이내에 비행기를 탑승하거나(비행기 내부는 대부분 0.8 대기압 정도를 유지한다) 1,000 m 이상의 고도로 빠르게 이동을 하게 되면 혈액 내 남아있던 질소가 기포로 발생하는 위험을 보일 수 도 있다. 그렇기 때문에 다이빙을 끝내고 12 시간에서 24 시간의 비행 금지 시간을 가지는 것이 잠수병을 예방하는 철칙이다.

Barox omega 감압챔버

서귀포의료원에 설치된 감압챔버

B. 조치

잠수병의 조치는 발병 즉시 고압 챔버에 들어가 기포로 변형되어 혈관 내부에 순환하는 질소 방울을 더 이상 배출되지 않도록 하고 그곳에서 호흡을 통하여 배출하게 하는 챔버 치료가 유일한 방법이다. 이미 질소 공기 방울로 혈액 속에 돌아다니는 기포는 분명히 어느 한 곳으로 뭉쳐서 인체에 문제를 발생시키기 때문에 반드시 고압 챔버 치료를 받아야 한다. 국내의 경우 고압 챔버 장비를 갖추고 있는 병원이 많지 않기 때문에 119에 문의하여 확인하는 것이 좋다. 즉각적인 조치로는 100 % 산소를 흡입하고 물 또는 이온음료를 마시는 것도 방법이지만 빠르게 병원으로 후송하는 것이 최선이다.

C. 예방

고압 챔버 치료는 다이빙을 했던 수심 정도의 압력으로 고압 환경을 만들어 주어 질소가 기포로 배출되는 것을 막고 서서히 압력을 정상으로 낮추며 호흡을 통하여 질소가 배출되게 하는 치료를 하게 된다. 이러한 치료는 고산 등반을 처음 도전하는 산악인에게 나타날 수 있는 고산병과 같은 메커니즘으로 인체에 문제를 발생시키기 때문에 고산 등반 시, 고도 적응을 위해 지루할 수 있는 트레킹을 하는 것과 같이 깊은 수심에서 상승할 때 최대한 천천히 상승하는 것이 최선의 예방이다. 또 한 가지의 예방은 수심 10 m 를 넘는 다이빙을 하는 경우 반드시 안전 정지를 하는 것이다. 레크리에이션 다이빙에서는 다이빙테이블에 기준이 되는 무감압 다이빙 한계시간을 지켜 다이빙을 하는 것이 원칙이기 때문에 감압 절차가 불필요하다고 볼 수 있다. 하지만 다이빙은 항상 보수적인 기준에서 본인의 안전을 대비해야 하기 때문에 '한계 시간을 넘지 않는 경우에도 4~6 m 범위 내에서 3분 이상 머무르는 안전 정지'를 하는 것을 중요한 다이빙 절차로 보고 있다.

인체에서 혈액이 1번 순환하는 시간은 성인남자의 경우 약 30초 정도로 매우 빠르게 순환을 하며 폐에서 가스교환(호

상승하는 속도는 1 분당 9 m 이하

Premium Scuba Diving Cadet

흡활동)를 수행한다. 즉, 4~6 m 동일 수심에서 3 분에서 5 분 이란 시간은 혈액순환과 가스교환이 6 번에서 10 번 정도 반복되는 시간으로 만약 상승을 통하여 이상 배출된 질소기포가 있더라도 호흡을 통하여 많은 부분 배출될 수

중성부력을 유지하면 공기소모가 적다.

있는 횟수가 되기 때문에 안전정지를 통하여 잠수병을 예방할 수 있도록 노력하는 것이다. 항상 이야기하는 '적절한 상승속도는 분당 9m이하' 의 속도인데 다이빙 컴퓨터가 있는 경우 컴퓨터가 알려주기 때문에 문제가 되지 않지만 컴퓨터가 없는 경우 1 분당 9 m 의 속도를 확인할 수 없다. 그 경우는 경험적으로 확인할 수 있는 속도는 본인이 내뿜은 공기방울보다 빠르게 올라가면 안 된다고 보는 것이 맞다. 하지만 현실적으로 본인의 공기방울을 보면서 올라가는 것 또한 무척 어려운 일이 된다. 그렇기 때문에 컴퓨터가 없는 경우는 컴퓨터를 가지고 다이빙을 하는 동료의 상승속도보다 느리게 상승하는 것이 가장 좋은 방법이 된다.

ㅂ. 산소중독

압력이 높은 기체를 지속적으로 흡입을 하면 신체에 무리를 주게 된다. 육상에서 평소에 흡입하는 일반공기를 압축공기로 만들어 사용하는 스쿠버 다이빙에서는 질소 다음으로 많은 산소에 의한 중독을 예상할 수 있다. 한계수심을 30 m 로 한정하는 레크리에이션 다이빙에서는 크게 걱정하지 않아도 되지만 신체적 특징에 따라 산소중독이 쉽게 오는 경우도 있을 수 있으니 주의가 필요하다.

산소중독은 40 m 이상의 대심도 다이빙을 하는 테크니컬 다이빙에서 매우 심각한 위험을 발생시킬 수 있기 때문에 계획수심과 다이빙 시간을 정확히 계산한 다이빙테이블을 사용하여 일반공기의 질소를 줄이고 다른 기체를 추가한 트라이믹스 다이빙을 진행하여야 한다. 이때 산소와 헬륨 등 다른 기체를 섞어서 사용하는 비율은 미리 계산된 방식을 따라

동굴 다이빙은 보조탱크를 반드시 준비하여야 한다.

야 한다. 물론 이 경우도 산소를 사용하는 것이 당연한 사실이기 때문에 산소중독의 위험을 완전히 피하였다고 할 수 는 없다.

산소중독의 증상은 뇌와 폐에서 발생을 하는데 폐의 경우 산소의 부분압이 높아져 혈액 내에 헤모글로빈이 산소교환을 못하는 최악의 상태까지 올 수 있는데 이는 질식에 의한 사망을 의미한다. 초기증상으로는 목이 가렵거나 기침이 참을 수 없을 정도 발생하는 경우가 대부분이다.

두 번째 뇌에서 증상이 나타나는 경우는 대부분이 심각한 발작과 경련을 나타낸다. 잠수병을 치료하기 위해 쳄버에 들어갔던 다이버가 2 시간 만에 산소중독을 보인 경우는 종종 보고된다. 하지만 이런 증상들은 평균적인 건강상태의 다이버인 경우 수심 30 m 이상 에서 최소 2 시간 이상 다이빙을 지속해야 나타날 수 있다고 연구 되었다. 즉, '레크리에이션 다이버는 산소중독을 크게 걱정하지 않아도 된다' 는 의미가 된다.

사용 기체별 한계 수심(m)				한계시간(분)
일반공기	EAN32	EAN36	EAN50	
30.0	18.7	16.6	12.0	720
35.0	21.8	19.4	14.0	570
40.0	25.0	22.2	16.0	450
45.5	28.1	25.0	18.0	360
50.0	31.2	27.7	20.0	300
55.0	34.3	30.5	22.0	240
60.0	37.5	33.3	24.0	210
62.5	39.1	34.7	25.0	195
65.0	40.6	36.1	26.0	180
67.5	42.2	37.5	27.0	165
70.0	43.7	38.8	28.0	150
72.5	45.3	40.2	29.0	135
75.0	46.8	41.6	30.0	120
77.5	48.4	43.1	31.0	82
80.0	50.0	44.4	32.0	45

수심에 따른 산소중독 예방 권장 한계 시간

ㅅ. 저 체온증

우리가 수영장에 수영을 하러 들어갈 때, 발끝부터 심장 쪽으로 물을 조금씩 뿌려 체온보다 상대적으로 낮은 수온에 대비한다. 그렇게 대비를 하고 수영장에 들어가는 경우 다이빙을 즐기는 수역보다 매우 따뜻한 수온이지만 (약 27 ℃) 차갑게 느껴지는 경험을 누구나 했을 것이다. 이러한 현상은 물 속에서는 육상에서보다 약 25 배 빠른 열전도율를 가지고 있고 우리 몸은 신체보다 낮은 온도로 체온을 빼앗기는 열전이 현상이 발생한다. 이는 다이빙 슈트를 입고 다이빙을 하는 다이버에게도 동일하게 발생한다. 체온이 낮아지면 우리 몸은 근육을 움직여 열을 생산하려 한다. 하지만 물속에서 다이빙을 하며 손가락, 발가락 같은 말초부위를 운동하기는 쉽지 않아 피가 잘 흐르지 않는 현상이 생긴다. 이런 증상을 우리 몸에 체온이 떨어지면 몸 속 주요 장기에 보다 많은 혈액을 공급하여 장기를 보호하려는 이유 때문인데 이는 역설적으로 손, 발의 운동능력을 마비시켜 다이버에게 심각한 위험을 초래할 수 있게 되는 경우도 있다. 인간의 체온이 35 ℃ 이하로 떨어지면, 저 체온 상태가 되는데 이해력이 떨어지고 운동능력이 현저히 떨어져 매우 졸린 상태가 된다. 이 상황은 매우 심각한 상황으로 목숨을 잃을 수 있는 사태를 맞을 수 도 있게 된다. 이런 저체온증을 방지하기 위해서는 다이빙을 하는 수온에 적절한 슈트를 착용하고(수온에 따라 스킨슈트 ▶ 웻슈트 ▶ 드라이슈트) 후드와 장갑 같은 보호 장비를 착용하는 것이 좋다. 다이빙을 즐길 때 나타나는 저 체온증의 초기증상은 몸이 매우 춥게 느껴지고 손발이 움직이기 어렵고 머리가 매우 아프게 된다. 이 경우 빨리 다이빙을 중지하고 물 위로 올라와 몸을 따뜻하게 하는 것이 좋다. 이런 경우를 대비해서 물 위에서는 젖은 슈트를 벗고 따뜻하게 입을 수 있는 방풍 자켓을 휴대하는 것이 좋다.

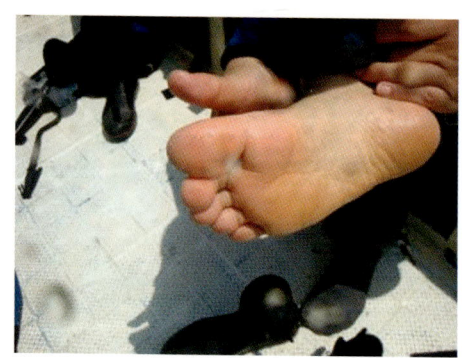

낮은 온도에서 발가락이 약한 동상에 걸릴 수 있다.

부상 예방

부상은 사후조치보다 사전예방이 최선이라는 것을 우리모두 알고 있다. 다이빙에서 발생하는 부상은 의외로 간단한 몇 가지 원칙을 지킨다면 99 % 이상 예방할 수 있다. 물론 본인이 수행할 수 있는 다이빙 기술을 확보한 다음 새로운 다이빙 환경에 도전해야 하는 것은 기본 원칙 중에 가장 기본원칙이다. 아래 기술되는 내용은 부상을 예방하기 위한 최소한의 절차 및 다이빙 기술을 말하고 있다.

게 된다. 이러한 중성부력을 조절하는 것은 다이빙의 안전에도 매우 중요한 부분이다. BC에 공기를 너무 많이 주입하고 상승을 하는 경우 BC가 더 팽창을 하면서 양성부력이 더 많아져 급 상승을 하는 경우가 발생할 수 있는데 이런 급 상승은 매우 위험한 행동이기 때문에 그런 경우 빠르게 BC에 공기를 배출해서 음성부력으로 전환시켜 상승을 멈추는 기술이 필요하다. 물 속에서 부력은 다음과 같다.

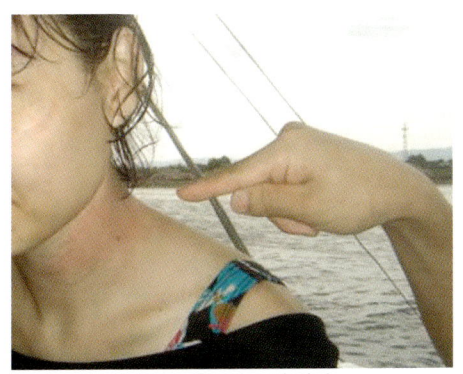
해파리 촉수에 쏘인 상처

몸을 세워서 이동하면 위쪽으로 양성부력이 발생한다.

ㄱ. 부력조절

물 속에서 부력 buoyancy 은 물 위로 떠오르거나 가라앉으려는 두 가지 형태로 나타난다. 수중이동을 하거나 사진 촬영을 할 경우 한 곳에서 움직이지 않는 중성부력을 필요로 한다. 중성부력 상태로 다이빙을 즐긴다는 것은 무중력상태로 날아다니는 즐거움을 느낄 수 있

A. 양성부력

물 위로 떠오르려고 하는 부력으로 슈트를 착용한 신체는 기본적으로 양성부력을 가지고 있다. 또한 중성부력을 맞추기 위해 BC에 주입한 공기는 어느 정도 양성부력을 가지고 있기 때문에 상승을 할 경우 BC의 공기를 적당히 배출해주며 너무 많은 양성부력이 발생하지 않도록 주의 한다.

B. 중성부력

 이동을 하거나 조류에 흐르는 경우, 또는 사진을 찍는 경우 중성부력을 맞춰 준다면 매우 편하게 다이빙을 할 수 있다. 하지만 중성부력을 못 맞추는 경우 위아래로 수심이 변동되는 요요 다이빙을 하게 되는데 이러한 다이빙은 신체에 무리를 주는 다이빙이 되기 때문에 중성부력을 맞추는 요령을 빠르게 습득해서 사용하는 것이 좋다.

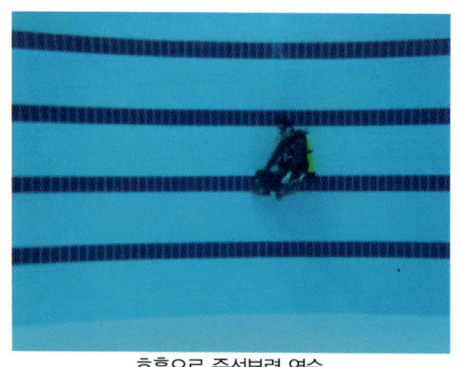

호흡으로 중성부력 연습

머리를 아래 쪽으로 향하면 밑으로 하강한다.

C. 음성부력

 수면에서 입수를 할 경우 신체와 장비가 기본적으로 어느 정도 양성부력을 가지고 있어 잠수를 할 수 없다. 그래서 적절한 웨이트를 착용해서 잠수가 가능한 음성부력을 만들어 준다. 웨이트의 무게는 사용하는 슈트의 두께와 다이버 각자의 신체조건에 따라 달라진다. 처음 다이빙을 시도하는 경우 조금 더 많은 웨이트를 착용하여 음성부력을 더 확보하고 다이빙을 하는 것이 좋다. 양성부력의 경우 BC에 공기를 넣거나 호흡을 크게 하여 폐 속에 공기를 확보하면 추가적인 양성부력을 확보 할 수 있지만 음성부력의 경우 처음 다이빙을 시작할 때 착용한 웨이트가 음성부력의 전부이기 때문에 수중에서 추가적으로 음성부력을 구하기가 어렵다. 그렇기 때문에 초보 다이버는 다이빙 환경이 바뀐 경우 본인이 직접 결정하기 보다 경험 많은 다이버나 현지 가이드에게 적절한 웨이트를 물어보는 것이 좋다.

 수중에서 부력조절을 잘하는 것이 다이빙의 기술에 전부라고 해도 과언이 아니다. 그만큼 중요한 기술이며 다이빙을 쾌적하게 하는지 못 하는지 결정되는 요인이라 할 수 있다. 부력조절에는 웨이트 무게조절과 다른 부력변수가 몇 가지 있을 수 있다. 일부 지역에서 사용하는 철탱크도 그 중 하나이다. 철탱크는 약 2kg 정도의 추가적인 음성부력을 가지게 되기 때문에 평소 착용하는 웨이트의 무게를 그 정도 줄여도 된다. 또 한가지는 처음 사용하는 슈트 같은 장비다. 새로 구입한 슈트는 슈트 내부에 공기가 많이 들어있어 생각보다 많은 양성부력을 보이는 경우가 많다.

 양성부력보다 음성부력이 문제가 되는 경우도 있다. 웨이트를 많이 착용해 음성부력을 과다하게 가지고 다이빙을 하는 경우, 본인이 원하지 않는 수심으로 너무 깊게 들어가게 된다. 이때 산호가 많은 해저 바닥을 쓸고 다니는 잘못된 다이빙을 하게 될 수 도 있다. 과다한 웨이트 착용은 중성부력을 맞추기 위해 과다하게 BC에 공기를 넣고 빼는 작업을 해야 하기 때문에 공기소모도 많고 움직임이 둔화되어 매우 힘든 다이빙이 될 수 있으니 본인에게 맞는 적절한 웨이트를 찾는 것이 중요하다.

ㄴ. 시야확보

 수중에서 눈을 뜨는 경우 흐릿한 형체만 확인 할 수 있지 정확한 모양을 알 수 없다. 이는 우리 눈이 공기 중에서 사물을 확인할 수 있도록 진화되었기 때문이다. 우리가 사용하는 다이빙 마스크는 적절한 압평형을 하면서 적절한 공기를 마스크 렌즈와 눈 사이에 존재할 수 있도록 해서 쉽게 사물을 볼 수 있게 해준다. 수중에서 시야를 확보하는 것은 안전을

마스크와 호흡기는 안전한 곳으로 출수 할 때까지 착용한다.

위해 제일 먼저 확보해야 하는 사안이다. 입수를 해서 부유물 등으로 시야가 확보되지 않는 경우 수중 랜턴 등을 이용해서 추가적인 광원으로 시야확보를 원활하게 할 수 있다.

 흐린 물에서는 사전에 철저한 다이빙계획을 통해 매우 적은 가시거리에서 팀 다이빙을 할 수 있는 팀웍을 갖추어야 한다. 만약 시야가 확보되지 않는 경우 과감하게 다이빙을 포기하고 중지하는 것이 현명한 선택일 수 있다. 다이빙에 가장 중요한 시야확보를 위해서는 다이빙을 하는 시간 동안 마스크를 항상 착용하고 있는 것이 좋다. 마스크는 보트에서 입수하기 전 착용을 하고 보트에 올라와 안전이 확인된 이후 벗는 것이 중요하다. 다이빙을 끝내고 수면에서 대기하는데 마스크를 벗고 있는 경우 갑자기 큰 파도가 덮쳐 마스크를 분

하강줄을 붙잡고 안전정지를 하는 다이버들

실하는 경우 당황을 해서 2차적인 사고를 당할 수도 있기 때문에 다이빙을 끝낼 때까지 절대 마스크를 벗으면 안 된다. 물론 호흡기 또한 보트에 올라올 때까지 물고 있어야 하는 것도 중요한 원칙이다.

초보 다이버의 상태를 확인

ㄷ. 의사소통

 버디의 중요성은 매번 강조해도 부족하지 않다. 다이빙은 물 속에서 본인 혼자 확인할 수 없는 상황이 종종 발생을 하며 이때 신뢰할 수 있는 버디가 같이 있다면 매우 안심이 된다. 이렇게 중요한 버디와 의사소통을 원활히 하려면 앞에서 습득한 수신호를 숙지해서 자주 사용을 하며 대화를 나누는 것이 좋다. 간단한 단어를 표현하면서 서로에게 신뢰를 갖는다면 서로의 위험상황을 사전에 방지할 수 있는 도움을 주게 된다.

손을 잡고 안전하게 이동

 물론 다이빙이 팀으로 이루어 질 때는 다이빙 리더에게 의사를 분명히 표현하는 것도 매우 중요하다. 본인의 공기가 빠르게 고갈되어 같은 그룹보다 먼저 상승해야 하는 경우 반드시 리더에서 사전에 알려주어 서로의 위치를 파악하지 못하는 돌발 상황을 사전에 방지해야 한다.

ㄹ. 계획에 따른 다이빙

 약물을 복용하고 있는 경우나 신체적 핸디캡

^{handicap}이 있는 경우 다이빙 팀에게 미리 공지하여 잠재된 위험을 대비할 수 있도록 해야 한다.

Premium Scuba Diving Cadet

응급조치

다이버는 항상 본인의 안전뿐만 아니라 다른 사람의 안전에도 주의를 기울여야 하는 의무가 있다. 다이빙이라는 스포츠가 혼자 할 수 있는 스포츠가 아니고 팀 단위 또는 그룹으로 즐기는 스포츠라는 특성이 있어 팀원 한 사람의 문제는 팀 전체의 문제를 발생시킬 수 있다는 위험성을 가지고 있다. 강사 같은 다이빙 리더가 응급처지에 관한 교육을 받고 그에 따른 자격을 가지고 있기 때문에 팀 내에 강사가 있다면 안전하다고 생각할 수 있지만 다이빙을 즐기다 보면 본인이 직접 응급처지를 해야 하는 상황에 닥칠 수 도 있기 때문에 그에 따른 간단한 절차를 숙지한다면 소중한 생명을 살릴 수 도 있고 팀을 위기에서 구해낼 수

줄을 자르는 경우 몸의 반대방향으로 자른다.

도 있는 중요한 일을 할 수 있다.

응급조치는 말 그대로 응급조치 이기 때문에 응급조치를 통하여 상황이 호전되었다고 부상을 당한 다이버를 방치하는 것은 더욱 위험한 행동이다. 다이빙에서 발생하는 부상 중에 눈에 보이는 타박상, 찰과상 같은 부상은 즉시 조치를 하는 경향이 있지만 눈에 보이지 않는 잠수병 추정 증상은 방치하여 더 큰 위험을 초래하기도 한다. 그러므로 다이빙 이후 이상 증상이 나타나는 다이버가 있는 경우 응급조치 이후 즉시 의료진이 처치할 수 있는 병원으로 후송하는 것이 매우 중요하다. 다이빙은 다음에 또 할 수 있지만 잠수병 같은 부상은 평생을 갈 수 있다는 중요한 사실을 간과해서는 안 된다.

다이빙을 즐길 때 1 차적인 응급조치는 리조트를 통해 받을 수 있다. 하지만 후속조치에 대한 결정은 다이버가 직접 해야 하기 때문에 응급조치에 필요한 긴급 연락처 같은 정보는 항상 휴대하고 있는 것이 좋다.

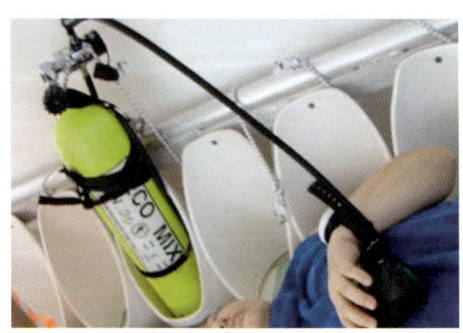

산소를 호흡하는 다이버

ㄱ. 패닉 panic

사람이 어떤 행동을 할 때 가장 위험한 행동 중에 한 가지는 본인의 의지와 상관없는 이상한 행동을 하는 것이다. 극도로 긴장된 상황이나 너무 무서워 공포에 질린 상황인 경우 본인도 모르는 사이 이상 행동을 하는 경우가 종종 있다. 이러한 모든 이상행동을 패닉 상태에 빠졌다고 한다. 초급 다이버의 경우 다이빙을 하면서 입수 전 단계에서부터 벌써 긴장을 하여 손을 떨거나 호흡을 가쁘게 하는 행동을 하는 경우가 많다. 이런 경우 팀의 리더나 버디가 마음의 안정을 취할 수 있도록 신뢰감을 주는 것이 좋은데 천천히 여유 있게 움직이는 것이 좋은 방법이다. 부산한 움직임은 본인도 모르는 사이 뭔가 절차를 빼먹는 실수를 하게 되고 다른 다이버를 배려하지 않은 행동으로 다치는 경우도 발생을 한다. 패닉의 초기 증상은 두려움에 아무런 행동을 할 수 없는 경우 (흔히 '멍 때린다'라고 하는 것처럼 가만히 있는다)인데 그 경우 아래와 같이 매우 간단한 방법으로 패닉을 극복 할 수 있다.

A. 멈춘다.

뭔가의 두려움이 엄습해오면 그것을 피하려고 하는 것이 당연한 본능이다. 하지만 다이빙의 경우 실제로 위험하지 않는데 두려움에 의하여 과장된 두려움의 요인을 만든다. 이 경우 주변 관찰자의 입장에서 보면 단순히 이상한 행동을 하게 되는 것으로 보인다. 그렇기 때문에 두려움이 생기면 행동을 계속하지 말고 현 상태에서 멈춰 호흡을 가다듬고 잠시 시간을 보내야 한다. 이때 본인이 평소 즐겨 부르는 노래의 가사를 떠올리며 흥얼거려 보는 것도 좋다.

B. 생각한다.

방금 무슨 행동을 하려고 했었는지 생각을 해본다. 약간의

오른쪽 엉덩이 위 쪽 덤프밸브를 당겨 공기를 빼주며 긴급하강을 한다.

Premium Scuba Diving Cadet

시간이 지나고 진정이 된 다음 본인의 행동을 생각해본다면 분명 이상한 행동을 하려 했다는 것에 놀랄 것이다. 만약 아무런 생각이 나지 않는다면 주변을 둘러보며 버디나 다이빙 리더의 행동을 관찰한다. 본인은 약간의 이상 징후를 느껴 두렵고 무섭지만 다른 사람은 평소와 다름없이 다이빙을 즐기고 있는 모습을 보게 될 것이다.

C. 행동한다.

어느 정도 정신을 차리고 주변을 살펴보면 별다른 문제없는 상황이었다는 것을 확인하게 된다. 그렇게 본인의 이상 행동을 인지하게 된다. 그때 약간은 창피함을 느낄 수 있게 되는데 그것은 마음의 안정을 찾고 계속해서 다이빙을 할 수 있다는 것이고 패닉 상황을 완전히 극복 했다고 봐도 무방하다. 패닉 상태에 빠지는 다이버를 살펴보면 특정한 이유로 패닉이 발생하는 경우가 많다. 사전에 대처를 하면 패닉에 빠지지 않는 다는 말이 된다. 흐린 물로 시야가 갑자기 보이지 않아 버디를 잃어버리는 경우, 장비에 적응하지 못한 불편함으로 장비조작이 어려운 경우 그 불편함이 증폭되면서 패닉 상태를 유도하는 경우가 많다. 즉, 다이빙 리더의 충분한 사전 브리핑과 문제가 발생하는 경우 조치하는 절차를 철저히 숙지한다면 패닉 상황을 겪는 일은 없을 것이다. 만약 아직 두려움이 남아 있고 지속적으로 다이빙을 진행 할 수 없다면 주저하지 말고 버디 또는 다이빙 리더에게 의사를 전달하고 다이빙을 중지하는 것이 좋다. 몸에 이상을 느껴 다이빙을 중지하는 것은 절대 잘못된 행동이 아니라는 점을 인식하고 있어야 한다.

ㄴ. 긴급상승

긴급상승 기술을 사용해야 하는 상황이 되지 않도록 다이빙 계획을 철저히 세워 사전에 예방하는 것이 최고 좋은 방안이다. 하지만 어쩔 수 없는 경우 선택할 수 있는 마지막 방법이 긴급상승이다. 긴급상승을 할 경우 과 팽창장애 또는 잠수병 같은 2 차적인 부상을 입을 수 도 있지만 긴급상승을 하지 않으면 물 속에서 사망할 수 있는 심각한 상황에서는 어쩔 수 없는 마지막 선택이 된다. 그렇기 때문에 심각하게 고려해서 긴급상승을 시도해야 하며 어폐가 있지만 호흡이 허용할 수 있는 범위 내에서 최대한 천천히 상승하는 것이 차선의 선택이라 할 수 있다.

만약 다이버가 어떠한 이유로 물 속에서 기절을 하게 되면 정상적인 호흡을 할 수 없게 된다. 기절한 다이버는 호흡하는 과정에서 많은 물을 마시게 되어 익사를 하게 되는 심각한 상황이 될 수 있다. 이 경우 즉각적인 긴급상승을 시도하여 물 밖에서 후속조치를 하여야 한다. 아래에서는 긴급상승을 할 때 다이버의 안전을 위하여 추가적으로 할 수 있는 조치를 설명한다.

A. 보조호흡기를 사용한 공기 공유

 다이빙을 즐길 때 공기의 사용 효율은 다이버 본인이 제일 잘 알고 있고 호흡방법에 따라 매우 다른 사용량을 보여준다. 다이빙그룹이 같이 다이빙을 할 때 다이빙 한계 시간을 정하는 것은 제일 빠르게 공기를 사용하는 다이버를 기준으로 다이빙 시간을 정한다. 레저다이빙의 최대 한계 수심 30 m 를 넘지 않는 다이빙을 한다는 가정하에 공기통의 잔압이 70 bar 가 되기 전에 상승을 하는 것을 원칙으로 하고 있다. 즉, 70 bar 의 공기라면 평균적인 다이버가 상승과 안전정지를 충분히 수행 하고 출수를 할 수 있는 공기량이기 때문이다. 물론 공기를 더 빠르게 소모하는 다이버라면 좀더 짧게 다이빙을 하는 것이 좋으며 다이빙 경험이 지속될수록 공기의 소모량이 많이 줄어든다는 것은 입증된 결과이기 때문에 초급 다이버가 공기를 빨리 소모하는 것을 창피해 할 필요는 없다. 계획된 다이빙을 시도하였지만 초급 다이버가 공기를 예상보다 빠르게 소모를 해서 공기가 부족한 경우 다이빙을 중단하고 즉시 상승을 시도해야 한다. 이 경우 다이버는 다이빙 리더에게 본인의 공기부족사실을 알리고 다이빙 중단을 요청해야 하며 본인의 남은 공기를 효율적으로 사용하며 상승을 시도하는 것이 좋다(본인의 공기를 사용하며 상승을 하다가 공기가 부족한 경우 같이 다이빙을 즐기는 버디에게 공기를 제공받을 수 있다는 신뢰가 있기 때문이다). 만약 버디가 공기가 떨어지는 경우 버디를 위해 본인의 공기를 공유할 수 있는 별도의 호흡기를 준비해서 가지고 다녀야 한다. 이런 보조호흡기를 흔히 옥토퍼스^{octopus} 라고 하는 추가적인 호흡기를 말하는데 본인이 호흡하는 호흡기와 같은 장비를 추가로 한 개 더 부착하고 다니는 것을 의미한다. 공기를 공급해주는 공급자는 본인이 보조호흡기를 통해 호흡을 하고 본인이 사용하던 주 호흡기를 버디에게 전달을 한다. 이런 공기공유 상황은 매우 드물게 발생하지만 평소에 연습을 해둔다면 어렵지 않게 상황을 극복할 수 있다. 보조호흡기는 본인의 안전과 버디의 안전을 지키는 매우 중요한 장비이기 때문에 초급에서 중급으로 넘어가는 다이버는 반드시 준비하여야 하는 필수 장비라 할 수 있다. 추가적으로 보조호흡기의 장착에 관한 요령을 말한다면 보조호흡기를 짧은 호스로 연결하여 다이버의 목에 걸고 다닐 수 있도록 장착하는 것을 권장한다. 주호흡기 역시 2 m 정도의 긴 호스를 사용하여 공기를 제공할 때 편하게 제공받을 수 있도록 하는 것이 좋다. 물론 이 경우 호흡기 찾기 같은 기술이 다르게 적용되기 때문에 장비를 부착하고 제한 수역에서 충분히 연습을 하고 사용하여야 한다. 보조호흡기를 장착한 다이버는 다이빙을 시작하기 전에 본인의 주 호흡기뿐만 아니라 보조호흡기의 작동상태를 점검하는 것 또한 필수 절차가 된다.

B. 짝 호흡 공기 공유

 짝 호흡은 한 개의 호흡기를 두 명의 다이버가 같이 사용하는 호흡을 말한다. 다이버가 호흡을 할 때 천천히 리듬을 맞춘다면 두 명의 다이버가 한 개의 호흡기로 충분히 호흡을 공유할 수 있다. 호흡을 하는 쪽에서 두 번의 호흡을 하고

Premium Scuba Diving Cadet

난 다음 공기를 제공하고 공기를 공유 받는 다이버가 두 번의 호흡을 하고 다시 돌려주는 방식이다. 이러한 짝 호흡의 연습은 제한 수역에서 버디끼리 서로 공기를 공유하는 실습을 해보면 매우 쉽게 할 수 있다. 만약 버디의 장비에 보조 호흡기가 없고 본인의 공기가 떨어진 경우 어쩔 수 없이 짝 호흡을 시도하며 상승을 하여야 한다. 제한 수역에서 충분히 연습을 하고 버디끼리 충분한 신뢰가 있다면 짝 호흡을 실시하면서 상승을 할 수 있다. 하지만 대부분의 다이버가 짝 호흡 연습을 하지 않고 항상 같은 사람과 버디를 하며 다이빙을 하지 않기 때문에 실제 바다에서 긴급상황이 벌어진다면 짝 호흡을 하면서 상승하는 것은 매우 어려운 일이 될 것이다. 그렇기 때문에 반드시 보조호흡기를 준비하여 짝 호흡을 시도하는 상황이 오지 않도록 조심하여야 한다.

C. 공기를 배출하며 긴급상승

주변에 도움을 받을 수 있는 버디가 없는 경우 어쩔 수 없이 마지막에 선택할 수 있는 것이 긴급상승이다. 물 속에서 공기통에 공기가 완전히 고갈되는 경우를 제외하고 갑자기 공기가 나오지 않는 경우는 없다. 본인이 게이지를 확인하여 공기가 소모되는 상황을 알게 된다면 미리 대비할 수 있지만 게이지가 고장으로 잔압을 확인할 수 없는 상황에서 무리한 다이빙을 하게 된다면 공기가 긴급하게 떨어지는 사태를 만날 수 도 있다. 하지만 이 경우에도 공기가 완전히 고갈 될 때까지 호흡할 때 뻑뻑하게 빨리지 않는 느낌이 들게 되어 공기 고갈을 예상할 수 있다. 이런 긴박한 상황에도 많

게는 10 회 적어도 5 회 이상의 공기를 흡입할 수 있는 여유가 있다. 이때는 어쩔 수 없이 긴급상승을 시도해야 하는데 아래와 같은 절차를 따르며 상승을 시도한다면 부상위험을 최소화 할 수 있다.

호흡기를 물고 천천히 숨을 들이쉰다.

▼

급상승 속도를 늦추기 위해 BC의 공기를 배출할 수 있도록 왼손으로 BC의 인플레이터 배출버튼을 잡는다.

▼

수면 위를 바라보며 킥을 하며 상승한다.
(상승이 어렵다면 웨이트를 버리고 상승)

▼

상승을 하며 계속해서 호흡기의 공기를 호흡하려 노력한다.

▼

수면에 도착 즉시 웨이트를 버리고 BC에
공기를 주입하여 양성부력을 확보한다.
(입으로 불어서 BC에 공기를 넣는
연습을 미리 해두어야 함)

D. 긴급 부력상승

절대 시도하면 안 되는 방법이지만 목숨이 위험한 어쩔 수 없는 최악의 상황에서 마지막으로 선택해야 하는 상승이다. 만약 이러한 상승을 시도하여 무사히 수면으로 올라온 경우에도 100 % 산소를 흡입하며 즉시 병원으로 후송되어야 한

다. 긴급 부력상승은 분당 9 m 의 속도를 초과하는 경우가 대부분이다. 그렇기 때문에 과팽창 장애가 예상되며 그에 따른 부상에 대비를 해야 하는 것이다. 아래는 그러한 위험도를 최대한 줄일 수 있는 방안이지만 절대 안전하지 않은 방법이니 사전에 철저한 대비를 해서 긴급부력상승 같은 마지막 방법을 사용하지 않도록 해야 한다.

긴급부력상승시 호흡기는 항상 입에 물고 있어야 하며 호흡은 지속적으로 하여야 한다.

▼

웨이트를 과감하게 버린다.

▼

BC에 공기를 충분히 주입해서 상승을 시작한다.

▼

생각보다 짧은 시간 안에 수면으로 도착하기 때문에 호흡은 들이 쉬는 호흡보다 뱉어 내는 호흡을 지속적으로 시도해야 한다.

▼

상승자세는 머리를 뒤로해서 위를 바라보며 입과 코가 가장 높은 위치에 있도록 해야 한다.

▼

왼손으로는 인플레이터 배출버튼을 잡고 상승속도가 너무 빠른 경우공기를 배출하여 상승속도를 줄이려고 노력한다.

▼

수면에 가까워지면 (6 m 이하) 다리를 벌리며 핀을 수면과 직각으로 만들어 상승속도를 둔화시킨다.

▼

수면에 도착을 하면 BC에 공기를 주입하여 양성부력을 확보한다.

ㄷ. CPR cardio pulmonary resuscitation

우리말로 심폐소생술이라고 하는 CPR은 호흡 또는 심장이 멈춰 사망이 이를 수 있는 환자를 외부에서 인위적으로 도움을 주어 정상적으로 뇌에 혈액을 공급하여 산소가 부족하지 않도록 도움을 주는 행위이다. 이러한 행동은 매우 신속하고 즉각적으로 이루어져야 하며 이런 조치는 환자의 생명을 살리는데 매우 도움이 된다. 국내의 경우 CPR 자격증이 없는 사람이라도 긴급상황에서 CPR을 수행할 수 있다. 또한 이때 발생할 수 있는 과실은 응급처치를 수행한 사람이 고의 또는 중대한 과실이 없는 경우 민, 형사적 책임을 면책 받는 법률이 있다. 하지만 CPR은 원칙적으로 교육을 받은 사람이 수행하는 것을 맞다. 긴급한 상황에서 잘못된 조치로 목숨은 건지더라도 심각한 후유 장애를 가질 수 있는 위험성이 있기 때문이다. 그렇기 때문에 다이버의 기술

등급이 올라가면서 CPR 교육을 필수 과정으로 하고 있는 경우가 대부분이며 초급 다이버도 CPR 교육을 별도로 받을 것을 권장한다. 국내의 경우 많은 단체에서 교육을 하고 있으며 3~4 시간 정도의 교육을 통하여 간단한 응급조치를 배울 수 있다. PSDC 에서는 별도의 교육과정을 통하여 CPR 교육을 실시하고 있으며 Dive License 로 Stress & Rescue Diver 자격증을 발급하고 있다. CPR을 하기 전에 다이버는 아래와 같은 조치를 선행해야 한다.

의식이 없는 다이버를 어깨에 들쳐 매고 안전한 곳으로 이동한다.

A. 주변에 위험요소를 제거한다.

사고가 발생하여 즉각적인 도움을 주어야 하는 상황이라도 본인의 안전을 최우선으로 해야 하는 것이 원칙이다. 즉, 본인까지 위험에 처하는 상황은 도움을 받아야 하는 사람과 같이 위험해지는 상황이 될 수 있기 때문에 주변을 먼저 살피고 안전을 확보한 다음 후속조치를 시작해야 한다.

B. 정확히 한 사람을 지정하여 그 사람에서 119 에 연락할 것을 지시 한다.

사고자 주변에 사람이 모인 경우 서로 구경 하느라 어찌할 바를 모르는 경우가 대부분이다. 본인은 도움을 줘야 하는 긴급상황이기 때문에 주변에 휴대폰을 들고 있는 사람을 찾아 2 명 이상의 사람에게 119 에 신고 하여 출동을 요청하는 것이 좋다. 많은 사람이 모인 경우 서로에게 책임을 미루는 경향이 있기 때문에 아무도 119에 신고를 하지 않은 경우가 많다. 반드시 특정인을 지목해서 신고해줄 것을 종용해야 한다.

C. 호흡과 의식이 있는지 확인한다.

CPR은 호흡이 없는 정지 상태의 환자에게 수행을 한다. 그렇기 때문에 최우선적으로 호흡과 맥박을 살피는데 코와 입 주변에 귀를 대서 호흡이 들리는지 확인을 하고 목 과 턱밑에 대동맥부분을 만져 맥박이 뛰는지 확인을 한다. 맥박은

맥박을 확인한다.

① 호흡상태를 확인한다.

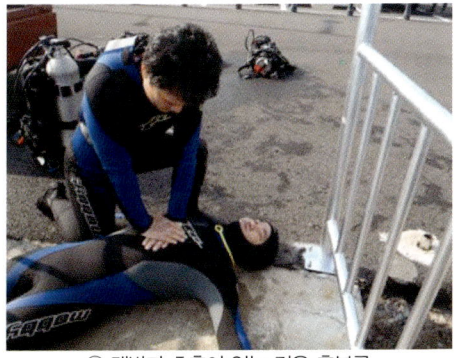

② 맥박과 호흡이 없는 경우 흉부를
30 회 빠르게 압박한다.
(깊이는 5 cm 정도 속도는 초당 2 회 정도)

③ 기도에 이물질이 제거된 상태에서
2 회의 인공호흡을 실시하고
다시 흉부압박을 반복한다.

④ 호흡이 돌아오면 기도를 확보하고 몸을
왼쪽으로 돌려 관찰하며 병원후송을 대기한다.
(주변에 위험요소가 있는지 반드시 확인)

있는데 호흡이 없는 경우 인공호흡을 우선적으로 실시를 하고 둘 다 없는 경우 심장마사지와 인공호흡을 병행 실시하여야 한다.

D. CPR을 수행하며 의료진을 기다린다.

 CPR을 실시하는 횟수는 30 번의 심장 마사지에 2 번의 인공호흡을 빠르게 실시 한다(심장 마사지 속도는 분당 100 회 정도인데 즉, 1 초에 2 번으로 매우 빨라야 한다). 의료진이 도착하기 전까지 CPR을 멈추지 말고 수행해야 한다. 주변에 도움을 받을 수 있는 사람이 있는 경우 2 인 1 조로 나눠서 지속적인 실행을 해야 한다.

ㄹ. 사고 이후 조치

 사고가 발생하는 경우 당황해서 후속조치를 적절히 수행하지 못하는 경우가 많다. 응급상황이 발생하지 않도록 철저한 준비와 계획으로 예방이 최선이지만 어쩔 수 없는 응급상황에는 바른 판단과 행동이 본인과 사고자를 구할 수 있는 절차이기 때문에 후속조치 또한 매우 중요하다.

A. 모든 사고자는 물 밖으로 끌어 올린다.

물 속에서 할 수 있는 응급조치는 매우 제한적이기 때문에 사고자는 우선적으로 물 밖으로 끌어 올려야 한다. 수중에서는 아무리 숙달된 다이버라고 해서 인공호흡 같은 조치를 취할 수 없고 수면에서도 매우 힘든 상황이기 때문에 즉각적으로 보트 위로 올려주는 것이 좋다.

B. 주변에 알리고 도움을 청한다.

사고자가 발생하는 경우 즉시 119 같은 응급시설에 도움을 청해야 한다. 보트 위에서 응급조치를 할 경우 육지로 돌아오는 과정에서 지속적인 응급조치를 취하는 것이 좋고 100 % 산소 같은 응급장비가 보트에 비치된 경우 즉시 사고 다이버에게 제공하여 상태를 호전시키는 것이 좋다.

C. 의료기관에 후송 조치를 한다.

육지로 돌아오는 즉시 대기하고 있는 구급차에 탑승 후송을 하며 의료진의 적절한 조치를 받아야 한다. 의식이 있는 다이버의 경우 본인의 판단으로 병원에 가는 것을 거부하는 경우도 있는데 다이빙리더나 리조트 관리자 같은 경험 있는 다이버는 반드시 사고 다이버가 병원으로 갈 것을 지시하여 2차적으로 부상이 악화 되는 것을 막아야 한다.

D. 사고 정황을 정리하고 기록한다.

모든 사고는 원인과 결과가 있다. 본인의 과실이든 다른 요인이든 현재 상황을 수습하면서 되도록이면 모든 기록을 사진 또는 동영상으로 남겨 두어야 한다. 이러한 자료는 사고의 원인을 분석하여 차후에 다시 발생할 수 있는 위험도를 줄이기 위함이다.

Premium Scuba Diving Cadet

重爲輕根 靜爲躁君 是以聖人 終日行
不離輜重 雖有榮觀 燕處超然
奈何萬乘之主 而以身輕天下
輕則失本 躁則失君

老子

09 다이빙 계획과 실행

다이빙교육을 받고 라이선스를 획득하는 이유는 다이빙을 안전하게 즐기기 위해서 라는 것은 누구나 다 알고 있다. 다이빙 교육 과정을 통하여 안전한 다이빙을 어떻게 할 수 있는지 기술적인 연습과 이론적인 습득을 병행하는 것도 모든 이유가 안전 때문이다. 이러한 이유로 다이빙을 계획하고 실행하는 과정도 최우선으로 안전을 고려한다. 다이버가 가장 두려워하고 주의해야 하는 문제는 잠수병이라고 하는 눈에 보이지 않는 질병이다. 잘못된 다이빙으로 과 팽창 장애 같은 즉각적인 증상이 나온다면 바로 병원으로 가서 치료를 받은 경우가 많지만 잘못된 다이빙 습관을 가진 다이버가 잘못된 다이빙을 반복적으로 한다면 어느 순간 갑작스럽게 나타나는 무서운 질병이 잠수병이기 때문이다. 이러한 잠수병의 원인인 증가한 압력에서 오랜 시간 다이빙을 하기 때문이라는 분명한 이유가 있다. 즉, 짧은 시간 낮은 수심에서 다이빙을 여유 있게 한다면 절대 걸리지 않는 것이 바로 잠수병이다. 직업적으로 어쩔 수 없이 오랜 시간 다이빙을 해야 하는 직업 잠수사 같은 경우 챔버 같은 별도의 의료장비가 갖추어진 작업환경에서 다이빙을 하기 때문에 잠수병의 위험도를 줄일 수 있다. 하지만 레저 다이빙을 즐기는 다이버는 그러한 장비가 없기 때문에 본인의 안전을 위해 정해진 범위 내에서 다이빙을 즐겨서 잠수병의 위험을 줄여야 한다. 레저 다이빙은 상승시 감압이 필요 없는 범위 내에서 다이빙을 하는 것을 원칙으로 하기 때문에 별도의 감압테이블을 사용하지 않는다. 다만 추가적인 안전을 위해 안전정지수역(4~6 m)에서 3 분 이상의 시간을 보내며 질소의 배출을 돕는 행동을 하는 것을 권장한다. 만약 본인도 모르는 사이에 수심별 제한 시간을 초과하는 다이빙을 하는 경우 감압이 필요한데 수심별 감압 필요시간은 물속에서 계산하기가 너무 복잡하여 거의 불가능 하기 때문에 다이빙 컴퓨터를 활용해 감압시간을 확인하고 감압을 수행한다. 다이버가 깊은 수심에서 다이빙을 할 경우 얼마나 많은 질소를 흡입하게 되며 우리 몸이 얼마나 흡수를 하고 배출하는지 오랜 시간 과학적 연구를 통해 밝혀졌다. 이러한 연구는 미 해군의 실험에 의하여 분석되었으며 신체에서 호흡을 통한 배출시간을 측정하여 잔류질소시간 테이블을 계산해내었다. 이때 분석된 공식을 컴퓨터로 프로그래밍하여 많은 다이빙 컴퓨터에 적용되었고 이렇게 공개된 정보로 잠수병을 획기적으로 줄이는 성과를 가져왔다. 이런 다이빙 컴퓨터의 발전은 잠수병을 예방

할 수 있는 한계시간을 알려주어 결과적으로 더욱 긴 시간을 안전하게 다이빙할 수 있게 만들었으며 레크리에이션 다이빙이 안전하게 보급될 수 있게 만들었다. 하지만 역설적으로 컴퓨터가 좋아 다이빙 계획을 수립하지 않고 다이빙을 진행하는 경우가 발생하는데 이점 또한 잘못된 절차라고 할 수 있다. 다이빙 컴퓨터가 어떠한 계산을 통해 다이빙 한계시간을 알려주는지 이론적으로 알고 있으면 보다 보수적인 다이빙을 할 수 있으며 잠수병에 대한 위험도를 더욱 현저하게 줄일 수 있게 된다. 이 장에서는 다이빙 테이블이 어떻게 구성되어 있으며 테이블을 활용해서 다이빙 계획을 수립하는 방법 등 컴퓨터 없이 안전한 다이빙을 할 수 있는 방법을 교육한다. 또한 다이빙 실행에 전반적인 절차 및 매너 등 간과하기 쉬운 실수를 배워 보다 편안한 다이빙을 즐길 수 있도록 한다.

규칙과 매너

다이빙은 혼자만 하는 스포츠가 아니다. 어느 다이빙 리조트를 가더라도 대부분의 경우 알지 못하는 다른 팀들과 다이빙을 같이 진행하게 된다. 일반적인 레저 활동의 경우 다른 사람들과 같이 공간을 공유하더라도 큰불편이 없이 즐길 수 있는 경우가 많다. 하지만 다이빙의 경우에는 서로의 배려가 많이 필요한 활동이라 할 수 있다. 다이빙 포인트로 이동하는 좁은 배위에서 상대방을 배려하지 않으면 부주의한 접촉으로 충돌이 있을 수 있으며 이는 부상으로 이어질 수 있는 위험성을 가지고 있다. 특히 다이빙 장비를 착용하고 있는 다이버의 경우 움직임이 둔해져 다른 사람을 배려하기 힘들고 본인의 안전에 최우선을 다하다 보니까 남을 배려할 수 있는 마음의 여유가 없어지는 것이 사실이다. 그런 이유로 다른 다이버의 행동을 주의 깊게 살펴보며 서로 조심하는 것이 가장 최선의 대응이라 할 수 있다. 어떤 경우는 처음 보는 다이버가 다른 다이버에게 어떠한 행동을 요구 하거나 강요하는 경우도 있으며 다른 다이버의 실력과 행동을 지적하는 상식에 벗어난 행동을 하는 경우도 있다. 다른 다이버의 실력 등에 대한 조언은 다이버를 교육한 강사의 교육방식에 대해 험담하는 것과 같으므로 매우 주의 해야 되는 행동 중에 하나가 된다. 간단하게 생각하면 좀더 명확하다. 본인이 불편한 행동을 남에게 강요해서도 안 되고 본인만 편하기 위해 다른 사람에게 불편을 주어서도 안 되는 것이다. 다이빙은 절차를 무시하고 방심하면 사고로 이어질 수 있는 위험성을 내포하고 있는 레저 스포츠이기 때문이다.

다이버의 의무

다이버의 의무에 대하여 여러 의견이 있다. 다이버 헌장을 만들어 지키자는 의견도 있고 각각의 단체 마다 각각의 특성에 맞는 의무를 정하여 교육하는 경우도 있다. PSDC에서는 아래와 같은 다이버의 의무가 있다고 정의한다.

자기자신을 보호하는 의무
남을 배려하는 의무
환경을 지키는 의무

이렇게 크게 3 가지의 의무가 있다고 할 수 있다. 우선 '자기자신을 보호하는 의무' 는 가장 중요한 의무이다. 즉, 다이빙은 즐기기 위해 레저 활동을 하는 것이지 다이빙을 하면서 다양한 위험을 경험하기 위해서 다이빙을 하는 것이 아니기 때문이다. 다이버는 어떠한 상황이라도 본인의 안전에 최선을 다하고 본인의 안전이 확보된 이후 남에게 도움의 손길을 내밀 어야 하는 것이다. 물에 빠진 사람을 보고 바로 도와 주기 위해 수영을 못 하는 사람이 물에 뛰어 들어 같이 사고를 당하는 뉴스를 종종 접하기도 한다. 이는 당장의 위험한 상황에 당황하여 정확한 판단을 하지 못하고 위험한 행동으로 더 큰 사고를 만드는 어리석은 행동이기 때문이다. 다이버는 '스트레스&레스큐' 라는 별도의 위험상황 대응절차에 대하여 교육을 받고 정해진 절차에 따라 행동을 할 수 있는 연습이 필요한 것이다.

두 번째, '남을 배려하는 의무' 는 남을 구출하는 의무가 아니다. 위험에 빠진 다이버를 보면 무조건 도와 주어야 한다는 의무는 어디에도 없다. 이는 앞에서 말한 것 과 같이 본인의 안전에 위험을 줄 수 있는 위험한 행동은 배제되어야 하기 때문이다. 그렇기 때문에 두 번째 의무는 남을 위험에서 구출하는 의무가 아니라 평소에 위험한 행동에 빠질 수 있도록 도와주는 잘못된 행동을 하지 말고 남을 잘 배려해서 사고 없이 즐거운 다이빙을 해야 한다는 이야기가 된다.

세 번째는 당연한 의무이지만 '환경을 훼손하는 행위를 하지 말아야 한다' 는 것이다. 물 속의 특성상 한번 훼손된 자연을 복구하기도 어렵고 인위적인 훼손을 복구하기 위해서는 인위적인 복구 절차가 필요하기 때문에 처음부터 자연을 훼손하지 않은 조심스러운 행동이 요구되는 것이다. 산호가 잘 자라고 있는 곳에 잘못된 행동으로 오랜 기간 잘 자라온 산호를 훼손하는 모습에 잘려진 산호의 모습은 안쓰럽고 가슴 아픈 상황이 되는 것이다. 물론 일부러 훼손하는 경우보다 다이빙 실력이 부족하여 어쩔 수 없이 훼손하는 경우가 더욱 많기 때문에 다이버는 평소에 실력을 키워서 본인의 실수로 자연을 훼손하는 행위를 해서는 절대로 안 된다.

다이빙계획

다이빙투어를 갔을 때 단 한번의 다이빙을 하고 돌아오는 경우는 거의 없다. 대부분 하루에 2~3회 반복 다이빙을 하며 2~3일의 연속적인 투어를 하는 경우 6~10회 가량의 다이빙을 하는 경우가 많다. 이러한 반복 다이빙은 다이버에게 즐거운 다이빙 경험을 주는 대신에 잠수병의 위험을 증가시키는 이중성을 가지고 있다.

것은 의외로 간단하다. 무감압 한계를 규정한 다이빙테이블을 지키면서 그 범위 내에서 다이빙을 즐기는 것이다. 이러한 반복적인 다이빙 계획을 수립하는 것은 다이빙 리더가 결정하는 경우가 대부분이지만 그러한 결정이 어떤 이유에서 확정되는지 모든 다이버는 알고 있어야 한다. 다이빙을 즐길 때 최종적인 안전에 대한 책임은 본인에게 있기 때문이다.

다이빙 중간휴식시간에는 신선한 공기를 마시며 편안하게 쉰다.

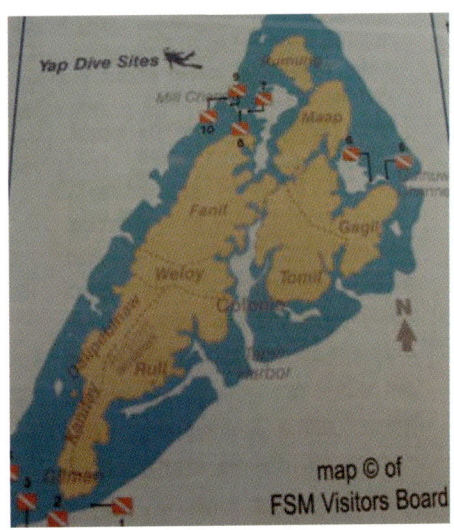
다이빙 포인트 지도

그럼 이렇게 반복적인 다이빙에도 잠수병의 위험도를 최소화 하면서 즐길 수 있을까? 그

다이빙 컴퓨터를 착용하고 다이빙을 하는 경우 현재수심에서 얼마나 다이빙을 즐길 수 있는지 정확히 알려주며 변화되는 수심에 따라 현재의 수심과 온도 등 다양한 정보를 바로 알 수 있게 되기 때문에 무척 편안한 다이빙을 즐길 수 있다. 이러한 다이빙 컴퓨터의 많

은 기능 중 또 한 가지는 반복다이빙을 계획할 때 복잡하고 계산하기 힘든 다이빙테이블을 현재시점에서 가능한 다이빙 한계수심과 한계시간을 즉시 계산하여 알려주는 것이다. 예를 들어 이전 다이빙 수심이 30 m 이고 30 분간 다이빙을 수행한 경우 바로 이어지는 다이빙에서는 최대 수심을 25 m 로 예정한 다면 무감압 다이빙 한계시간이 몇 분인지 바로 계산을 해준다. 그렇기 때문에 두 번째 다이빙에서 시도하는 포인트의 수심을 결정할 수 있는 중요한 판단근거를 제시해준다. 이러한 계산은 다음 단락에서 배우는 다이빙테이블을 분석해서 수기로 계산할 수 있으며 컴퓨터를 사용 할 때와 큰 오차 없이 다이빙 계획을 수립할 수 있다. 하지만, 컴퓨터를 사용하여 다이빙 계획을 세우던지, 아니면 다이빙테이블을 이용하여 수기로 다이빙계획을 세우던지, 어떠한 경우에도 잠수병으로 완벽히 안전을 보장 할 수 없다. 그렇기 때문에 다이버는 보다 보수적인 다이빙 계획을 수립해야 하며 1 회차 다이빙보다 2, 3 회차 다이빙을 할 때 1 회차 대비 보다 낮은 수심과 짧은 다이빙시간으로 다이빙계획을 만들어야 한다.

다이빙테이블

다이빙테이블은 많은 시행착오를 거쳐 안전하고 보수적으로 작성되었다. 대부분의 컴퓨터에 사용되는 다이빙테이블 또한 매우 유사하며 그만큼 검증된 다이빙 이론이라 할 수 있다. 다이빙테이블은 3 개의 테이블로 구성되어 있고 레저 다이빙에서 지켜야 하는 무감압 다이빙의 한계시간을 계산할 수 있도록 되어 있다. 무감압 다이빙이란 특정시간을 초과하여 깊은 수심에서 다이빙을 할 경우 체내에 포화상태로 녹아 들어간 질소기체가 상승하는 과정에서 전부 배출하지 못하는 한계시점까지 이르지 않는 감압이 필요 없는 다이빙을 말한다(무감압 한계는 수심과 다이빙시간에 연관변수가 된다).

무감압 한계를 초과하는 다이빙을 하는 경우, 무리하게 상승을 하고 수면위로 올라오게 되면 남아 있던 질소기체가 체내 이곳 저곳에서 기포로 부풀어 올라 심각한 잠수병 증상을 나타나기 때문에 반드시 무감압 한계 내에서 다이빙을 하고 혹시라도 감압이 필요한 다이빙을 하게 되면 반드시 정해진 감압 테이블에 따라 충분한 감압을 하고 상승을 하여야 한다. 일반 다이버가 어쩔 수 없이 감압을 해야 되는 상황이 된다면 컴퓨터가 감압시간을 알려주게 되고 공기가 허락하는 한 최대한 오랜 시간 감압 절차를 끝내고 출수하는 것이 좋다.

다이빙테이블로 계산을 할 때 수심, 다이빙시간 같은 수치는 보다 보수적으로 계산을 하여야 한다. 예를 들어 18 m 에서 20 분 정도 다이빙을 하였지만 중간에 1~2 분 정도 잠시 24 m 에 내려갔다 온 경우 다이빙 테이블에 적용하는 수심은 평균 수심인 18 m 가 아니고 최대수심인 24 m가 된다. 같은 기준으로 11 시 30 분에 입수를 해서 11 시 40 분에 18 m 수심에 도착하고 11 시 50 분까지 10 분간 다이빙을 하고 10 분간 상승을 해서 12 시에 다이빙을 끝냈을 경우 다이빙시간은 입수시작부터 출수 종료까지, 총 시간인 30 분이 다이

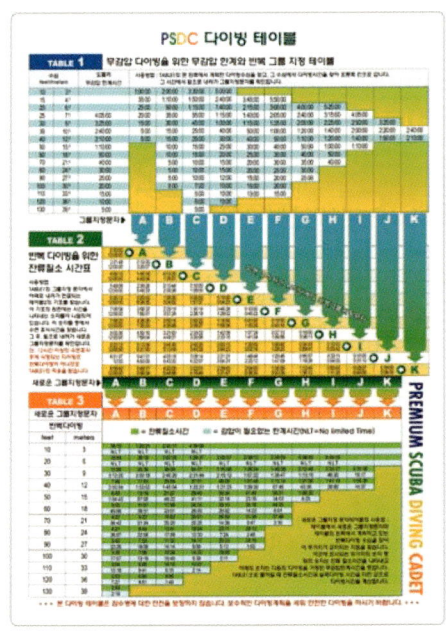

다이빙테이블

빙 시간이 되는 것이다. 18 m 에서 단지 10 분 다이빙을 했다고 다이빙 시간을 10 분으로 계산하여서는 안 된다. 3 가지의 다이빙테이블을 사용하는 방법은 다음과 같다.

ㄱ. 테이블 1(무감압 한계 테이블)

잠수병의 원인은 체내에 남아 있는 질소가 기체로 변하여 혈관을 따라 흐르다, 서로 모여 좀 더 큰 기체방울로 변화되고 그 질소 공기방울이 어떤 특정위치의 혈관을 막아 그 부분이 괴사되는 증상이 나타나는 것이다. 이러한 증상의 명확한 원인이 되는 위험인자는 작은 질소방울$^{silent\ bubble}$ 이다. 이것을 찾아내는 방법이 도플러 효과를 이용한 초음파 분석 장치다. 미국해군 연구기관에서 각각의 다른 잠수시간과 잠수수심 등 다른 변수를 적용하고 안전한 상승과정을 경험한 실험 다이버를 도플러 스캔장치로 스캔을 하여 체내에 남아 있는 작은 질소방울의 개수를 측정하는 실험을 하였다. 이때 아무런 감압정지를 하지 않고 상승속도를 준수하여 상승한 다이버에게 잠수병의 원인 공기방울의 개수가 잠수병의 허용 한계치까지 나타나는 다이빙 시간을 측정하여 표로 만든 것을 다이빙 무감압 한계 테이블이라 한다. 즉, 감압과 안정 정지를 하지 않고 상승을 하여도 안전하다고 말 할 수 있는 한계시간을 도플러 무감압 한계시간이라 말한다. 여기서 도플러는 측정장치의 작동원리를 말하기 때문에 단순히 **무감압 한계시간** 이라고 하여도 된다.

처음 1 회 다이빙을 실행하고 나온 다이버의 다이빙시간과 수심을 분석할 때 정확한 수심과 시간을 계산해야 하는 것이 좋다. 하지만 컴퓨터를 사용하지 않고 수기로는 거의 계산을 할 수 없기 때문에 어느 정도의 오차를 감안하여 계산하기 편리한 그룹이 구성되어 있다. 그렇게 분류된 그룹이 'A~K' 까지 다이빙 그룹이다. 우리가 20 m 의 다이빙수심을 계획하고 다이빙을 진행한 경우 입수 즉시 20 m 수심에서 다이빙을 하는 것이 아니고 하강시간과 상승시간을 제외하고 나머지 시간을 20 m 수심 영역에서 다이빙을 즐긴다. 하지만 항상 20 m 수심을 유지할 수 없고 약간씩 변화가 있을 수 있는데 '**테이블 1**' 에 적용하는 수심은 최고수심을 적용해서 계산한다. 이런 이유는 보다 보수적인 다이빙 계획을 수립하기 위함이다. 그래서 다이빙시간 또한 입수부터 출수까지 전부 소요된 시간을 다이빙 시간으로 산정하여 테이블에 적용한다. '**테이블 1**' 에 적용하는 예를 들어보면 11 시 30 분에 입

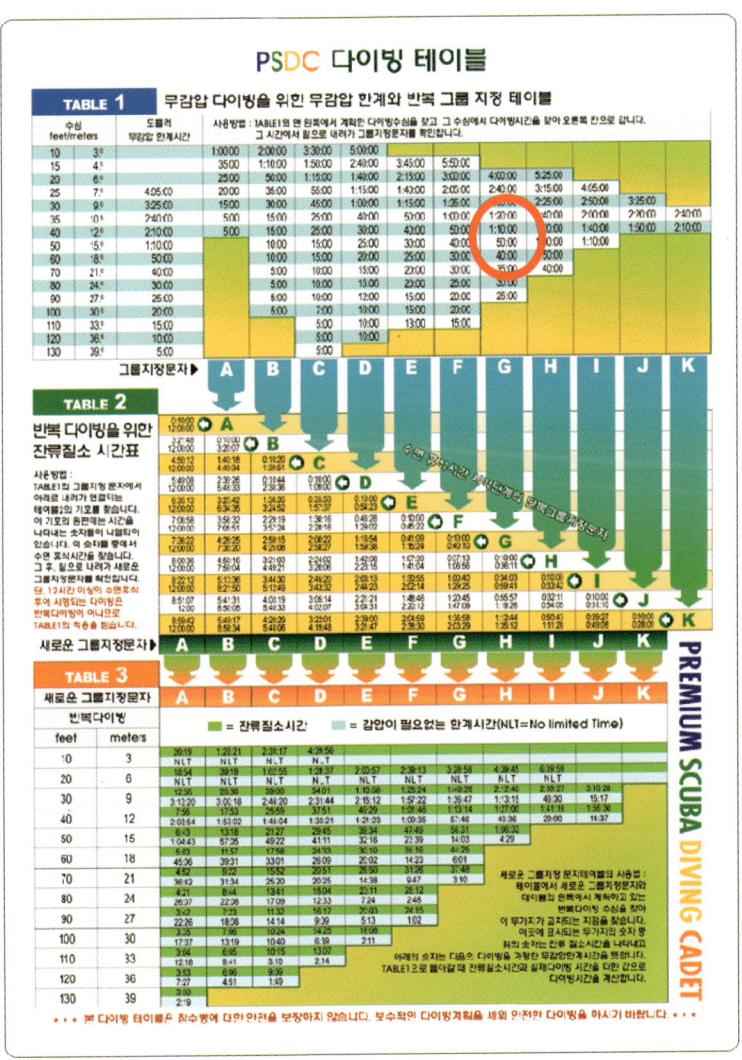

수를 해서 최대 수심은 16 m 이고 출수시간이 12 시 10 분 이라면 다이빙 시간은 40 분 이 되고 테이블에 적용하는 수심은 15~18 m 사 이가 되어 깊은 수심인 18 m를 적용한다. 그 값을 적용해서 확인을 하면 다이빙을 끝낸 직 후 다이버의 그룹은 'G' 그룹이 된다. 다이버 는 출수를 해서 즉시 반복 다이빙을 하지 않 고 일정한 시간의 추가 수면 휴식시간을 갖게 된다. 그렇게 수면휴식 시간을 '테이블 2'에 적용하면 변화된 다이빙 그룹으로 재지정 된다. 다이빙테이블에 나오지 않는 초과된 다이빙 시간을 다이빙한 경우가 있을 수 있는데 이 경우는 무감압 다이빙이 아닌 감압 다이빙이 된다. 레크리에이션 다이버는 감압 다이빙을 하여서는 안 된다(만약 초과된 다이빙이 진행된 경우 적절한 감압절차를 따르는 것이 중요하다. 또한 출수 즉시 100 % 의 산소를 흡입하고 빠른 시간 내에 병원을 가는 것이 좋다).

ㄴ. 테이블 2(수면 휴식 시간표)

다이빙을 끝내고 출수를 해서 수면 위의 공기를 흡입하는 시간부터 두 번째 다이빙을 입수하는 직전까지의 시간을 수면휴식 시간이라 한다. 즉, 수면 위에서 압축공기가 아닌 일반공기를 흡입하며 체내에 잔류질소를 배출하는 호흡시간을 전부 수면휴식 시간으로 보는데 반복다이빙을 할 경우 생각보다 긴 시간 동안 수면휴식 시간을 보내게 된다. 이때 많은 부분 잔류질소가 배출이 되는데 짧은 호흡보다 깊고 긴 호흡을 해주는 것이 도움이 된다. 간혹 체내에 잔류질소 시간을 줄여주기 위해 산소농도를 높인 압축공기를 사용하여 다이빙을 하기도 하고 수면으로 올라온 이후 100 % 산소를 흡입하는 경우도 있다(만약 산소농도를 높인 공기를 사용하는 다이빙을 원한다면 나이트록스 다이빙이라고 하는 별도의 교육을 받고 하여야 하며 이때는 우리가 학습하는 일반공기를 이용한 무감압 테이블과 다른 다이빙테이블을 사용하여야 한다. 컴퓨터를 사용 한다면 산소농도를 변경 입력하여 컴퓨터가 적절히 대응할 수 있도록 해야 한다).

첫 번째 다이빙을 하고 그에 따른 그룹을 지정 받은 다이버가 두 번째 다이빙을 하려 할 때 '테이블 2'와 '테이블 3'을 적절히 활용을 하여 다이빙 계획을 수립해야 한다. 예를 들어 첫 번째 다이빙에서 그룹 'G' 상태인 다이버가 출수 이후 다음 다이빙을 들어가기 전까지 1 시간 30 분 의 수면휴식 시간을 갖는다면 그 다이버의 그룹은 '테이블 2'의 그룹 'G' 부분을 보면 1:16:54~1:59:38 구간에 속하기 때문에 해당 다이버는 그룹 'G' 에서 그룹

'E' 로 변경 되는 것을 볼 수 있다. 이렇게 변경된 그룹을 '테이블 3' 에서 확인하면 두 번째 다이빙에서 계획한 수심에서 즐길 수 있는 무감압 한계시간을 확인할 수 있다. 다음처럼 예를 들어 '테이블 3' 에서 확인하면 그룹 'E' 의 다이버가 두 번째 다이빙을 다시 18 m 수심으로 계획한다면 최초 다이빙에서 18 m 수심의 무감압 다이빙 한계시간이 50 분이었지만 'E' 그룹의 18 m 수심의 무감압 다이빙 한계시간은 20 분 02 초가 된다. 이것은 이전

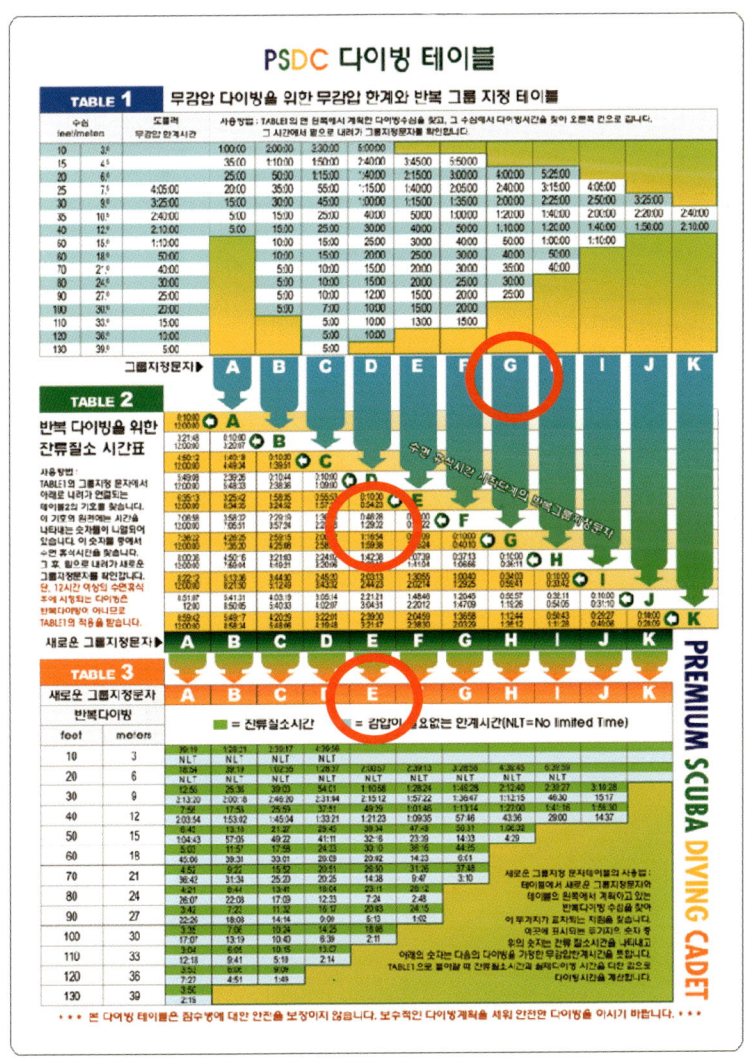

다이빙에서 완전히 배출되지 않은 잔류질소가 몸 안에 남아 있다고 가정하는 부분을 30 분 10 초 라는 잔류질소 시간으로 추정하여 산정하기 때문이다. 다이빙 그룹이 높을 수록 다음 다이빙의 무감압 다이빙 한계시간이 줄어 들기 때문에 그룹을 낮춰 주는 것이 좋은데 그 방법은 수면휴식 시간을 길게 갖거나 낮은 수심에 짧은 다이빙 시간을 갖는 것이 방법이다. 하지만 다이빙을 즐기다 보면 좀더 오랜 시간 다이빙을 하려는 경향이 있기 때문에 수면 휴식 시간을 충분히 갖는 다이빙 계획을 수립하는 것이 더욱 쉬운 선택이 된다.

ㄷ. 테이블 3(잔류질소 시간표)

무감압 한계를 지키는 반복적인 다이빙을 할 경우 두 번째 이상의 다이빙에서 실제 다이빙 시간은 매우 제한적으로 줄어든다. 그러한 이유는 이미 이전 다이빙에서 체내에 축적된 잔류질소를 호흡을 통하여 충분히 배출을 하고 다이빙을 하면 되지만 대부분 1~2 시간의 휴식시간을 가지고 다이빙을 하게 되어 어쩔 수 없이 질소가 몸 안에 잔류하게 된다. 이러한 잔류질소의 량을 수치적으로 계산하기 어렵기 때문에 반복 다이빙에서 들어가는 수심에서 이미 다이빙을 어느 정도 한 것으로 가정하고 계산을 하게 된다. 그래서 '테이블 3' 에서 보면 계획된 다이빙 수심에서 무감압으로 즐길 수 있는 다이빙 시간은 생각보다 매우 짧게 나타난다. 첫 번째 다이빙을 끝내고 수면휴식 시간을 갖은 다이버가 변경된 다이빙그룹이 'D' 그룹이 된다면 '테이블 3' 에서 수심별 무감압 다이빙 한계시간을 확인할 수 있다. 이때 확인된 무감압 다이빙 한계시간을 지키며 다이빙을 하는 것이 원칙이다. 반복다이빙의 시간계산은 실제 다이빙시간과 잔류질소 시간으로 계산되는 시간을 더한 것을 전체 다이빙시간으로 산정하여 다시 계산을 한다. 이렇게 합산된 다이빙 시간을 '테이블 1' 에 다시 적용하여 새로운 다이빙 그룹을 확인하고 그 다이빙 그룹에 적용된 수면휴식시간을 계산하는 방식으로 반복 다이빙을 계산한다. 즉, '테이블 3' 에서 계산된 실제 다이빙시간과 잔류질소 시간을 합한 시간을 '테이블 1' 에 적용하면 다시 새로운 다이빙 그룹을 지정 받게 되는데 이렇게 계속 반복적으로 계산을 해서 2, 3 번 째 다이빙을 계획하면 된다.

다이빙 테이블을 이용해서 다이빙 계획을 세워 다이빙을 하는 것이 매우 안전하고 중요한 원칙이지만 실제 다이빙 투어 현장에서 그렇게 수기로 계산을 해서 다이빙 계획을 수립하

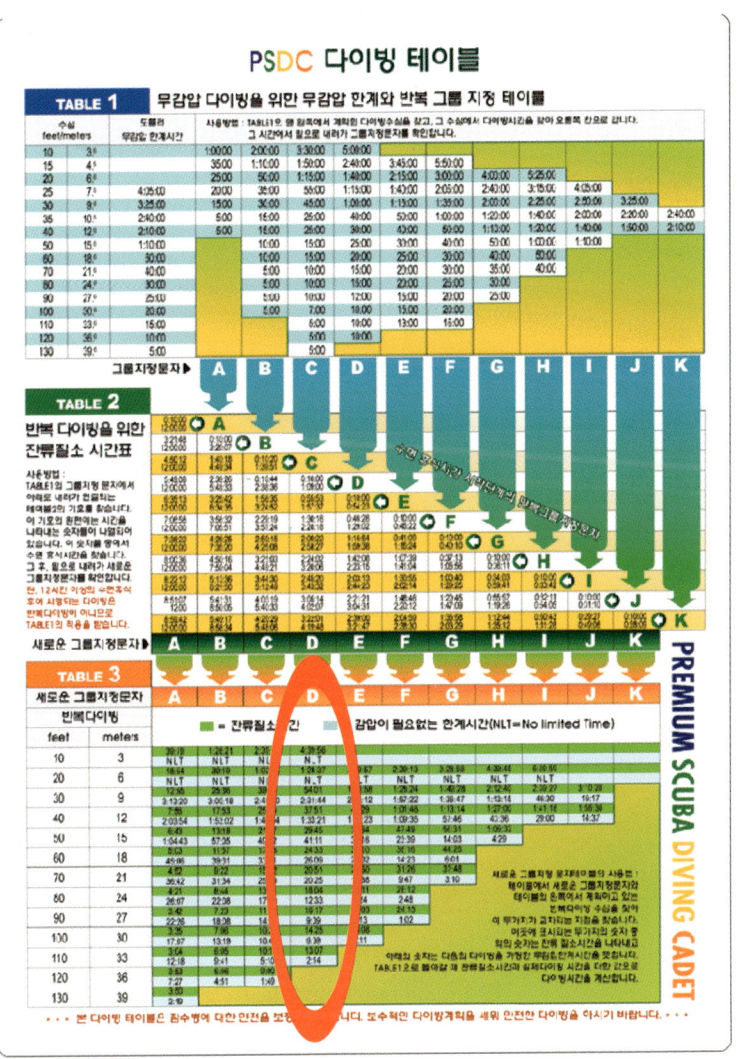

는 경우는 거의 없다. 계산을 하기 어려운 이유도 있지만 대부분의 리조트에서 많은 경험에 따라 이미 표준화된 다이빙 계획이 있고 그 계획에 따라 다이빙을 한다면 별다른 문제 없이 다이빙을 즐길 수 있기 때문이다. 하지만 사람마다 편차가 있고 본인의 안전에 대한 최종 책임은 본인에게 있기 때문에 본인의 컨디션과 다르게 무리한 다이빙을 진행이 예정되어 있다면 다이빙 계획을 변경 요청하는 것도 좋다. 그런 요청이 다른 다이빙 팀의 여건 또는 바다상황에 의해 변경이 어려운 상황이라면 과감하게 다이빙을 포기하는 것이 좋다(만약 어쩔 수 없이 약간은 무리한 다이빙을 진행하게 된다면 본인은 다른 사람들 보다 2~3 m 정도 낮은 수심에서 다이빙을 따라가는 것도 방법이다). 매번 반복적으로 강조하는 사안이지만 안전에 관한 책임은 100 % 다이버 본인에게 있다는 점을 머리 속에 가지고 있어야 한다.

반복 다이빙 계획

반복 다이빙은 다이빙을 끝내고 12 시간 이상의 충분한 휴식시간으로 잔류질소를 완전히 배출한 상태에서 새로이 다이빙을 시작하는 것이 아닌 짧은 휴식시간으로 어느 정도 잔류질소가 남아 있는 상태에서 다이빙을 다시 하는 것을 반복 다이빙이라 한다(다이빙 투어를 가서 1 일 3 회의 다이빙을 끝내고 12 시간이 경과한 다음 날 하는 2 일차 다이빙은 반복 다이빙이 아닌 새로운 1 회 다이빙이 된다). 즉, 당일 여러 번의 다이빙을 반복적으로 하는 것을 반복 다이빙이라 한다. 여기서 계획을 수립하는 이상적인 반복 다이빙은 바다에서 즐기는 다이빙을 기준으로 만들어져 있다. 육상, 특히 고도가 높은 호수 같은 곳에서 다이빙을 할 경우 적용되는 대기압이 달라져 수압 또한 다르기 때문에 다른 다이빙 테이블을 적용해야 한다. 이러한 다이빙은 우리나라 같은 경우 산중턱에 있는 저수지에서 특수한 목적으로 다이빙을 할 때 이용된다. 이때는 컴퓨터를 이용해서 본인이 수행하는 다이빙 지역의 고도를 입력하고 그에 따라 계산된 다이빙 계획을 따라야 한다.

ㄱ. 다이빙테이블 이용

다이빙테이블을 이용해서 반복 다이빙 계획을 수립하는 방법은 다이빙테이블 부분에서 교육하였다. 매 번의 다이빙 상황에 따라 시간과 수심이 변경되기 때문에 그에 따라 다이빙테이블을 계산하는 것은 무척 귀찮고 힘든 작업이 된다. 그렇기 때문에 다이버 들이 다이빙테이블을 들고 다니며 다이빙 계획을 세우는 모습을 다이빙 현장에서는 거의 찾아 볼 수 없게 된 것이다. 이런 이유로 현장에서 다이빙 계획을 수립하기 보다 다이빙 투어를 진행하기 전, 미리 시간과 수심을 예측하여 다이빙 계획을 수립해두는 것이 좋다. 레저 다이빙에서 다이빙 한계수심이 30 m 이고 그 범위 내에서 다이빙을 한다면 수면휴식 시간을 2 시간 정도 대기하면 대부분의 경우 다이빙테이블에 적용되는 무감압 다이빙 한계시간 내에 위치 할 수 있다. 즉, 첫 다이빙을 9 시에 하고 두 번째 다이빙을 12 시에 세 번째 다이빙은 점심을 먹고 3 시에 한다면 다이빙테이블을 초과하는 문제가 발생되는 경우가 거의 없다(다이빙 수심은 30 m 를 넘으면 안 된다). 이러한 다이빙 계획은 많은 리조트에서 진행하는 다이빙스케줄로 이미 안전이 검증된 경우이기 때문에 다이빙 컴퓨터가 없더라도 잠수병의 위험을 최소화 할 수 있게 된다. 같은 다이빙 포인트를 이용한 다이빙을 하여도 각자 약간씩 다른 수심과 경로를 이용하기 때문에 반드시 컴퓨터를 각각 착용을 하고 본인의 현재 상황을 계속 확인을 하는 것이 좋다. 만약 어떠한 이유로 다이빙 컴퓨터가 없이 다이빙을 하여야 한다면 다이빙 컴퓨터를 가지고 다이빙을 하는 버디보다 1~2 m 정도 낮은 수심에서 다이빙을 진행하는 것이 좋다.

컴퓨터가 없이 다이빙을 할 경우 한계수심을 확인할 수 없어 2,3 회 차 같이 반복된 다이빙에서 테이블을 초과하는지 확인할 수가 없다. 그렇기 때문에 컴퓨터가 없는 다이빙을 할 경우 1일 2회 차 정도로 다이빙을 끝내는 것이 안전을 위해 좋다. 하지만 너무 좋은 바다 환경에 3회 차 다이빙을 꼭 하고 싶다면 다이빙 테이블로 계산 하였을 때 확인되는 한계수심과 한계시간보다 5 m 이상 낮은 수심과 10분 이상 짧은 다이빙을 계획하고 그 범위 내에서 다이빙을 하는 것이 3회 차 다이빙을 즐길 수 있는 요령이다(무감압 한계시간을 초과할 수 있는 위험성은 완전히 제거 되지 않는다).

ㄴ. 컴퓨터를 사용

다이빙 컴퓨터의 등장은 레저 다이빙을 획기적으로 발전시켰다. 예전에 컴퓨터가 없이 반복 다이빙을 하면서 노출되는 잠수병의 위험에 많은 다이버 들이 반복 다이빙을 꺼려 왔으며 실제로 초과 다이빙으로 잠수병에 걸려 고통을 당하는 다이버의 소식을 종종 듣게 되는 것은 다이빙을 즐기는 사람으로 유쾌하지 않은 소식이었다. 이런 시점에 각자 개개인의 다이빙 이력을 계산해서 정확히 정보를 제공해주는 컴퓨터의 등장은 다이버 들에게 안전한 다이빙을 할 수 있게 해주었다. 그 결과 레저 다이버의 잠수병 발병 건수를 획기적으로 줄여주었다.

레저 다이빙에서는 컴퓨터를 사용해서 반복 다이빙을 하고 이때 특별히 다이빙계획을 수립하지 않는다. 그 것은 컴퓨터가 다음 번 다이빙 포인트의 수심에서 무감압 한계시간을 실시간으로 알려주기 때문이다. 즉, 다이빙을 들어가서 컴퓨터에서 보여주는 한계시간을 확인하면서 다이빙을 즐기면 되기 때문에 별다른 특별한 준비를 하지 않아도 되는 것이다.

시중에서 판매되고 있는 다이빙 컴퓨터를 보면 다양한 기능을 가지고 있는 것부터 간단한 기능을 가지고 있는 것까지 너무 많은 제품이 있어 모두 설명 할 수 는 없다. 그렇기 때문에 초보 다이버는 어떤 제품을 구매할지 결정할 때, 선택하기 어려움이 많다. 이때는 본인의 다이빙 스타일에 적절한 제품을 구매하는 것이 좋다(레저 다이빙을 즐긴다면 100 m 이상의 수심까지 들어갈 수 있는 컴퓨터는 필요하지 않다).

컴퓨터의 기본 기능으로는 현재의 수심을 알려주는 것과 현재 수심에서 무감압 다이빙 한계시간을 알려주는 것이 기본 기능이다. 이런 기본 기능은 모든 컴퓨터에서 보여주며 다이빙을 끝내고 나왔을 때 다이빙 시간과 온도, 최대 수심 같은 다이빙 로그를 부가적으로 보여준다.

컴퓨터는 반복 다이빙에서 무감압 다이빙 한계시간을 자동으로 계산해 주기 때문에 다이버는 컴퓨터에 표시되는 다이빙 한계시간을 지켜 다이빙을 하면 된다. 만약 무감압 다이빙 한계시간을 초과하더라도 컴퓨터가 지시하는 감압시간과 감압수심을 지켜 다이빙을 한다면 초과된 다이빙을 하더라도 안전하게 잠수병의 위험을 최소화 시키고 출수 할 수 있다. 다이버가 초과된 감압 다이빙을 한경우 안전한 감압 시간을 보내고 출수해야 하지만 컴퓨터의 경고를 무시하고 출수 한다면 컴퓨터는 24~28 시간 동안 작동하지 않게 된다. 이러한 이유는 이미 감압이 필요한 한계초과 다이버가 다시 추가적인 반복 다이빙을 들어가 몸에 무리를 주는 다이빙을 하지 못하도록 컴퓨터가 작동을 멈추는 것이다.

다이빙의 질소마취 위험을 피하기 위해 잔류 질소 시간을 줄이는 방법은 산소 농도를 추가적으로 주입한 압축공기를 마시는 다이빙을 하는 방법이다. 이러한 다이빙을 나이트록스 다이빙이라 한다. 산소농도를 32 % 까지 올린 공기통과 36 % 까지 올린 공기통을 사용하는데 이러한 공기를 사용하면 인위적으로 산소를 더 흡입하게 되어 체내 피로도를 줄이고 다이빙을 끝내고 남아 있는 잔류질소의 량을 줄일 수 있기 때문에 비행기 탑승이 금지되는 12 시간의 탑승금지 시간을 줄여 줄 수 있다. 나이트록스 다이빙은 시간이 바쁜 직장인들이 제주도 같은 곳에서 다이빙을 즐기고 저녁시간 마지막 비행기로 올라올 경우 마지막 다이빙을 나이트록스를 사용해서 비행기 탑승 대기시간을 줄이기 위해 종종 사용된다. 하지만 나이트록스의 사용이유가 단순히 비행기 탑승 대기시간을 줄이기 위한 방법으로 사용되는 것은 매우 잘못된 방법이다. 비행기 탑승 금지 시간이 12 시간으로 설정되어 있는 것은 우리 몸에 남아있을 수 있는 잔류질소의 기체 방울이 비행기를 탑승해서 낮은 공기압(약 0.8기압)으로 더 큰 공기방울이 되어 몸에 혈관을 막는 문제를 예방하기 위함이다. 비행기 탑승 전 12 시간의 육상 호흡을 한다면 자연스러운 배출로 잔류질소 방울이 거의 다 배출될 것이다.

Premium Scuba Diving Cadet

질소의 량을 줄인 나이트록스를 통해 질소의 흡입량이 줄기는 했어도 남아 있을 수 있는 질소방울의 위험도를 완전히 극복했다고 보는 것은 무리가 있기 때문에 단순히 빠른 시간 내에 비행기탑승을 위해 나이트록스를 사용하는 것을 권장하지 않는다.

 나이트록스를 사용할 경우 질소중독의 위험도가 줄기는 하지만 산소농도가 높아져 산소중독의 위험도가 늘어나는 역설적인 상황이 있다. 그렇기 때문에 나이트록스를 사용 할 때는 일반공기보다 더 낮은 한계수심을 적용한다. 또한 무감압 다이빙 한계시간의 계산 또한 달라지는데 이러한 달라진 계산을 위해서는 컴퓨터를 나이트록스 설정과 같은 혼합공기 사용으로 바꿔주어야 한다.

 컴퓨터의 사용은 다이빙시간을 획기적으로 늘려주고 잠수병의 위험을 매우 현저히 줄여준다. 하지만 100 % 완벽히 잠수병의 위험을 제거해주지는 못한다. 컴퓨터가 알려주는 최대한의 한계시간까지 다이빙을 즐기는 것은 컴퓨터의 사용 취지를 무색하게 하는 어리석은 행동이다. 본인의 안전을 위해 한계시간보다 충분히 여유 있게 다이빙을 즐기는 것이 좋은 다이빙 습관이다.

다이빙 실천

초보자가 다이빙을 배울 때 담당강사에게 많은 도움을 받으며 다이빙을 하게 된다. 그런 과정에서 많은 시행착오와 실수를 하게 되지만 안전을 책임지고 있는 담당강사의 노력으로 안전하게 다이빙 교육을 이수하는 비율은 전체 교육생의 95 % 이상이다. 나머지의 교육을 끝내지 못하는 교육생은 교육생 본인도 모르고 있었던 신체의 문제(부비동 폐쇄 등) 라든지 정신적 문제로 교육을 끝내지 못하고 다이빙을 포기하는 케이스라고 하겠다.

각을 한다면 이 또한 매우 부담스러운 부분이 된다. 이는 운전 면허를 취득하고 그날 밤 아버지에게 차를 빌려 본인 혼자 도로를 나간다

힘들고 어려운 과정을 거쳐 오픈워터 라이선스를 취득하고 전세계 어디든지 갈 수 있는 자격이 생겼다는 기쁨을 느낄 때 다시 걱정하게 되는 문제가 있다. 교육받는 동안은 담당강사의 보살핌에 안전하게 다이빙을 했지만 이제부터는 본인 혼자 다이빙을 해야 한다는 생

고 생각을 한다면 그 부담감은 거의 비슷할 것이다. 그래서 자동차 운전의 경우 별도의 도로 연수를 받는 것을 권장한다. 이와 같은 이유로 다이빙의 경우는 OW 라이선스를 가지고 있는 다이버들이 같이 버디를 하고 다이빙을 하는 것 보다 한 단계 또는 두 단계 높은 수준의 상급 다이버와 같이 다이빙을 하는 것을 권장한다. 이는 자동차 운전의 도로연수와 같이 어느 정도 기간 동안은 상급 다이버 또는 강사의 지도를 받아 안전한 다이빙을 하는 것이 중요하기 때문이다. 많은 리조트에서 다이빙 포인트에 등급을 두어 어드밴스 다이버 이상의 등급자만 갈 수 있는 다이빙포인트가 많

Premium Scuba Diving Cadet

은 것을 보면 그만큼 안전을 위해 모두가 노력하는 시스템이 정착 되어 있다.

 초보다이버는 다이빙경험을 늘려 다이빙 등급을 어드밴스 이상으로 올리면 혼자 다이빙을 할 수 있다고 생각할 수 있는데 이 또한 안 된다. 다이빙은 혼자 하는 스포츠가 아니고 여러 명이 하는 스포츠이며 안전을 위해 버디시스템이라고 하는 두 명 이상의 안전을 확보할 수 있는 그룹으로 다이빙을 진행해야 하는 것이 원칙이기 때문이다. 만약 혼자 다이빙을 할 경우 본인의 장비에 이상이 생기거나 바닷속 버려져 있던 폐 그물 같은 것에 엉키는 경우 본인 혼자 해결할 수 없는 심각한 위험에 노출될 수 있다. 이때 버디가 같이 있는 경우 매우 간단히 도움을 줄 수 있으며 이런 도움을 주는 행동은 서로간 신뢰를 갖게 되어 더욱 안전한 다이빙을 즐길 수 있게 되는 것이다.

근래에 보고되는 다이빙사고의 90 % 이상이 혼자 단독 다이빙을 들어간 경우나 다이빙 과정 중 버디를 잃어 실종되는 사건이 대부분이다. 혼자 다이빙을 들어 갔기 때문에 사고의 원인도 명확히 규명되지 않고 시신 또한 못 찾는 경우가 대부분이라 매우 안타까운 일이라 할 수 있다. 이러한 종류의 다이빙 사고는 가이드를 하는 리조트의 책임은 거의 없다. 리조트측 에서는 사전에 라이선스를 확인하고 버디 다이빙 시스템에 맞춰 다이빙을 진행해 준다. 하지만 물 속에서 서로 헤어져 불법적인 사냥 활동을 하다가 발생하는 경우가 많아 어떠한 보상도 받지 못하게 된다. 그렇기 때문에 다이빙경험을 100 회, 200 회 아니 1,000 회 이상을 하더라도 절대 혼자 다이빙을 하는 경우는 있어서는 안 된다. 다이빙 안전의 최종 책임은 본인에게 있다.

현지 가이드의 사전브리핑

ㄱ. 사전 브리핑 및 입수결정

 다이빙 리더나 다이빙 가이드는 다이빙을 시작하기 전에 다이빙을 진행하는 곳에 대한 정보를 다이빙 팀원에게 분명히 설명해 주어야 한다. 다이빙 리더는 계획된 다이빙 시간은 어느 정도인지, 계획된 수심은 어느 정도인지, 그에 따른 다이빙 계획을 본인들이 준비할 수 있도록 정보를 주어야 하며 팀으로 움직이는 경우 이동 경로, 팀원을 잃어버리는 경우 후속조치는 어떻게 할 것인지 등을 사전에 정하여 허둥대는 일이 없도록 해야 한다.

 동해안 다이빙의 경우 다이빙경험이 많은 다이빙리더가 다이빙을 진행하는 경우도 많이 있지만 새로운 지역에서 다이빙을 할 경우는 현지가이드의 안내를 받는 것이 원칙이다. 새로운 지역에 다이빙 상황은 현지의 가이드가 가장 잘 알고 있으며, 가이드가 리드하는 다이빙을 즐기는 것이 편안한 방법이다. 다음은 사전 브리핑에서 확인해야 하는 사항이다.

A. 다이빙 포인트 소개

 시도하는 다이빙 포인트의 정보를 사전에 브리핑한다. 지형이 어떻게 되어 있는지, 수심은 어느 정도 인지, 주로 관찰할 수 있는 생물은 어떠한 것이 있는지 등 전반적인 입수 포인트에 대한 정보를 현지가이드에게 안내 받는다.

B. 다이빙 진행 방법 소개

 입수를 해서 한곳에서 이동을 많이 하지 않은 다이빙을 할지, 아니면 조류를 따라 흘러가며 이동을 하는 다이빙을 할지, 두 경우 모두 다이빙 리더를 따라 움직이는 방법을 미리 공지한다. 깊은 수심까지 내려가지 않고 중간에 흐르는 다이빙을 할 경우 다이빙 수심을 정확히 공지해서 다이빙그룹에서 떨어져 혼자 깊은 수심으로 잠수하는 다이버가 없도록 해야 한다.

C. 다이빙 미션확인

 다이빙을 들어가는 포인트에 따라 작은 생물체를 관찰하며 사진 촬영을 목적으로 하기도 하고, 난파선 같은 물체 속으로 들어가서 탐사하는 다이빙을 하기도 한다. 이런 여러 가지 다이빙의 목적을 사전에 브리핑한다. 난파선의 경우 내부로 들어가서 통과를 하는지, 같은 입구로 들어갔다 다시 나오는지, 아니면 통과를 하는지 등 예상할 수 있는 이동경로를 미리 공지한다. 사전 공지는 물 속에서 우왕좌왕 하는 것을 예방한다. 사진 촬영을 할 경우 촬영하는 사람이 혼자 한 곳에 오래 머물러 일행과 멀어지는 경우가 있을 수 있는데 이 또한 사전에 서로에게 배려할 것을 공지하여 무사히 다이빙을 끝낼 수 있도록 노력 해야 한다.

D. 의사소통 확인

 지속적으로 같이 다이빙을 하는 다이빙그룹의 경우 같은 종류의 의사소통을 하여 별 어려움이 없다. 하지만 다른 다이버나 현지 외국인 가이드와 다이빙을 하는 경우, 사전에 중요한 수신호를 확인해서 일치시켜 둘 필요가 있다. 대부분의 수신호가 직관적이고 단순화 되어 있어 비슷하지만 상승, 하강, 현재수심유지 같은 중요한 수신호는 다시 한 번 확인하는 것이 좋다.

E. 버디 결정 및 버디 점검

 다이빙그룹으로 다이빙을 진행하는 경우 다이빙 리더는 반드시 인원 별 버디를 지정해 주어야 한다. 버디 시스템은 서로의 안전을 위해 서로 위험할 때 도움을 줄 수 있도록 하기 위함이다. 아무리 소그룹이라 하더라도 다이빙 리더가 전부를 확인할 수 없기 때문에 반드시 버디를 지정해야 한다. 서로 버디가 정해지면 버디끼리는 다이빙 진행 할 때 서로의 위치를 정해야 한다. 상급 다이버가 진행방향의 왼쪽에 있고 초급 다이버가 상급 다이버의 오른쪽 1~2 m 정도의 간격을 유지하고 진행을 하는 것이 좋다. 버디끼리는 긴급상황에서 손을 뻗으며 도와줄 수 있는 거리에서 있는 것이 좋은데 이때 서로의 위치를 정하지 않으면 버디를 잃어버려 한참을 서로 찾는 행동을 하게 된다.

 버디는 입수 전 서로의 장비를 다시 한 번 확인해준다. 이때 공기통의 개방 여부는 제일 중요한 점검 사항이므로 반드시 확인해주어야 한다. 이렇게 버디는 서로에게 신뢰할 수 있는 관계를 형성해서 물 속에서 서로 의지하고 같이 다이빙을 즐길 수 있어야 한다. 그런데 모르는 리조트에 혼자 다이빙을 간 경우 모르는 사람과 버디를 해서 다이빙을 진

버디는 서로의 위치를
항상 확인할 수 있어야 한다.

행을 요구 받는 경우가 있다. 그 경우는 본인도 상대방에게 모르는 사람이고 상대방도 본인에게 모르는 사람이 되어 서로 믿고 의지하기 매우 어려운 상황이 된다. 물 속 긴급한 상황에 어떻게 행동할지 모르는 사람을 버디로 해서 다이빙을 하는 것은 어쩌면 혼자 다이빙을 하는 것보다 더 위험한 상황일 수도 있다. 한 번 봐서 사람을 알 수 는 없지만 다이빙에 제일 중요한 원칙인 안전을 위해 본인이 편안함을 느낄 수 없는 상대를 버디로 지정 받으면 그 사람과 버디를 거부하여야 된다. 안전과 연관된 버디관계를 거부하는 권리는 분명히 본인에게 있다. 이러게 불편함을 느끼는 경우는 추가적인 비용이 들어도 현지가이드와 현지마스터 도우미를 별도로 고용해서 다이빙을 하는 것도 편안하고 즐거운 다이빙을 즐기는 방법이다.

F. 긴급상황대처 요령확인

 사전에 철저한 준비를 해서 물 속에서는 긴급 상황이 절대

있어서는 안 된다. 하지만 어쩔 수 없이 상황이 발생하기도 하는데 이 또한 사전에 준비를 한다면 간단한 조치로 긴급 상황이 확대 되지 않는 경우가 대부분이다. 여러 가지 긴급 상황 중에 상대적으로 많이 발생하는 상황으로는 버디를 잃어버려 혼자 남게 되는 경우다. 특히 국내 바다의 경우 갑자기 시야가 나오지 않아 버디를 잃어버리는 경우가 있다. 이 때는 버디 중에 하급 다이버는 그 자리에 움직이지 말고 상급 다이버가 버디를 찾아 돌아다니는 것을 원칙으로 한다. 이 때 딸랑이 같은 소리를 낼 수 있는 물건이나 수중 월넛 같은 것으로 소리를 내주는 것이 좋고 주변에 돌 같은 것을 주워 공기통을 두들겨 소리를 내주는 것도 좋다. 버디를 찾는 다이버는 잠시 움직이지 말고 360° 천천히 돌면서 살펴보면 희미하게 공기방울이 올라가는 것을 관찰할 수 있다. 그렇게 찾은 공기방울을 따라가면 버디를 쉽게 다시 만날 수 있다. 만약 5 분 정도의 시간 동안 수색을 하였지만 버디를 찾을 수 없는 경우 가지고 있는 딸랑이를 세게 흔들어주며 독자적으로 상승을 한다. 물론 기다리던 초급 다이버도 5 분이상 시간이 경과되어도 버디를 만나지 못한다면 독자적으로 상승을 하여야 한다. 이렇게 독자적으로 상승을 할 경우 바로 급 상승을 하는 것이 아니고 안전정지를 충분히 하고 상승을 하여야 한다. 버디를 잃어버린 마음에 서로 불안해 하지 말고 서로에게 신뢰를 갖고 다이빙을 한다면 버디가 아무런 문제가 없이 상승을 완료할 수 있다는 믿음을 갖게 될 것이다. 버디끼리 헤어져 독자적인 상승을 하는 것은 매우 잘못된 다이빙으로 사전에 서로의 위치 점검과 약속이 지켜지지 않아 발생하는 문제라 할 수 있다. 긴급상황은 말 그대로 긴급상황으로 사전에 준비를 철저히 해서 긴급상황이 생기지 않는 것이 최선이다.

해안가에서 장비를 준비한다.

제주도 섶섬 한계창 바위에서 입수준비

G. 입수, 출수 절차 확인

그룹다이빙을 하는 경우 입수는 상급자가 먼저, 출수는 하급자가 먼저 하는 것을 원칙으로 한다. 다이빙 리더는 입수할 때 가장 편안 입수방법으로 입수할 것을 권장한다. 다이

Premium Scuba Diving Cadet

빙 리더는 상승을 해서 수면대기를 할 때 출수 순번을 다시 정하여 순서대로 안전하게 출수 할 수 있도록 도와 주어야 한다.

H. 최종 입수결정

모든 준비를 하였어도 다이버 본인이 마음에 준비가 되지 않으면 안전한 다이빙을 할 수 없다. 잔뜩 겁을 먹은 상태에서 입수를 하고 하강을 해서 무리한 다이빙을 할 경우 순간적으로 패닉상황이 와서 다이빙그룹 모두에게 위험을 줄 수도 있다. 다이빙은 최종 안전의 책임이 다이버 본인에게 있다는 것을 생각하면 최종적인 입수결정은 본인이 하는 것이다. 입수를 위해 보트 위에 올라 입수지점에 선다고 하더라도 마음이 준비가 되지 않으면 물 속으로 뛰어 들면 안 된다. 사전에 마인드컨트롤을 해서 편안한 마음으로 다이빙을 즐겨야 한다. 어떠한 이유든지 부담스러워 다이빙을 할 수 없는 경우, 다이빙 포기의 권한은 본인에게 있으므로 과감하게 포기하고 다음 다이빙을 대비하는 것도 안전을 위한 방법이다.

걸어서 보트까지 이동하여 보트에 승선 후 다이빙을 진행하는 경우도 있다.

ㄴ. 다이빙그룹 활동

다이빙투어를 갔을 때 서로 모르는 다이빙팀이 같이 다이빙을 한다면 현지가이드를 따라 우르르 몰려다니며 우왕좌왕 하는 모습을 종종 보게 된다. 다이빙은 그룹별로 진행되어 서로의 안전을 책임지며 진행을 하는 것이 원칙인데 사전에 그런 브리핑 없이 다이빙이 진행된다면 그런 혼선을 막을 수 없다. 그래서 다이빙그룹의 사전조율은 매우 중요하다.

여러 다이빙팀이 한 번에 같이 다이빙을 진행 하더라도 각각의 다이빙 리더의 통제를 받아 진행을 해야 하며 서로에게 피해를 주지

2 m 정도 높이의 입수지점에서 다리벌려 입수를 하는 사이판 구루또 포인트

1.5 m 수심에서 대기중인 다이빙 보트

않도록 배려하는 마음을 가져야 한다. 이는 입수를 위해 한꺼번에 몰리다가 부딪치는 사고를 겪을 수도 있고 출수 때 다른 다이버의 공기통에 머리를 다치는 경우도 있을 수 있기 때문이다.

해안가 방파제에서 옆으로 입수후
깊은곳으로 이동하여 다이빙을 진행

같은 다이빙 팀 내의 상황이더라도 서로 조율을 하지 않으면 문제가 되는 사항들이 몇 가지 있다. 사전에 버디를 정해서 버디끼리는 문제가 되지 않는다. 하지만 다이빙 리더가 앞에서 가고 나머지 팀원이 따라 갈 경우, 버디별 상급자의 순번을 정해서 이동해야 한다. 즉, 버디는 '2 인 1 조' 이기 때문에 상급자의 순번을 정하면 자연스럽게 나머지 사람의 이동순번이 정해진다. 이때 이동순번은 현지가이드가 있는 경우 '가이드가 1번', 없는 경우 다이빙리더가 제일 앞에서 이동을 하고 초급 다이버가 1, 2, 3 순으로 제일 뒤에는 다이빙 리더를 제외한 최상급 다이버가 위치하도록 한다. 이러한 이동은 다이빙그룹의 안전을 위해 가장 좋은 위치이지만 각각의 그룹 특성에 따라 다른 위치선정을 하여도 무방하다. 하지만 제일 중요한 것은 '제일 앞과 제일 뒤에 가장 상급자가 위치' 하는 것을 원칙으로 하여야 한다.

다이빙은 안전이 최우선이고 안전을 위해서는 어떤 행동보다 안전조치 행동이 중요하게 취급되어야 한다. 상급 다이버가 하급 다이버에게 다이빙기술에 관한 조언을 해주는 것은 매우 좋다. 그러한 의견 교류는 서로의 안전을 위해서도 도움이 되고 다이빙 기술발전에도 도움이 된다. 하지만 다이빙기술에 관한 조언은 확실한 이론적 바탕을 근거로 해서 알려주어야 한다. 잘못된 습관을 그대로 알려주어 초급 다이버도 잘못된 행동을 따라 하게 되는 실수를 범해서는 안 된다. 또한 위험하지 않은 상황에 무리한 개입으로 초급 다이버의 실력 향상을 막아서도 안 된다. 부력조절을 못해서 천천히 상승하는 초급 다이버를 본다면 무리하게 밑으로 잡아당겨 내려주는 것보다 같이 옆에서 본인 혼자 하강할 수 있도록 도움을 주는 것이 좋다.

다이빙 기술은 제한수역에서 연습을 하고 완전히 습득한 다음, 바다환경에서 사용을 하는 것이다. 준비되지 않은 초급 다이버에게 깊은 수심에서 다이빙 기술을 연습시키는 것 또한 금지되어 있는 실습방식이다.

다이빙 포인트 지도

ㄷ. 수중에서 길 찾기

초급 다이버 시절을 떠올리면 기억나는 것은 물 속에서 봤던 앞사람의 핀뿐이라는 사람이 많이 있다. 본인의 몸을 가누기 바빠 도저히 주변 상황을 돌아볼 수 없기 때문에 특별한 기억이 없는 것이다. 그런 과정을 거쳐 상급 다이버가 되었지만 여전히 물 속에서 어디가 어딘지 확인할 수 없는 경우가 매우 많다. 현지 다이버가 설명을 하고 사전에 충분한 브리핑을 들어도 물 속에 들어가면 금방 길을 잃어버리게 된다. 우리는 육상에서 주변의 지형지물을 확인하며 위치를 파악하는 인식구조를 가지고 있다. 때문에 제한된 시야에서 단편적인 정보로 전반적인 위치를 파악하는 것은 오랜 경험을 가진 다이버도 무척 힘든 문제이다. 국내 다이빙의 경우 입수 할 때 육지 쪽 위치를 나침반을 보고 미리 파악을 해두는 것이 좋다. 물론 입수 전 다이빙 계획을 할 때 입수 위치에서 어느 방향으로 다이빙을 진행 할 것인지 정하기 때문에 별 문제는 되지 않지만 그래도 만약의 상황을 위해 물 속에서 육지 쪽으로 가까운 쪽을 확인해두는 것이 도움이 된다. 수중에서 길을 찾는 것은 육상에서와 다르게 지형지물을 보고 인지하는 것이 거의 불가능 하기 때문에 매우 어렵다. 그래서 입수한 위치를 기준으로 동서남북의 방향을 결정하고 미리 정한 움직임으로 다이빙을 진행하는 것이 좋은 방법이 된다. 즉, 한 쪽 방향으로 계속 다이빙을 진행하다 180° 뒤로 돌아 다시 원래의 위치로 돌아오는 형식으로 다이빙을 하는 것이 가장 쉬운 수중 길찾기 방법이다. 또 다른 방법으로는 정사각형 모양으로 오른쪽 또는 왼쪽으로 계속 90°로 회전하며 다이빙을 하는 방법도 있는데, 이 경우는 일정한 거리를 정확히 이동을 해야 처음 출발한 위치로 돌아 온다는 문제가 있다. 그렇기 때문에 시야가 많이 보이는 지역에서 사용하는 것이 좋은 방법이다. 정삼각형의 모양으로 다이빙

이다.

입수를 해서 시야가 거의 보이지 않는 경우 입수지점에 줄을 걸고 줄을 풀며 이동을 하고 줄이 끝나는 지점에서 원을 돌면서 서서히 줄여오며 다이빙을 하는 방법도 있다. 이 경우는 정확히 입수 포인트로 돌아올 수 있어 매우 편리한 방법이지만 중간이 줄이 걸리거나 엉키는 불편함을 감수 해야 한다.

가이드를 놓치지 않도록 주의한다.

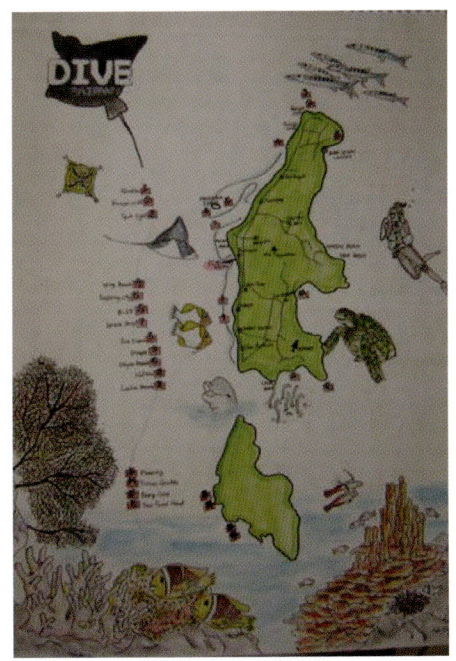
그림으로 만든 다이빙 지도

을 진행하는 방법도 있는데 내각이 정확히 60°로 회전을 해야 하고 이동한 거리도 같아야 하기 때문에 이 또한 사용하기 힘든 이동방식

이렇게 여러 방법의 수중 길 찾기 방식이 있지만 가장 좋은 방법은 수중상황을 정확히 알고 있는 현지 가이드와 동행을 하는 것이다. 하지만 국내 동해안 다이빙의 경우 다이빙리더가 인솔을 해서 입수 후 일정방향으로 이동을 하며 다이빙을 진행하는 경우가 대부분이다. 이런 경우는 특별히 수중 길 찾기를 하지 않아도 되기 때문에 버디와 헤어지거나 다이빙그룹에서 떨어지는 것만 주의 하면 된다. 그

Premium Scuba Diving Cadet

렇게 이동하며 다이빙을 하는 경우 다이빙 리더는 반드시 수면표시기(SMB-소시지)를 올려, 다이버의 위치를 알리고 상승을 시도하여야 한다.

ㄹ. 패닉 방지

패닉은 사전적의미로 어떤 공포로 제정신을 잃게 하는 상황을 말한다. 다이빙에서는 여러 가지 상황으로 패닉에 빠질 수 있는데 그런 원인을 분석해서 미리 준비한다면 패닉에 빠지는 일은 발생하지 않는다. 특히 초급 다이버에게 패닉 상황이 많이 나타나는 편인데 이는 본인이 본인 자신을 믿지 못하는 것과 주변상황에 적극적으로 대처하지 못하는 기술적인 부족함으로 발생한다.

그럼 패닉 방지를 위해 패닉이 생기는지 원인을 알아보고 어떻게 패닉 방지를 위해 준비해야 되는가 알아보면 다음과 같다.

바닥에서 잠시 멈춰 심리적 안정된 상태를 유도

A. 패닉의 원인

초보 다이버들이 겪는 패닉 상황 중에 가장 많은 상황이 공기 부족 상황이다. 다이빙을 하면서 공기가 부족하면 숨을 쉴 수 없어 죽음에 이를 수 있다는 두려움은 대부분의 초보 다이버들이 걱정하는 가장 큰 두려움이다. 하지만 계획된 다이빙 범위 내 에서 통제된 다이빙을 한다면 공기가 부족한 상황은 거의 발생하지 않는다. 즉, 다이빙 리더는 다이빙을 진행할 때 가장 많은 공기를 소모하는 다이버를 기준으로 다이빙 시간을 정하고 그 보다 짧은 시간을 다이빙 하는 것을 원칙으로 한다. 때문에 다이빙 리더에게 본인의 현재 공기 잔압 상황을 알려주기도 하지만 다이빙 리더는 모든 팀원의 공기 잔압 상황을 수시로 확인하여 대처하기 때문에 공기가 부족한 경우는 거의 발생하지 않는 것이다. 그런데도 초보 다이버가 공기 부족으로 패닉에 걸리는 상황은 어떠한 순간에 본인도 모르게 걱정이 앞서 평소보다 더 많이 호흡

불안을 느끼는 다이버는 이동줄을 잡도록 한다.

을 하기 때문에 예상보다 빠르게 공기가 소모되는 경우가 있을 수 있다.

또 한 가지 상황은 실제로 장비에 아무런 이상이 없고 공기도 정상으로 나오는데 숨이 쉬어 지지 않는다고 호소하는 경우다. 호흡을 충분히 내쉬어야 들이마시는 호흡을 할 수 있는데 긴장한 나머지 들이마시는 호흡만 계속해서 더 이상 숨을 들이 마실 수 없어 호흡이 불가능한 이상행동을 보이는 것이다. 이 경우는 이미 패닉 상황으로 본인의 호흡기가 고장이라고 단정을 하게 된다. 그래서 본인의 호흡기를 포기하고 다른 사람의 호흡기를 빼앗아 호흡하려는 경향을 보이는 경우가 많다. 이러한 상태는 대부분 입수직후 발생하는데 그때는 더 이상 하강을 하지 말고 현 수심에서 호흡을 고를 수 있도록 기다리고 만약 계속 호흡을 못하는 문제가 지속되면 바로 상승해서 다이빙을 끝내는 것이 좋다.

패닉 상황 중에 많은 부분은 다이버 개인별로 특정한 상황에 대한 트라우마가 있는 경우가 있을 수 있다. 어린 시절 물에 빠져 죽을 뻔 했던 기억이 있는 다이버는 수면 위에서 BC에 공기가 없어 물 속으로 가라 앉으면 두려움에 패닉상태에 빠지는 경우도 있다. 어떤 다이버는 어둠에 두려움이 있어 물 속에서 동굴에 들어 가는 경우 갑작스러운 두려움이 몰려와 입구로 빠르게 나가려고 하는 경향을 보이기도 한다. 이런 문제는 사전 브리핑에서 충분히 설명을 해서 동굴에 대한 두려움이 있거나 좁은 곳에 대한 두려움이 있는 경우 동굴 또는 난파선 속 같은 곳으로 진입하는 다이빙을 진행해서는 안 된다.

마지막으로 장비에 대한 신뢰가 부족해 발생하는 패닉 상황이 있다. 고장난 게이지를 보고 생각 없이 다이빙을 하다가 공기가 떨어지는 어의 없는 상황을 맞는 다이버는 없을 것이다. 이는 사전에 충분한 장비 점검을 거쳐 장비에 이상이 있는 경우 다이빙을 진행하면 안 된다. 그렇기 때문에 다이빙원칙을 무시하고 다이빙을 하는 경우를 제외하고 장비문제로 패닉이 오는 상황은 거의 없다.

물 속에 버려진 폐 그물 같은 외부 요인으로 장비에 이상이 발생하는 경우는 어쩔 수 없는 위험요인이 된다. 이 경우 혼자 다이빙을 하는 경우를 제외하고 같이 다이빙을 하는 버디의 도움으로 별 문제없이 상황을 벗어날 수 있다. 즉, 사전에 버디와 충분한 신뢰를 갖는 다면 최악의 상황에 본인의 장비가 문제가 되더라도 버디의 장비를 이용해서 무사히 상승할 수 있기 때문이다. 장비문제에서 오는 패닉은 거의 99% 다이버 본인에게 문제가 있는 경우가 많다. 다이빙 장비는 매우 신뢰할 수 있게 만들어져 있고 특히 호흡기관련 고장은 구조적으로 공기가 계속 배출되는 고장은 있을 수 있지만 공기통에 공기가 있지만 공기가 배출되지 않는 고장을 발생할 수 없기 때문이다. 장비에 문제가 발생하는 경우에도 남은 공기를 가지고 충분히 상승하는 시간이 있기 때문에 문제없이 다이빙을 끝낼 수 있는 경우가 대부분이다.

B. 패닉 상황의 다이버

패닉 상황에 빠진 다이버는 매우 이상하게 행동을 한다. 공기가 없다고 과장된 표현을 하기도 하고 혼자 수면위로 급

상승을 하려 올라 가기도 한다. 이미 패닉에 빠진 다이버는 지푸라기라도 잡는 심정으로 매우 급박하게 도움을 요청하거나 혼자 해결하려 한다. 이때 바로 도움을 주려 한다면 같이 위험에 빠질 수 있다. 버디가 패닉에 빠진 것 같다면 버디에게 잡히지 않는 거리에서 버디에게 손짓을 하며 천천히 안정을 취할 것을 요청하는 것이 좋다. 만약 버디에게 공기를 공급해야 하는 상황이라며 버디가 충분히 안정을 취하고 혼자 호흡을 할 수 있는 상황인지 확인한 이후 공기를 공급하는 것이 좋다. 패닉에 빠진 다이버가 과 호흡으로 호흡을 할 수 없는 상황이라면 본인의 호흡기를 전달하더라도 버디는 호흡을 할 수 없다. 이 경우는 버디에게 수면위로 올라갈 것을 지시하고 본인은 버디 밑으로 따라 올라가며 버디의 핀을 잡아 되도록이면 천천히 올라갈 수 있도록 속도를 조절해주는 것이 최선의 선택이 된다.

버디에게 본인의 호흡기를 전달해서 같이 호흡을 할 때는 본인이 보조호흡기를 사용하여 호흡하고 버디에게 주 호흡기를 전달한다. 이는 공기를 공유 받는 사람은 제공하는 사람의 입에 물고 있는, 현재 사용하고 있어 문제가 없어 보이는 호흡기를 전달받아야 마음이 안정되기 때문이다. 패닉상황에 빠진 다이버라 하더라도 주변에 버디가 보이고 다이빙리더가 있다면 금방 마음에 안정을 찾고 다시 정상적인 다이빙을 진행하는 경우가 거의 대부분이다. 일시적인 패닉의 경우 다른 사람의 존재만으로 문제가 해결되기 때문에 패닉 상황이 오더라도 두려워할 필요가 없다. 본인이 같이 다이빙을 즐기는 버디와 다이빙그룹에 일원이 본인에게 도움을 줄

것 이라는 신뢰를 할 수 있기 때문이다.

C. 패닉 방지를 위한 준비

매번 강조하지만 다이빙은 장비의 스포츠라고 해도 과언이 아니다. 철저한 사전점검과 확보된 안전사항 확인으로 사전 브리핑을 완벽히 준비한다면 절대로 패닉 상황은 오지 않는다. 모든 문제는 다이버의 머리 속에서 시작되며 그 문제의 해법 또한 다이버의 머리 속에 있다. 몸은 다이버의 머리가 시키는 대로 행동을 하기 때문에 물 속에서 생각하고 행동을 하는 것이 매우 중요하다. 다이빙 교육을 받으면서 다이빙 절차에 대한 순차적인 교육을 철저히 받고 다이빙리더의 지시에 따라 정해진 한계 내에서 다이빙을 하는 것이 가장 좋은 패닉 예방이다. 다이빙 기술은 한번에 모두 습득할 수 없는 것이 많기 때문에 자주 제한 수역에 가서 다이빙 기술 연습을 하여 본인의 다이빙 기술에 본인 스스로 믿음을 가져야 한다. 다이빙을 할 때 본인의 몸 상태는 본인이 제일 잘 알고 있기 때문에 과음을 하거나 매우 피로한 상태에서 무리한 다이빙을 하는 것은 위험한 다이빙이 된다. 본인이 본인 몸을 잘 돌봐서 다이빙을 할 때 최적의 컨디션으로 다이빙을 할 수 있도록 노력해야 한다. 다이빙은 즐거운 인생의 한 부분 이어야 한다. 간혹 겪는 패닉 상황이나 너무 힘든 다이빙 경험은 우리가 다이빙을 즐기는 목적 자체를 잃어 버리게 한다. 다이빙은 편안하게 즐기는 것이지 누구와 경쟁을 하면서 승리의 기쁨을 느끼는 스포츠가 아니다. 몸과 마음을 편하게 가져야 즐거운 다이빙이 된다.

ㅁ. 다이빙 이후 브리핑

 다이빙을 끝내고 방금 즐긴 다이빙의 여운을 느끼기 위해 여러 가지 대화를 나누는 경우가 많다. 충분한 다이빙경험이 있다면 매우 평범한 일상 일 수 있지만 초급 다이버에게는 다이빙 시간 자체가 매우 힘든 경험이 되기 때문에 그런 여유가 없다. 다이빙리더는 초급 다이버가 다이빙을 편안하게 즐길 수 있도록 다이빙이 끝나고 사후브리핑을 해주어야 한다. 잘못된 자세나 행동은 초급 다이버 시점에 교정을 하는 것이 안전하고 즐거운 다이빙인생을 위해서는 매우 중요한 성장 과정이다. 초급 다이버가 실수하는 다이빙 기술과 **방금 경험한 경험에 대한 기억의 상기시킴**' 은 다이빙에 흥미를 잃지 않게 하는 중요한 요소이기도 하다. 초급 다이버 시절 다이빙 포인트는 전혀 기억나지 않고 무서움에 두려웠던 순간만 기억난다면 매우 안타까운 경험이 되기 때문이다. 다이빙 이후 브리핑은 브리핑으로 끝내지 말고 각자의 다이버가 각자의 로그북에 다이빙 경험을 직접 기록해야 한다. 아무리 기억력이 뛰어난 사람도 모든 기억을 다 할 수 없다. 다이빙의 목적이 **'즐거운 추억을 평생 간직하는 것'** 인 것처럼 추억으로 남기고 간직하기 위해 기억이 생생할 때 자세히 기록하는 것이 매우 중요하다. 이러한 기록은 나중에 오랜 시간이 지나면 본인의 소중한 인생기록이 될 것이며 다이빙역사의 한 부분이 될 수도 있다. PSDC에서는 스마트기기를 사용해 로그등록을 바로 할 수 있는 편리한 환경을 제공하고 있다. 다른 동료 다이버가 기록한 로그정보를 참조해서 새로운 다이빙계획을 만들 수도 있고 본인의 로그를 소중히 남겨 다른 다이버에게 참조할 수 있는 정보로 제공할 수 있다.

① 장비 세척시 1 단계가 물에 완전히 들어가지 않도록 한다.

ㅂ. 장비정리

 다이빙투어를 진행하면서 연속된 다이빙을 하는 경우 특별히 장비를 포장 정리하지는 않는다. 본인이 사용한 장비를 지정된 장소에 함께 두어 다음 번 다이빙을 시작할 때 바로 착용할 수 있도록 하면 된다. 장비를 두고 다른 곳에서 휴식을 취하는 경우 컴퓨터, 카메라 같

Premium Scuba Diving Cadet

은 고가의 장비는 본인이 따로 챙기는 습관을 가져야 한다. 다이빙투어가 종료되고 장비를 세척 후 정리하는 경우, 해외 다이빙의 경우에는 리조트에서 장비세척 및 건조를 해주는 경우가 많다. 하지만 국내의 경우 본인이 직접 장비를 세척하여 건조시켜야 하는 경우가 대

③ BC를 세척 할 때는 공기를 주입해서 세척한다.

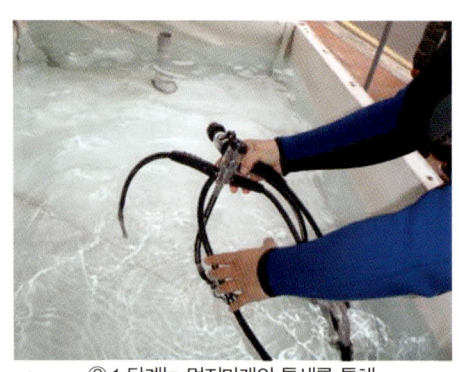

② 1 단계는 먼지마개의 틈새를 통해 물이 유입될 수 있다.

단계와 2 단계 포함, 호흡기 전체를 세척 통 속으로 투입하지 않도록 주의 하여야 한다. 호흡기 1 단계와 연결호스 내부는 항상 건조하여야 부식이 없으며 아무리 먼지마개가 견고하여도 물 속으로 공기통 연결 없이 투입된 호흡기에는 물이 들어갈 수 밖에 없는 상태가 된다.

부분이다. 장비의 세척은 반드시 민물로 잘 세척을 하여야 하며 리조트 현장에서는 완전히 깨끗하게 세척하는 것은 어렵기 때문에 민물로 헹구는 수준의 세척을 하는 것이 좋다. 대부분의 장비 세척에 별다른 요령이 필요하지는 않지만 호흡기의 경우에는 주의할 점이 있다. 호흡기 1 단계의 먼지 마개는 장비를 해체할 때 공기통의 여분의 공기로 완전히 말려주어야 한다. 이때 먼지 마개를 닫은 상태의 1

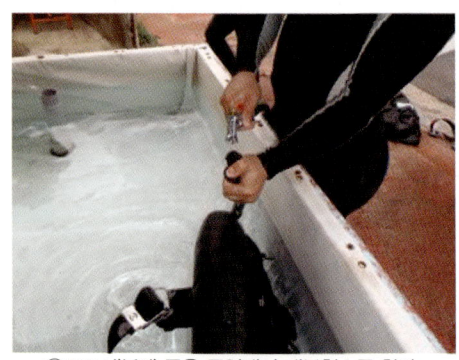

④ BC 내부에 물을 주입해서 내부청소를 한다.

장비가 완전히 건조된 이후 다이빙 가방에 넣는 것은 반드시 본인이 하여야 장비를 분실

하지 않는다. 장비를 넣는 순서는 다음과 같다.

A. 장비를 모은다.

다이빙에 사용한 본인의 모든 장비를 한곳에 모은다.

B. 모든 장비가 전부 있는지 확인 한다.

 본인의 장비를 머리부터 발끝까지 순서대로 확인을 하며 장비가 모두 있는지 확인한다. 후드, 마스크, BC, 장갑, 슈트, 신발, 각종 악세서리 등 순번대로 하나씩 체크한다.

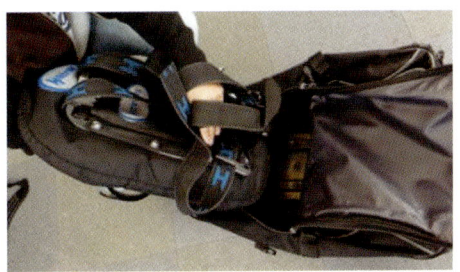
③ BC를 가운데로 넣는다.

① 판을 먼저 넣는다.

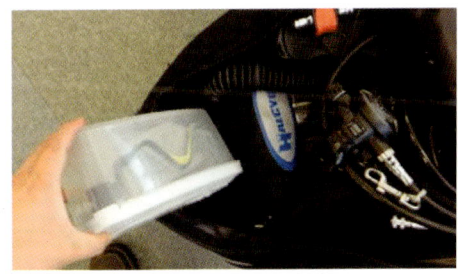
④ 마스크를 윗부분에 넣고

C. 포장 순서대로 넣는다.

 다이빙가방에 판을 제일 아래 두고 BC 안쪽으로 호흡기를 같이 넣어서 가방에 넣는다. 되도록이면 가방에 빈 공간이 남지 않게 포장한다.

⑤ 호흡기를 BC 위에 넣는다.

② 양쪽으로 붙여 공간을 만들고

⑥ 신발을 빈 공간에 넣고

Premium Scuba Diving Cadet

⑦ 슈트를 잘 접어 넣는다.

⑧ 슈트를 빈 공간에 적절히 넣어
혹시 모르는 이동중 충격에 대비한다.

D. 위탁수화물의 규정에 맞게 포장한다.

포장을 위해 슈트를 넣을 때 파손 위험이 있는 물건을 내부에 같이 넣어주면 파손위험을 줄일 수 있다. 해외투어를 하는 경우 장비의 무게에 주의를 하여야 한다. 한 사람에 2개의 가방을 위탁수화물로 보낼 수 있었던 항공사 규정이 무게에 한계를 정하고 초과하는 무게에는 추가비용을 물리는 방식으로 변경되고 있다. 다이빙 기본 장비의 무게가 15~20 kg 을 초과 하는 경우가 많아 무게 제한에 걸리는 경우가 있을 수 있다. 휴대용 저울을 가지고 다니며 리조트에서 장비를 포장할 때 미리 무게를 측정하여 공항에서 짐을 풀었다 쌌다 번거로움을 겪지 않도록 주의하는 것이 좋

다. 특히, 다이빙을 끝내고 돌아올 때 세척된 장비가 완전히 마르지 않은 경우 출발할 때 보다 2~3 kg 더 무게가 나갈 수 있다는 점을 유의 하여야 한다.

고도 933 m 한계령 고개에서 부풀어 오른 과자봉지

人. 다이빙과 항공기탑승

다이빙을 끝내고 나면 컴퓨터는 비행 금지 시간을 알려준다. 보통 컴퓨터에서는 24 시간의 비행 금지 시간을 권장하고 있으며 설정에 따라 12 시 또는 18 시간의 비행 금지 시간을 주는 경우도 있다. 다이빙을 하고 항공기를 탑승하면 신체에 무리를 주는 이유는 앞서 학습 했던 잠수병의 원리와 동일하다. 탄산음료를 열었을 경우 갑자기 배출되는 탄산 기포처럼 다이빙을 하며 혈액 속으로 초과 용해된 잔류 질소가 갑작스런 압력 저하로 공기 방울로 배출되어 과 팽창 장애 같은 여러 가지 증상이 나타날 수 있기 때문이다. 즉, 우리가 탑승하는 항공기의 대부분이 완벽히 밀폐된 우주선 같은 구조를 가지고 있지 않아 내부 공기압력

비행기 이륙 전 과자봉지

운항고도 10,000 m 에서의 과자봉지

이 떨어지는 것을 막기 위해 공기펌프를 가동하고 있으며 효율을 위해 최소압력을 약 0.8기압 정도로 설정을 해서 운항을 하게 된다. 이런 압력은 지상에서 구입한 초코파이 같은 질소 충전된 과자봉투가 비행기가 이륙 후 매우 빵빵하게 부풀어 올라 있는 모습을 상상한다면 이해하기 쉽다. 이렇게 낮아진 압력으로 체내에 잔류질소가 공기 방울로 바뀌어 몸에 문제를 발생시킬 수 있기 때문에 다이빙 이후 비행 금지 시간을 두는 것이다. 제주도나 해외같이 비행기 탑승이 필요한 다이빙 투어를 가는 경우 비행이 금지된 나머지 시간이 현지 관광을 할 수 있는 좋은 기회가 되기 때문에 비행 금지 시간을 너무 아쉬워할 필요는 없다.

The Pharisees and the scholars have taken the keys of knowledge and have hidden them. They have not entered nor have they allowed those who want to enter to do so.

Jesus

10 다이빙 경험과 그 이후

다이버가 된다는 것은 '새로운 경험을 즐기는 새로운 세상에 한 사람이 된' 매우 경이적인 일이다. 바닷속을 TV에서만 경험한 많은 사람들이 막연히 두려워하는 상어가 무척 겁이 많은 동물이란 것도 알게 되고 우리가 가끔 먹던 해삼, 멍게 같은 해산물이 물 속에서 어디에 어떻게 사는지 알게 된다. 또한 운이 좋다면 어떤 사람들은 평생 한 번도 볼 수 없는 고래상어나 만타 같은 거대한 생물도 물 속에서 만날 수 있다. 이러한 경험은 단 한, 두 번의 다이빙으로 만들어 지지 않는다. 매번 같은 바다, 같은 다이빙 포인트를 들어가도 결코 같은 환경의 바다를 만나는 경우는 매우 드문 일이 된다. 계속 변화하는 수중세계의 다양성에 조금, 조금 더 알아가는 즐거움을 느끼게 되고 아름다운 산호와 이름 모르는 생명체에 놀라운 경험은 다이빙이 지속되는 평생 동안 매번 느끼게 되는 새로움이 된다. 인생에 또 다른 행복한 길을 새롭게 경험할 수 있는 다이버가 된다는 것은 미지의 세계로 탐험을 떠나는 출발점에 선 것과 같다. 앞으로 평생을 살아가며 계속 경험하게 될 또 다른 세상에 행복은 다이버가 된 여러분의 인생에 축복이 될 것이다.

다이브 로그 시스템

많은 다이버들이 다이빙을 처음 시작하고 얼마 동안은 다이빙 로그를 매우 잘 작성하는 편이다. 이러한 노력은 다이빙의 기술을 쉽게 습득하도록 도움을 주고 다이빙 교육 과정의 필수적인 요소로 작동하고 있다. 하지만 얼마만큼의 시간이 경과된 이후 이런 저런 이유로 다이빙 로그의 작성을 소홀히 하는 다이버가 많다. 이런 이유는 다이빙 로그를 작성하지 않아도 별다른 제약도 없고 불편함을 느끼지 못하기 때문이다. 우리가 여행을 다녀오고 이야기 하기를 '**남는 것은 사진뿐이다**' 라는 표현을 자주 사용한다. 정말 남는 것은 사진뿐이다. 그 이유는 뭘까? 우리의 기억력은 매우 짧다 그러한 이유로 아무리 기억력이 좋은 사람도 순간, 순간의 상황을 모두 기억하지는 못하게 된다. 보통 일상의 생활이 그러한데 물 속에서의 상황은 말할 필요도 없다. 초보자 때는 긴장한 상태로 허겁지겁 시간을 보내고, 중급자가 된 이후 다이빙을 즐기기 위하여 노느라 정신이 없어 다이빙을 끝내고 기억을 되살려 보면 특별히 기억나는 상황이 거의 없다. 다이빙을 끝내고 올라와 '**별거 없네~**' 라는 이야기를 흔하게 하는 것이 바로 그 이유이다. 그러면 다이빙 로그는 왜 작성하는 것일까? 다이빙 로그는 어떤 정보를 담고 있어 그렇게 작성을 해야만 하는가? 다이빙 로그는 다이빙 당시의 환경을 매우 적절하게 알려준다. 이러한 정보들은 추후 같은 장소에서 또는 비슷한 다른 장소에서의 다이빙 계획을 만들 때 매우 유용하게 사용될 수 있다. 내가 작성하지 않는

다이빙 로그등록

다른 다이버의 기록 또한 매우 유용한 정보로 활용 될 수 있도록 표준화 되어 있다. 두 번째 다이빙을 경험 하면서 위험한 상황, 즐거운 상황 등 여러 가지 상황을 자유롭게 기록하여 추후 다이빙을 기억하기 쉽게 해준다. 사진과 동영상 그림까지 첨부하면 매우 훌륭한 다이빙 로그가 될 수 있다. 본인의 다이빙 로그뿐

다이빙 지형도
*** 출처 : Diving Point Map / 沖縄マリン出版

만 아니라 다른 사람들의 다이빙 경험을 공유할 수 있고 이미지 트레이닝을 통한 자기 학습으로 다음 번 다이빙 계획을 좀 더 쉽게 해 줄 수 있다.

Premium Scuba Diving Cadet

스페셜티 교육과 악세서리 시스템

다이빙 교육에는 여러 가지 교육 항목들이 있다. 이러한 다양한 교육항목은 '스페셜티'라는 독립된 과목으로 교육한다. 그 각각의 내용은 아래와 같다.

  보트 다이빙
  컴퓨터 다이빙
  흐린물 다이빙
  야간 다이빙
  수중촬영 다이빙
  난파선 다이빙
  DEEP 다이빙(수심 30 m를 초과한 다이빙)
  Nitrox 다이빙

이러한 다양한 교육 과목 중에 PSDC 에서는 위에 기록된 모든 스페셜티교육을 진행하고 있다. 그 중에 스페셜티 라이선스로 별도 발급이 되는 항목은 Nitrox 다이빙 이 있다. Nitrox 다이빙은 일반 다이빙보다 질소마취의 위험이 많은 다이버를 위해 질소보다 산소농도를 높게 만든 압축공기를 사용해서 다이빙을 하는 것을 말한다. 일반적인 공기 중에 산소는 약 21 % 정도이지만 Nitrox 공기통의 경우 산소농도가 32 % 인 것과 36 % 인 것 두 가지를 사용한다. 두 가지 경우 모두 일반적인 공기를 사용할 때 보다 질소마취의 위험은 매우 줄지만 깊은 수심으로 들어갈 경우 산소중독이 올 가능성이 상대적으로 높아진다. 그렇기 때문에 각각 한계수심이 있으며 적용되는 다이빙테이블도 다른 것을 사용한다. Nitrox 공기통을 사용하기 원하는 경우 Nitrox 라이선스를 별도로 요구하는 리조트가 대부분이기 때문에 반드시 Nitrox 교육을 받고 라이선스를 획득해 두어야 한다. 또 한 가지 스페셜티는 '레스큐 다이버' 라이선스가 있다. 어드밴스 등급을 획득한 다이버가 마스터등급을 획득하기 위해서는 다이빙경험과 더불어 응급조치 다이버 자격을 필요로 한다. 마스터 다이버의 의미는 본인 뿐만 아니라 다른 다이버에게도 도움을 줄 수 있는 실력을 인정받는 다이빙자격이다. 만약 다이빙 현장에서 긴급한 도움이 필요한 상황이 발생한다면 레스큐 다이버 자격을 가진 사람이 심폐소생술 같은 행위를 해야 한다. 이렇게 긴급상황에 빠른 조치로 사람의 목숨을 구할 수 있는 레스큐 다이버는 주변 사람들에게 뿐만 아니라 본인에게도 많은 심리적 안정감을 가질 수 있는 자격이 된다.

다이빙장비를 인터넷으로 쉽게 구매할 수 있다.

오픈워터 다이버 다음단계

다이빙을 즐기면서 만나는 많은 다이버들 중에 종종 다이빙 등급이 오픈워터로 머물러 있는 다이버들이 있다. 다이빙을 즐기는데 오픈워터 등급으로도 많은 곳을 탐험하며 즐길 수 있다. 하지만 위에서 언급한 것과 같이 오픈워터 이후 배워야 할 다이빙 기술이 많고 다양한 바다환경에 빠르게 적응해서 즐거운 다이빙을 즐기기 위해서는 당연히 상급 기술이 필요한 것이다. 다이빙 포인트를 개발 하면서 처음부터 등급을 정해두고 상급 다이버가 아니면 갈 수 없는 포인트가 많이 있다. 그것은 포인트의 난이도가 오픈워터 에게는 무리하기 때문에 정해 두는 것이다. 그런 곳에 가기 위해서 뿐만 아니라 혹시나 발생할 지 모르는 위급상황에 무리 없는 대처를 하기 위해서는 상급 기술의 교육을 받고 라이선스 취득하는 것을 권장한다. 다이빙 분야 직업 종사자가 아닌 일반 레크리에이션 다이버는 오픈워터 다

음에 어드밴스 다이버를 취득하고 마스터 다이버를 취득하는 것을 순서로 한다.

이러한 다이빙 등급과 별도로 스페셜티로 요구하는 Nitrox 다이빙 같은 필수 스페셜티도 별도의 교육을 통하여 획득해 둘 것을 권장한다. 또한 다이버는 다이빙투어를 가기 전에 다이빙을 할 수 있는 몸 상태를 유지하여야 한다. 다이빙 기술은 일상 생활과 다른 기술을 사용하기 때문에 반복적인 경험과 연습이 없으면 쉽게 잃어버리게 된다. 그러한 이유로 다이버는 1 년에 최소 10 회 이상의 다이빙을 할 것을 권장한다. 만약 본인이 오랜 기간 다이빙을 하지 않았다면 다이빙 투어를 떠나기 전 반드시 장비 점검 및 다이빙기술 연습을 위해 제한수역에서 먼저 다이빙을 해야 한다. 또한 다이빙투어를 가서도 처음 다이빙은 체크 다이빙을 위해 난이도가 낮은 수역에서 다이빙을 하여야 한다. 본인의 다이빙 실력에

문제를 느낀다면 담당 강사에게 재교육을 받는 것도 매우 좋은 방법이 된다.

Premium Scuba Diving Cadet

다이빙 경험 이후 신체의 변화

다이버가 되서 다이빙을 즐기는 다이버에게는 매우 즐거운 신체 변화가 찾아온다. 우리가 즐기며 노력하는 많은 운동 중에 폐를 직접적으로 건강하게 해주는 운동은 거의 없다. 다이빙은 수중에서 압축공기를 마시게 되며 일상적이던 호흡을 집중해서 하게 만들어 '**호흡이라는 평범한 행동을 폐를 단련하는 운동**' 으로 만들어주는 매우 좋은 변화가 생긴다. 즉, 본인도 모르는 사이에 부쩍 늘어난 폐활량과 깊은 호흡을 통해 안정을 취하게 하는 마인드컨트롤 같은 자기최면을 능숙하게 할 수 있게 되어 육상에서 일상적인 생활을 할 때에도 많은 도움이 된다. 다이버는 상급 다이버로 가기 위해 레스큐 자격을 추가적으로 요구하게 되는데 상급 다이버로 가기 위해서 뿐만 아니라 본인의 안전과 버디의 안전을 위해 응급상황에 대한 조치를 교육받고 항상 사고를 대비 할 수 있게 된다. 이러한 레스큐 자격은 일상 생활에 자신감을 갖게 되는 계기가 될 수 있으며 본인과 가족에게도 매우 도움이 되는 기술이 될 수 있다.

다이빙 투어를 갈 때 다른 사람에게 배려하는 마음을 갖게 되면 본인과 다이빙 팀을 위해 주의하는 마음을 준비하게 되어 보다 매너 좋은 사람으로 주변에 기억될 것이다. 다이빙을 할 때 물 속에서의 움직임과 장비의 준비 과정 등은 무척 체력이 요구되는 행동으로 현대인의 화두라고 할 수 있는 다이어트에도 매우 도움이 된다. 또한 물 속에서 받는 수압은 우리 몸을 구석구석 지압하는 마사지 효과까지 있어 혈액순환에도 매우 도움이 된다. 이러한 매우 많은 장점에도 다이빙을 즐기는 많은 다이버의 몸매가 썩, 별로인 것은 한 가지 주의해야 하는 점을 지키지 않기 때문이다. 간단하게 사용한 만큼 보충하는 것이 우리 몸에 좋은데 많은 다이버들은 다이빙을 가서 오래간만에 만난 친구들과 신선한 바닷바람을 맞으며 소모한 것보다 많은 양의 음식물을 섭취하기 때문에 절대로 살이 빠지지 않는 것이다. 만약 다이어트를 원한다면 다이빙이 끝난 이후 즐겁게 먹고 마시는 자리에서 적당히 먹고, 적절히 마셔야 한다는 것을 기억해야 한다.

DIVER LIFE

 본 교재로 공부하고 실습교육을 통하여 다이버로 거듭났다면 이제부터는 진짜 다이버로 새로운 인생을 즐길 수 있게 된다. 끝없는 도전을 통하여 지루했던 일상적인 삶 속에 새로운 활력이 될 수 있는 다이버의 세계로 빠져들기 바란다. 다이빙 교육은 한 번의 교육으로 끝나는 것이 아니고 지속적인 재교육과 새로운 기술을 배우는 것이다. 모든 것을 배웠다는 자신감보다 이제부터 새롭게 더 배워 간다는 마음가짐으로 다이빙을 즐겨야 한다.

찾는 동해안을 떠나 울릉도, 제주도 같은 도서 지역의 아름다움을 경험할 수 있고 서해안 지역의 특별한 환경을 도전할 수도 있다.

다이빙 이후 과다한 영양섭취는 비만의 원인

제주도에서는 해녀들이 잡은 물고기를
바로 구입해서 먹을 수 있다.

ㄱ. 우리나라의 다양한 바다

 우리나라의 경우 다이빙을 하기 매우 좋은 조건을 가지고 있다. 약간의 이동 시간을 투자해서 매우 다른 환경의 바닷속을 경험 한다는 것은 또 다른 매력이다. 많은 사람들이 주로

A. 동해안

 동해안은 서울, 경기 지역에 살고 있는 다이버가 3~4 시간의 이동을 통해 당일치기 다이빙이 가능한 지역으로 가장 많은 다이버가 즐기는 다이빙 지역이다. 어떤 때는 2~30 m 의 뻥 뚫린 시야를 만나기도 하고, 어떤 때는 1~2 m의 탁한 시야를 경험하게 된다. 파도가 높아 다이빙을 못하기도 하고, 호수같이 잔잔한 바다를 만날 수 도 있다. 동해안의 바다 환경은 수온에 따라 매우 다른 생물상을 보여준다. 한 여름에도 깊은 수심은 10℃ 를 넘지 않는 차가운 수온을 보이는 곳이 많으며 수심이 낮은 지역은 계절에 따라 미역 같은 조류가 벚꽃이 만개하는 것처럼 일순간 가득 찰 때도 있다. 동해안 다이빙은 이렇게 매번 다른 환경을 보여준다. 그런 이유로 가장 많이 즐기는 다이빙 지역으로 다이빙 리조

트 또한 가장 많이 영업하고 있다.

동해안 지역 파도

B. 남해안

전라도, 경상도 같은 남도지역에 사는 다이버들이 즐겨 찾는 다이빙 지역이 남해안이다. 수온이 동해안에 비해 상대적으로 높은 편이고 플랑크톤이 많아 매우 다양한 물고기를 볼 수 있는 곳이 많다. 특히 남해안 근처의 섬 지역은 쿠로시오 난류의 영향을 받아 열대바다의 물고기가 보이는 경우도 있고 충분한 먹이로 1 m 이상의 거대한 물고기를 만나는 경우도 있다.

C. 서해안

서울경기 지역에서 다이빙을 시작하는 사람들은 처음 수영장 교육을 끝내고 바다 다이빙을 가려 할 때 가까운 서해안으로 다이빙을 가면 좋겠다고 생각하는 사람들이 많다. 그런데 인터넷을 찾아봐도 서해안 다이빙에 대한 경험은 찾기 어려운 경우가 많다. 그것은 초보 또는 중급 다이버에게 서해안 다이빙은 무척 힘든 다이빙이 될 수 있기 때문에 바다 실습을 서해안으로 가는 경우는 거의 없기 때문이다. 우리나라의 서해안은 조수간만의 차이가 심해 썰물과 밀물이 교차하는 정조시간 30 분 ~ 1 시간 정도만 조류의 흐름이 느려져 다이빙을 하기 적합하다. 또한 많은 지역에서 바닷속이 뻘 지역이 많아 '수중 시야가 거의 나오지 않는다' 는 단점을 가지고 있다. 거기에 가장 결정적으로 버려진 폐 그물이 여기저기 있을 수 있어 다이빙 환경이 썩 좋은 편은 아니다. 하지만 안전한 다이빙을 진행하는 리조트의 가이드를 받아 다이빙을 들어간다면 세계 어느 곳을 가더라도 경험하지 못하는 특별한 경험을 할 수 있다. 빼곡히 솟아있는 키조개의 군락을 본다면 외계의 행성 같은 느낌을 받을 것이고, 손바닥보다 커다란 전복을 보게 되면 이것이 전복이 맞는지 의심이 생기게 될 것이다. 다이빙의 경험과 기술이 좋아지면 새로운 도전을 위해 우리나라의 서해안을 들어가 보는 것도 매우 색다른 경험이 된다.

D. 제주도

제주도는 여러 다이빙 잡지에서 매년 평가하는 10 대 다이빙포인트 중에 한 곳으로 빠짐없이 선정되는 국내 최고의 다이빙지역이다. 겨울에도 다이빙을 즐기기 무리 없는 수온을 보이며 수중에는 매우 다양한 물고기와 제주 바다에서 아름답게 관찰되는 연산호 군락은 세계적으로도 최고의 다이빙지역으로 뽑을 수 있다. 또한 국내 최고의 관광지답게 다이빙시스템 또한 매우 발전이 되어 다이빙 스타일에 맞게 다양한 서비스를 제공받을 수 있다. 대부분의 국내다이빙이

문섬 새끼섬

다이버 본인이 전부 다이빙준비를 하는 것과 다르게 제주도 다이빙은 현지 스텝이 장비의 준비부터 다이빙 이후 세척까지 모두 진행해주는 특별한 서비스를 제공받을 수 있다. 물론 그만큼 비용을 더 지불해야 하는 것은 당연하다. 제주도의 경우 합법적인 수중사냥이 가능한 유어장이 있는 특별한 곳도 있다. 별도의 비용을 지불하고 정해진 범위 내에서 수중사냥을 즐길 수 있어 사냥 같은 특별한 취미를 원한다면 제주도를 방문할 것을 권장한다. 다른 지역의 경우 스쿠버 장비를 이용한 해산물 포획 및 채취는 법으로 엄격히 금하고 있기 때문에 해양경찰에게 적발되어 다이빙 장비를 압수 당하고 벌금을 내는 실수를 범해서는 안 되겠다.

E. 기타

울릉도나 독도 같은 멀리 떨어져 있는 도서지역의 경우 모두 다이빙을 할 수 있는 것은 아니다. 일부 지역에서 학술적인 목적을 제외하고 다이빙을 금지하는 곳도 있고 매우 좋은 환경이지만 멀리 떨어져 있어 다이빙손님이 없어 다이빙 리조트가 운영 중 문을 닫은 곳도 종종 있다. 앞으로는 다이빙 동호인이 많아져 국내 바다 어느 곳 이라도 즐길 수 있는 환경이 되었으면 한다.

문섬 잠수함 위에 동반입수를 하는 잠수함 스텝

ㄴ. 해외투어

우리나라에서 4~5 시간의 가까운 남태평양에는 매년 선정되는 세계 최고의 다이빙 포인트 10 곳 중에 6~7 곳이 있다. 전 세계 해양

Premium Scuba Diving Cadet

생물종의 90 % 이상을 관찰 할 수 있는 생물의 보고 이기도 한 남태평양은 길지 않은 비행으로 접할 수 있다. 동남아 에서 가끔 만날 수 있는 유럽인 다이버들의 꿈이 동남아 다이빙이라는 점은 우리가 멀리 지중해, 홍해를 동경하는 것과 다르지 않다고 할 수 있다. 여행에는 개인적인 취향의 차이가 있겠지만 일반적인 기준으로 판단해볼 때 남태평양은 우리에게 최고의 다이빙 여행지라고 할 수 있다.

장비를 옮겨주는 현지스텝의
도움으로 황제 다이빙을 즐길 수 있다.

국내의 경우 여행사에서 다이빙투어를 상품으로 만들어 판매하고 있는 경우가 거의 없다. 그래서 다이빙 해외투어를 떠나기 위해서는 준비해야 하는 것이 많다. 혼자 다이빙을 계획하고 혼자 떠나기 위해서는 현지에서 현지가이드와 현지 마스터 도우미 등을 별도로 고용을 해서 다이빙을 진행해야 하기 때문에 대부분의 다이버는 혼자 다이빙투어를 떠나지 못하는 경우가 많다. 그래서 평소에 다이빙 활동을 다이빙 동아리에서 소속되어 활동하고 소속 동아리에서 단체로 준비하는 다이빙 투어를 따라가는 방법을 선택한다. 이 경우 준비하는 측에서 항공권을 포함하여 모든 식사 일정까지 계획에 포함시켜 진행하는 경우가 대부분이므로 다이버는 본인의 장비와 비용만 준비하면 된다. 여러 개의 다이빙 동아리에서 활동을 한다면 여러 곳에서 계획되는 다이빙 투어 중에 본인의 일정에 맞는 다이빙투어를 참가하면 된다. 하지만 처음 보는 사람들과 모르는 곳에 다이빙을 가는 것은 무척 부담이 되는 것일 수 있다. 그래서 일정에 여유가 있고 혼자 여유 있는 다이빙을 원하는 다이버에게는 '리브어보드' 같은 숙식이 가능한 다이빙 보트를 이용하는 것을 권장한다. 남태평양을

보라카이의 석양

항해하는 '리브어보드' 는 인터넷으로 검색하면 일정과 금액을 쉽게 확인 할 수 있고 일단 배에 탑승을 하면 그 이후 안전한 다이빙을 위한 모든 서비스를 제공받아 매우 쾌적하게 다이빙을 즐길 수 있다.

ㄷ. 새로운 친구

다이빙여행을 떠나 다이빙을 경험할 때 일정한 그룹을 구성하여 다이빙을 진행하는 경우가 대부분이다. 다이빙의 특성상, 약간의 긴장감을 내포하고 있는 활동으로 새로운 친구를 사귈 수 있는 편안한 여건이 조성되는 특별한 긴장을 경험 할 수 있다. 같이 들어간 동료에게 도움을 주었을 때의 만족감은 특별한 유대감을 형성하는데 도움이 되기도 한다. 다이버란 이유로 쉽게 친해질 수 있는 친구들을 많이 만날 수 있다.

캘리포니아 지역에서는 전복을 채집 할 때 구입한 라이선스에 기록하면 합법적인 채집활동을 할 수 있다.

국내의 경우 많은 다이빙 동아리가 인터넷을 기반으로 활동하고 있으며 각각의 동아리마다 추구하는 다이빙의 스타일이 다양하게 있다. 또한 활동 지역에 따라 운영되는 동아리도 많이 있으니 본인에게 맞는 다이빙 동아리에 가입해서 활동하는 것도 좋다. 동아리를 선택할 때는 너무 많은 회원이 있는 동아리와 너무 젊은 사람들만 있는 동아리는 피하는 것이 좋다. 너무 많은 회원이 있는 동아리의 경우 서

지역별 여행정보를 알 수 있는 다양한 서적

Premium Scuba Diving Cadet

다이빙 지역정보
출처 : 世界のダイビング&スノーケリング 完全ガイド

로간의 유대감을 형성하기 어려워, 매번 다이빙에서 서로 다른 버디와 다이빙을 경험해야 하는 불편함이 있을 수 있고 너무 젊은 사람들만 있는 동아리의 경우 활기찬 즐거움이 있지만 다이빙의 특성상 많은 경험을 가진 베테랑 다이버가 있어야 다이빙 노하우가 전수될 수 있는 여건이 된다. 이런 노하우가 없이 다이빙이 지속되는 동아리는 배울 것이 별로 없는 동아리가 된다. 다이빙보다 다이빙 이후 뒤풀이에 더 중요도를 두는 것처럼 주객이 전도된 경우가 된다. 그렇기 때문에 서로간의 신뢰를 갖고 즐길 수 있는 소규모 다이빙그룹에 일원이 되어 매번 마음이 편안 다이빙을 즐기는 것이 가장 좋은 활동 방법이다.

ㄹ. 미지의 세계탐구

 처음 보는 생물체를 물 속에서 보고 사진을 찍거나 동영상을 찍어 그 생물체에 대한 정보

를 알아가는 지식의 탐구활동은 다이버의 또 다른 기쁨이기도 하다. 아직도 학계에 보고 되지 않은 생물체가 바닷속에 의외로 많다는 사실은 21세기를 살아가는 우리에게 무척 생소한 부분이다. 다른 사람들이 경험하지 못하는 미지의 세계를 탐구하는 프론티어로 새로운 도전을 할 수 있다.

ㅁ. 다이빙 리더

자신이 경험하고 자신이 느낀 즐거움을 주변에 공유하고 싶은 것이 사람들의 속성이다. 단순한 전달이 아닌 같이 즐길 수 있는 경험의 인도자 역할을 하고 싶다면 다이빙 리더에 도전을 해보자. 축적된 다이빙 경험을 토대로 충실하게 이론적인 습득을 하여 다른 사람에게 다이빙을 가르칠 수 있는 다이빙 강사가 된다는 것은 무척 매력적인 부분이다. 본인이 가르

다이빙 교육은 매력적인 활동이다.

친 다이버가 즐겁게 다이빙 활동을 하는 모습을 보아도 즐거움은 두 배가 된다.

ㅂ. 다이빙 비용

처음 다이빙을 시작할 때 다이빙 장비의 구입 비용이 만만치 않아 상당히 놀라게 되고 다이빙을 지속하면서 필요한 비용 또한 적지 않아 부담을 갖는 다이버들이 많다. **다이빙은 장비의 스포츠**' 라고 이야기 하는 사람들이 많

Premium Scuba Diving Cadet

첫 번째는 다이빙을 시작하기 위해 준비하는 장비 부분이다. 예전에는 다이빙 장비를 지정된 딜러를 통하여 구매해야만 하는 유통 구조를 가지고 있어 어쩔 수 없이 조금은 많아 보이는 유통 마진을 지급하고 구입을 해야만 했었다(적은 교육비를 지급받는 왜곡된 교육 시장 구조에서 전업강사들의 수익을 보전해주는 측면이 많았음). 하지만 지금은 인터넷을 통한 열린 시장이 형성되었고 다이버는 적절한 가격으로 장비를 구입할 수 있게 되었다. 그래서 지금은 적절한 교육비를 받는 교육시장이 정착되어 가고 있다. 다이빙 장비를 구입하는 데 비용 지출의 기준은 개개인마다 취향이 다르기 때문에 일반화 하여 말 할 수 는 없다. 본인이 추구하는 다이빙 스타일에 따라 장비를 구입하는 것이 맞으며 장비 구입시 고려할 점은 소모품류 장비와 한번 구입하면 10 년 이상, 거의 평생 사용할 수 있는 장비 정도로 나누어서 구입의 기준을 정하는 것이 좋다. 즉, '**소모품**' 은 당연히 가격을 고려해서 **가격대비 성능이 제일 좋은 것** 을 구입하는 것이 좋고 **평생 사용할 장비** 는 당연히 내구성과 AS 를 고려해서 결정하는 것이 좋다. 가격이 비싼 것이 당연히 가장 좋은 제품이지만 본인에게 적절한 제품 중에 '**최고의 사양을 고르는 것**' 이 좋은 결정이 된다. 자동차

다. 즉, 다이빙의 기술적인 측면을 떠나 많은 부분을 다이빙 장비의 발전으로 부족한 부분을 채워주고 좀더 편한 다이빙을 할 수 있도록 진화하는 스포츠라는 의미가 된다. 초기 다이빙 1 세대의 경우 지금은 일반적이 장비인 다이빙 컴퓨터의 보급이 부족해 경험자의 경험에 의지하여 다이빙을 한 경우가 대부분이고 수심을 정해서 다이빙을 하는 것이 아니라 입수를 한 지역의 수심에 따라 다이빙을 하는 어쩌면 매우 무모한 다이빙을 하는 경우가 대부분이었다. 하지만 지금은 본인의 안전을 위하여 가장 먼저 구입하는 장비가 다이빙 컴퓨터가 되고 나머지 추가 장비를 구입하는 순서대로 진행을 하는 것이 추세가 되었다. 본인을 위한 투자를 아끼지 않는 것이 매우 중요한 사안이 된 것이다.

　다이빙 비용은 크게 두 가지로 나눌 수 있다.

필리핀 지역 다이빙 보트

를 구입하는 데 본인에게 맞는 사용 용도로 차종을 구입하는 것인데 생각 없이 가장 많은 짐을 실을 수 있는 최고 사양의 덤프트럭을 구입하는 것은 매우 잘못된 구입 방식이 된다. 평생 레크리에이션 다이빙을 추구할 것인지 텍다이빙 같은 전문분야의 다이빙까지 추구할 것인지 본인의 선택에 따라 장비의 구입 기준도 바뀌어야 한다.

두 번째 비용은 투어 비용이 된다. 다이빙을 처음 배우고 최소 어드밴스 등급을 획득하기까지는 전담 강사의 관리 감독이 매우 중요하다. 오픈워터에서 어드밴스까지 발전을 하면 다이빙의 거의 모든 기술을 배우고 익히게 되며 이때 교육 받은 다이빙 기술이 평생 본인의 다이빙 실력에 밑바탕이 되기 때문이다. 그러한 이유로 처음 오픈워터에서 어드밴스까지 다이빙 투어비에는 전담 강사의 교육비가 포함되어야 한다. 즉, 초보자 시절은 전담 강사와 교육비가 포함된 다이빙투어 또는 바다 실습을 진행하게 되므로 일반적인 다이빙 투어보다 비용이 비싸게 된다.

고래상어를 볼 수 있는 오키나와 수족관

이러한 과정을 지나고 어느 정도 혼자 다이빙을 할 수 있게 되면 일반 다이빙 투어에 참가할 수 있게 된다. 이 시점은 대부분 어드밴스 이상의 등급에서 가능해진다. 이때 소요되는 다이빙 투어 비용은 다이빙 투어를 진행하는 주체에 따라 다르게 된다. 국내의 경우 여행사에서 판매하는 다이빙투어는 거의 전무한 상태이지만 해외의 경우 특히, 일본의 경우 항공, 숙박, 다이빙 등 모든 것을 포함한 패키지를 판매하고 있는 여행사가 매우 많다. 이러한 투어를 예약하여 따라가는 것도 방법이 된다.

Premium Scuba Diving Cadet

투어 비용은 상식적으로 생각을 하면 거의 맞다. 교통비와 숙박비, 식비, 다이빙 비용을 합친 비용에 다이빙 투어를 진행하는 회사 또는 강사의 마진 부분까지 계산을 하면 대부분 적절히 계산된다. 그 세세한 부분은 그때, 그때 다르므로 일일이 비용을 따지는 것은 무의미하니 미리 공지된 투어비를 보고 참가를 할지 말지를 결정하는 것이 현명하다.

Premium Scuba Diving Cadet

This is only human.

Mr. Smith

REFERENCE

| REFERENCE BOOKS |

김광휘, **파워 스쿠바다이빙**, 삼호미디어, 2004

김승권, **초급자를 위한 스쿠버다이빙**, 선문대학교출판부, 2007

김웅서, 박소정, **내가 좋아하는 바다생물**, 호박꽃, 2010

내셔널지오그래픽, **세계의 역사를 뒤바꾼 1000 가지 사건**, 지식갤러리, 2007

내셔널지오그래픽, **THE BIG IDEA – 세상을 바꾸는 생각의 책**, 지식갤러리, 2012

대한수중협회, **강사교본**, 대한수중협회 출판사업부, 1995

마쓰오카 다스히데 지음, **바닷가도감**, 진선출판사(주), 2000

명정구, 김병일 등, **우리바다 어류도감**, 황금시간, 2007

바다 편집위원, **DK 백과사전 바다**, ㈜사이언스북스, 2008

박상용, **갯벌식물도감**, 보리출판사, 2008

스티븐 허친슨, 이완옥, **어류대도감**, 예림당, 2007

이원우 외, **세밀화로 그린 보리어린이 갯벌도감**, 보리, 2010

이종인, **스쿠버다이빙**, RainbowBOOKS, 2007

BSAC, **BSAC 매뉴얼**, BSAC, 2002

DAN, **DAN 강사 매뉴얼**, DAN ASIA PACIFIC, 2002

PADI, **일반적인 기준과 절차**, PADI, 1998

SSI, **응급처치법과 심폐소생술 강사 가이드**, SSI, 2001

SSI, **인스트럭터 트레이닝 코스 가정학습지침서**, SSI, 1998

SSI, **SSI 계속교육 스터디 가이드**, SSI, 2003

Alan Mountain, *THE DIVERS HANDBOOK*, Globe Pequot Press, 2009

Angelo Mojetta, *THE CORAL REEF*, WHITE STAR Publishers, 2011

Anton Swancpoel, *The Art of Gas Blending*, Anton Swancpoel, 2011

www.psdc.kr

Anton Swanepoel, *Anton Swanepoel Dive Computer*, CISIA, 2011

BBC, *WILD CARIBBEAN 1 - Treasure Islands*, BBC, 2007

BBC, *WILD CARIBBEAN 2 - Reefs and Wrecks*, BBC, 2007

BBC, *WILD CARIBBEAN 3 - Hurricane Hell*, BBC, 2007

BBC, *WILD CARIBBEAN 4 - Secret Shores*, BBC, 2007

BBC, *WILD CARIBBEAN 5 - Green Iguanas*, BBC, 2007

Beth Tierney, *Diving Southeast Asia*, Globe Pequot Press, 2009

Beth Tierney, *Diving the World*, Globe Pequot Press, 2009

Caroline Bingham, *First Space Encyclopedia*, DK Publishing Inc., 2008

Chris Santella, *FIFTY PLACES TO DIVE BEFORE YOU DIE*, Stewart Tabori and Chang, 2008

Clay Coleman, *The Certified Divers Hand Book*, International Marine, 2004

Dan Orr, *SCUBA DIVING SAFETY*, Human Kinetics, 2007

DAVIO A. AGUILAR, *PLANETS - The Latest View of the Solar System*,
    NATIONAL GEOGRAPHIC, 2011

DENNIS K. GRAVER, *SCUBA DIVING*, Human Kinetics, 2010

DR. ALICE ROBERTS, *THE COMPLETE HUMAN BODY - THE DEFINITIVE VISUAL GUIDE*,
    DK Publishing Inc., 2010

FABIEN COUSTEAU, *OCEAN - THE WORLD'S LAST WILDERNESS REVEALED*,
    DK Publishing Inc., 2006

Francois Sarano, *Oceans*, National Geographic Society, 2010

Hal Watts, *SSI Deep Diving*, SSI, 2004

James E. Bruning, *SSI Boat Diving*, SSI, 2004

JOHN BANTIN, *THE SCUBA DIVING HANDBOOK*, Firefly Books Ltd, 2007

Lonely Planet Staff, *DIVING&SNORKELING Philippines*, Lonely Planet, 2010

Nancy Knowlton, *CITIZENS of the SEA*, National Geographic Society, 2010

NATIONAL GEOGRAPHIC, *Edible - An Illustrated Guide to the World's Food Plants*, NATIONAL GEOGRAPHIC, 2008

Nick Hanna, *THE ART OF DIVING and adventure in the underwater world*, Globe Pequot Press, 2007

Nishat Fatima, *100 Natural Wonders of the World*, AA Publishing, 2007

PADI, *ADVENTURES IN DIVING Manual*, PADI, 2008

PADI, *Instructor Manual*, International PADI Inc, 2006

PAUL GREENBERG, *FOUR FISH (THE FUTURE OF THE LAST WILD FOOD)*, The Penguin Press, 2010

Paul Lees, *DIVE - ThaiLand*, Interlink Publishing Group Inc, 2009

Peter Bond, *SPACE a visual encyclopedia*, DK Publishing Inc., 2010

PIERCE ELM, *Beginner's Guide to Scuba Diving What Where AND How*, Dolores McElroy, 2012

ReactRight, *Aduly First Aid and CPR - VIDEO*, ReactRight, 2002

RITA CARTER, *THE HUMAN BRAIN BOOK*, DK Publishing Inc., 2009

Rob Houston, *THE HUMAN BODY BOOK*, DK Publishing Inc., 2007

RONALD VAN DE VOOREN, *PHILIPPINE DIVING*, PDP Digital Inc, 2003

Sam Harwood, *DIVE - The Maldives,* Interlink Publishing Group Inc, 2009

SDD, *SDD OPEN WATER Instructor Manual*, SDD, 2003

SDD, *SDD Instructor Trainer Giudelines*, SDD, 2005

SDI&TDI, *SDI-TDI Instructor Trainer Manual*, SDI&TDI, 2002

SSI, *Open Water Diver*, Concept Systems Inc, 2002

SSI, *SSI Instructor Training Coures- VIDEO*, SSI, 1999

SSI, *SSI Boat Diving - DVD*, SSI, 2005

SSI, *SSI Navigation - DVD*, SSI, 2005

SSI, *SSI Night&Limited Visibility - DVD*, SSI, 2006

www.psdc.kr

SSI, *SSI Open Water Diver – DVD*, SSI, 2005

SSI, *SSI Stress & Rescue – DVD*, SSI, 2005

SSI, *SSI DIVER Stress&Rescue*, SSI, 2005

SSI, *SSI Navigation*, SSI, 2005

SSI, *SSI Night&Limited Visibility*, SSI, 2006

SSI, *SSI TXR [TECHNICAL EXTENDED RANGE]*, SSI, 2005

TDI, *TDI Instructor Manual*, TDI, 2004

Theodore W. Pietsch, *TROPICAL FISHES of the EAST INDIES*, Taschen, 2010

Thomas P. Peschak, *lost world*, The Save Our Seas Foundation, 2009

U.S Navy, *U.S Navy Diving Manual*, U.S Navy, 2008

UNOTED STATES DEPARTMENT OF COMMERCE, *NOAA DIVING MANUAL Diving for Science and Technology*, noaa, 2010

Wikipedia, A GUIDE TO SCUBA DIVING INCLUDING SCUBA EQUIPMENT, TRAINING, ORGANIZATIONS, AND MORE, Catherine Venue, 2008

お Comdori co. Han Hyun-Dong, 深海のサバイバル, 朝日新聞出版, 2012

おきなわマリン出版 スタッフ, *Diving Point Map –No.1 おきなわ本島編*, おきなわマリン出版, 2008

おきなわマリン出版 スタッフ, *Diving Point Map –No.2 ケラマ編*, おきなわマリン出版, 2008

コプラ, スキューバダイビングに挑戦, 技術評論社, 2005

ダイビング・ア・ゴーゴー編集部, ダイビング・ア・ゴーゴー パラオ (DIVING a GOGO PALAU), マリン企画, 2009

大岩弘典, 潜水医学, 水中造形センタ, 2012

木村義志, 日本の海水魚, 株式会社 学研教育出版, 2009

白鳥岳朋, 水中を撮る!, 雷鳥社, 2010

寺山英樹, スキルアップ 寺子屋 neo., 月間 マリンダイビング, 2009

Premium Scuba Diving Cadet

小西英人, イカ,ダコ 識別 図鑑, 株式会社 エンターブレイン, 2012

小西英人, 釣魚 1400 種 図鑑, 株式会社 エンターブレイン, 2011

野田 博之, DVD で学ぶ はじめてのダイビング, SJsports, 2007

月間 マリンダイビング, フィッシュウオッチング 500, 水中造形センター, 2009

月間 マリンダイビング, ダイバー英語, MarinDiving, 2009

月間 マリンダイビング, 海の生き物ウオッチング 500, 水中造形センター, 2009

伊藤 博子, なでしこダイバーデビューBOOK, マリン企劃, 2007

竹井祥郎, 海洋生物の機能, 東海大學会, 2005

中田 誠, ダイビングセーフティブック, 太田出版, 2008

中田 誠, リキッドエリアの幸福, 成山堂書店, 2011

中村卓哉, 海の辞典, 雷鳥社, 2012

地球の歩き方, 世界のダイビング&スノーケリング 完全ガイド, 株式会社 ダイヤモンド.ビッグ社, 2010

荒井雪江, 海と仲間と-V, 遊人工房, 2011

後藤 ゆかり, スクーバダイビングよんどくガイド, 水中造形センター, 2011

広部 俊明, 体験ダイビングをやろう!, 株式会社 誠文堂新光社, 2005

瀬戸口 靖, スノーケリング ガイド, JTB パブリッシング, 2010

| RESEARCH AND PHOTOGRAPHIC CREDITS |

Arnold J. Kim

John Mounter

Peter Bell

Kim won kook

Stefania Makin

www.psdc.kr

Lee Jung Hyun

Katherine Scully Kim

Denise Lee

| IMAGE SOURCES, LICENSES AND CONTRIBUTORS |

19 세기 후반 유명했던 미국가수 Grecian bend

Source : http://upload.wikimedia.org/wikipedia/commons/thumb/d/d5/The_Grecian_Bend.jpg/394px-The_Grecian_Bend.jpg

License : Artist: Thomas Worth. Published by Currier & Ives.

Contributors : Library of Congress

군집해 있는 성게

Source : http://upload.wikimedia.org/wikipedia/commons/thumb/0/0d/Sea_Urchins_DSC00650.JPG/800px-Sea_Urchins_DSC00650.JPG

License : Brocken Inaglory

Contributors : Brocken Inaglory

앗시리아 부조에 나타난 염소가죽 공기주머니를 사용한 병사

Source : http://www.britishmuseum.org/join_in/using_digital_images/commission_photography-1.aspx

License : British Museum

Contributors : British Museum

종모양 잠수장비

Source : http://upload.wikimedia.org/wikipedia/commons/thumb/f/f2/L-Taucherglocke.png/442px-L-Taucherglocke.png

Premium Scuba Diving Cadet

License : Otto Lueger.

Contributors : Lexikon der gesamten Technik

호흡기 1단계 내부구조

Source : http://www.scubapro.com/media/90858/mk25_ass_01.jpg

License : Scubapro

Contributors : Scubapro

호흡기 2단계 내부구조

Source : http://www.scubapro.com/media/68585/g250v_250x252.jpg

License : Scubapro

Contributors : Scubapro

Appareil Le Prieur, 1933

Source : http://www.wmaker.net/museescaphandre/photo/art/default/1305565-1834294.jpg?v=1289579464

License : unkown

Contributors : museeduscaphandre

Caisson 방식의 굴착공사

Source : http://upload.wikimedia.org/wikipedia/commons/thumb/8/8c/Proc%C3%A9d%C3%A9_Triger.png/250px-Proc%C3%A9d%C3%A9_Triger.png

License : Amédée Burat

Contributors : Géologie appliquée ou Traité de la recherche et de l'exploitation des Mines

Diving Chamber

Source : http://blog.modernmechanix.com/mags/ModernMechanix/12-1931/diving_chamber.jpg

License : unkown

Contributors : Modern Mechanix

Mark 1 - Foxboro Company

Source : http://www.si.edu/dive/pdfs/SI_Dive_Comp_Training_Module.pdf

License : unkown

Contributors : Smithsonian

Rouquayrol-Denayrouze 다이빙장비

Source : http://www.wmaker.net/museescaphandre/photo/art/default/1305565-1834290.jpg?v=1289579464

License : unkown

Contributors : museeduscaphandre

호흡과 폐

Source : http://www.hinsdale86.org/staff/kgabric/lungsalveol.htm

License : unkown

Contributors : Hinsdale Township High School District 86

지상과 통신이 가능한 다이빙장비

Source : http://aquarius.fiu.edu

License : unkown

Contributors : Aquarius

특수장비를 착용하고 해저 작업을 하기 위해 입수하는 산업 다이버

Source : http://www.halcyon.net

License : unkown

Contributors : Halcyon

여분의 공기통을 착용하고 진출입 안내 라인을 사용한 동굴다이빙

Source : http://www.halcyon.net

License : Jill Heinerth

Contributors : Halcyon

국제우주 정거장에서 보이는 태풍의 눈

Source : http://www.nasa.gov/multimedia/imagegallery/index.html

License : unkown

Contributors : NASA

대기의 이동으로 바람이 발생한다

Source : http://www.nasa.gov/multimedia/imagegallery/index.html

License : unkown

Contributors : NASA

이 책에서 사용한 이미지는 저작권자의 허락을 득하여 사용 하였습니다.

일부 저작권자가 확인되지 않은 경우 출처를 표기하고 인용을 하였습니다.

저작권관련 연락은 psdc2010@hanmail.net 으로 부탁 드립니다.

| REFERENCE INTERNET SITE |

www.busanaquarium.com	부산아쿠아리움
www.coexaqua.com	코엑스아쿠아리움
www.63.co.kr	63 씨월드
www.oceanworks.com	OceanWorks
www.museeduscaphandre.com	scaphandre 박물관
www.scubapro.com	Scuba Pro
www.halcyon.net	HALCYON
www.intotheplanet.com	Jill Heinerth

www.psdc.kr

www.mares.com	mares
www.nasa.gov	NASA
www.oceanworks.com	OceanWorks
www.seaworldparks.com	SeaWorld

Arnold J. Kim

자연과학자 출신의 다이버로 해양 환경과 다이빙 산업 관련 연구, 공공 기관 정책 자문을 하고 있다. 서울대학교, 한양대학교 대학원에서 물리학, 경영학 석박사과정을 공부하였으며 하버드 대학교에서 종교와 철학을 한신대학교 신학대학원에서 신학을 배웠다. PSDC Scuba Diving Research Center 의 연구소장으로 재직하고 있다. 자연과학, 인문사회과학 및 문화예술 분야까지 다양한 학문의 통섭을 위하여 노력하고 있으며 학문적으로 치우쳐 소개되는 전문서적의 표현수준을 일반인들도 쉽게 이해하고 습득할 수 있도록 경량화 시키는 작업을 하고 있다. 또한, 스쿠버다이빙 및 스키 같은 레저 스포츠 분야에 이론과 실전을 함께 습득할 수 있는 다양한 교재를 저술하였다.